本书为河北省高等学校人文社会科学重点研究基地经费、衡水学院学术专著出版基金、衡水学院高层次人才科研启动基金项目（2018GC02）资助成果。

君子不器

人的全面发展的理论与实践

白立强 著

中国社会科学出版社

图书在版编目（CIP）数据

君子不器：人的全面发展的理论与实践 / 白立强著. 北京：中国社会科学出版社，2024.11. -- ISBN 978-7-5227-4416-2

Ⅰ. G40-012

中国国家版本馆 CIP 数据核字第 2024RL4977 号

出 版 人	赵剑英
责任编辑	刘　洋
责任校对	郝阳洋
责任印制	张雪娇

出　　版	中国社会科学出版社
社　　址	北京鼓楼西大街甲 158 号
邮　　编	100720
网　　址	http://www.csspw.cn
发 行 部	010-84083685
门 市 部	010-84029450
经　　销	新华书店及其他书店
印　　刷	北京明恒达印务有限公司
装　　订	廊坊市广阳区广增装订厂
版　　次	2024 年 11 月第 1 版
印　　次	2024 年 11 月第 1 次印刷
开　　本	710×1000　1/16
印　　张	20.25
字　　数	271 千字
定　　价	128.00 元

凡购买中国社会科学出版社图书，如有质量问题请与本社营销中心联系调换
电话：010-84083683
版权所有　侵权必究

序

本书是我在 2006 年至 2009 年指导的博士研究生白立强在其博士学位论文基础上写成的，其主要内容是系统探讨马克思主义关于人的全面发展的思想及其现实意义。这在当前我国大力强调文化自信和弘扬中华优秀传统文化的形势下，具有较大的现实意义，因而我很愿意向读者推荐这部著作。

就主要内容来讲，本书涉及三个方面：一是中华优秀传统文化元典中有关人的全面发展思想；二是马克思主义经典作家关于人的全面发展的内容；三是中国特色社会主义建设历程对人的全面发展的实践。其基本逻辑是：中华优秀传统文化是人的全面发展的深厚土壤与根基；马克思主义经典理论为其魂魄与精神；中国特色社会主义建设历程中人的全面发展实践，则为根植于中华优秀传统文化且熔铸了马克思主义理论精髓的灿烂之花、文明之果。

单从概念上说，人的全面发展是一个比较老旧的课题。但从本书的实际阐述上看，作者还是就此呈献了一些新的见解。具体来说：

一是从研究的系统性看，较为系统地收集和整理了中华优秀传统文化中关于人的全面发展思想的主要观点和特点，如人的全面发展集中体现在心性涵养精神层面、基于当下并超越于当下等；对于马克思主义中人的全面发展的内涵，文本对研究对象从对立统一的双向维度展开阐发,从而呈现了客观、自洽的思想论说,如对人的全面发展的两个领域——物质生产领域与精神生产领域——的揭示,进而对精神生产领域的深入探究——劳动的社会性与劳动的科学性,前者为形式,后者为内容。这些都体现了研究的周延、全面与客观。

二是从论述深度上看,在对中华优秀传统文化、马克思主义经典理论探究的基础上,将人的全面发展定位于人的主体性之确立、自觉性之生成以及自由性之实现三个维度,呈现了关于人的全面发展的内在之要,即:"人的全面发展就是人在现实的社会实践过程中以劳动能力发展为基础,在对社会关系不断改善与优化的前提下,通过自觉性的生命活动在发展与自然界的关系方面逐渐确立起自身的主体性地位,并在越来越大的程度上实现着自身的自由。"

三是从研究的方法上看,本书以唯物辩证法为指导,将人的全面发展置于人类历史与演进整个过程之中,探讨影响、决定人的全面发展的关键因素,从而对人的全面发展的论析更加到位与准确。如通过对人类演进历程中劳动范畴、劳动模式的考察,一方面揭示了物质生产在人的全面发展中的基础性地位,另一方面则指出了人的全面发展的价值取向体现在精神活动之域。

综合考察本书的全部内容,可以看到其中一个鲜明的特点,即高度的抽象性和鲜明的现实性相统一。作者尽力将人的全面发展这个哲学范畴从抽象的角度加以阐述,同时又将其与实践活动紧密联系起来。如在论述理想目标意义上的人的全面发展意涵时如是阐释:就理论而言,"只有当人以处理与自身的关系方式处理与自然以及社会的关系的时候,换言之,当人处理与自然以及社会的关系同时意味着处理与自身关系的情况下,人的全面发展也就不再是纯粹的理想"。诸如此类高度抽象的表述,在全书中随处可见。另一方面，紧扣中国特色社会主义建设实践，对中国特色社会主义市场经济、社会主义本质论、"三个代表"重要思想、科学发展观以及文化自信等范畴蕴含的人的全面发展意涵进行了深度分析，从而使人的全面发展思想的现实意义得到有效彰显。

我作为本书的第一个读者，深感其所述内容在社会主义文化建设中的现实意义之强，以及作者在日益浮躁的社会氛围中坚持冷静思考之诚，应当对同类学人有所启示，故热情为之推荐。自然，期待作者以此为基础，继续研究而取得更多的成果。

是为序。

2023 年 11 月 6 日

自　序

本书是在笔者博士学位论文修订完善基础上出版的。

当年，学位论文选题虽然力图具有鲜明的"问题意识"——提出并解决问题，但一旦写起来，还是难免陷入"理论"考辨与推理之中，现实性不足，抽象性较强。

这样的"学究气"当然与自身工作、生活乃至思维方式"不接地气"有关。

时间可以疗愈缺憾。这意味着，就主观而言，自身的不足可以通过成长得到弥补进而渐次完善；就客观而言，中国特色社会主义建设实践可以最大程度地为论文写作提供进一步深入思考的空间。

因此，博士研究生毕业后，学位论文就放到了一边。

这样，不知不觉中，十四年过去了。

其间，除了担任思想政治理论课教育教学，还开设了面向全校学生的人文选修课程《〈论语〉选读》。对于我开设本门选修课来说，既是工作需要，更是兴趣使然（记得当初攻读硕士研究生时，就购买了一套《十三经注疏》，似有点不务正业的味道）。由是，也算是启开了学习中华优秀传统文化之门。现在回想起来，也正洽应了博士研究生毕业之际余金成先生对我进一步研究的点拨与要求。

随着参学、参会，一来对中华优秀传统文化慢慢有了些许体悟，二来对人的全面发展意涵的理解也逐渐加深，三来对现实社会民生之生存、生活以及生命状态也有了更多的了解。

自转入董仲舒研究院，对董仲舒以及其他儒家思想的学习与思考成为常态。先后写了几篇小文，相当于对儒学思想的粗浅学习体会。虽未曾想以人的全面发展为题，但随着学习与思考的逐渐深入，日益感受到儒学乃至中华优秀传统文化的内在主旨就是人学——"为己之学"，学以达道、学以成人乃至自由全面发展就是其一贯思想。并且值得重视的是，儒学及其优秀传统文化非常强调人的现场感，注重当下即超越，某种意义上，此正以本土化的方式表达了人的全面发展意涵。这样一来，对董仲舒及其他儒学思想的学习与研究自然与博士学位论文主题产生了联系。

以先哲之言，此乃天也！

天命之年，应无所求，但既然对董仲舒及其他儒学思想之探究、认识与人的全面发展密切相关，那就以此接续当年的学位论文，权且作为对既存不足的某种完善。

目　录

导　论 …………………………………………………………（1）

上篇　元典诠释

一　人的全面发展：中华优秀传统文化的内在指向 …………（13）
　（一）和为贵：和谐理念中蕴含的人的全面发展思想 …（14）
　（二）由"学"而"说"：趋向人的全面发展的一种
　　　　路径 ……………………………………………………（25）
　（三）中华优秀传统文化中人的全面发展志意 …………（41）

二　君子不器：孔子人的全面发展观 …………………………（50）
　（一）"君子不器"中人的全面发展的含义 ………………（51）
　（二）孔子关于人的自由全面发展思想 …………………（59）
　（三）孔子人的自由全面发展观的当代启示 ……………（65）

三　天性君子：董仲舒人的全面发展的内涵 …………………（71）
　（一）从"知仁谊"到"乐循理"：董仲舒人的全面
　　　　发展意涵 ………………………………………………（72）
　（二）"本天元"：董仲舒人的全面发展之端机 …………（75）
　（三）由"贵微重始"而"慎终推效"：人的全面
　　　　发展的范导作用 ………………………………………（81）

四 良知不昧：王阳明人的自由全面发展的意蕴 …………… (89)
　（一）心、性、良知涵摄的人的自由全面发展旨归 …… (89)
　（二）王阳明人的自由全面发展基本特征 ……………… (94)
　（三）王阳明人的自由全面发展之涵育 ………………… (98)
　（四）王阳明人的自由全面发展思想的启示 …………… (101)

中篇　经典内涵

五 马克思主义经典理论关于人的全面发展思想 ………… (107)
　（一）经典理论关于人的全面发展的现实基点 ………… (107)
　（二）经典理论关于人的全面发展的基本内容 ………… (122)
　（三）人的全面发展的基本内涵 ………………………… (134)

六 马克思主义经典理论关于人的全面发展的
　主客体维度 ………………………………………………… (143)
　（一）人类社会演进历程中人的全面发展的基本
　　　　规定性 ……………………………………………… (143)
　（二）人类社会演进过程中人的全面发展的主客体
　　　　视角 ………………………………………………… (155)
　（三）人的全面发展的现代解读 ………………………… (167)

下篇　实践推进

七 社会主义市场经济与人的全面发展 …………………… (185)
　（一）计划经济、市场经济与社会主义 ………………… (186)
　（二）一般市场经济与人的全面发展 …………………… (202)

（三）社会主义市场经济条件下人的全面发展 …………（210）
八 **中国特色社会主义推进人的全面发展实践** ……………（227）
  （一）人的全面发展过程的理论探析与现实演进 ………（227）
  （二）社会主义和谐社会人的全面发展的价值取向 ……（239）
  （三）中国特色社会主义新时代人的全面发展的
  　　　注解 ………………………………………………（252）
  （四）实现人的全面发展的基本途径 ……………………（271）

结　语 ………………………………………………………（285）

参考文献 ……………………………………………………（286）

后　记 ………………………………………………………（310）

导　论

人类社会历史就是人的全面发展史。当然，不同的时代，人的全面发展呈现着不同的样态，囿于不同的地域与文化，人的全面发展也具有不同的内涵。

中华民族作为没有中断的文明，一定程度上，得益于属于智识成熟较早的元典文化。此中，中华优秀传统文化虽然未曾提出"人的全面发展"概念，却以别样的方式表达了相应的思想，典型体现如集三代思想之大成——孔子的"君子不器"，孔子以降，董仲舒、朱熹、王阳明等著名哲人也以各自的言说阐释了相关思想。

值得重视的是，在人类文明的初期，中华优秀传统文化强调，不同于工具，人之为人应具有本自之性命，或言之，各自为己的生命气象，且于此不应期于未来，而是立足当下。因为人作为"形与神俱"的双向统一生命体，一定意义上，"神"构成了人的基本规定性。

马克思主义经典作家以对资本主义条件下人的异化状态的审思与批判，在考察人类社会发展史的基础上，逻辑地预期了理想社会及其人的自由全面发展。

如果说中华优秀传统文化元典与马克思主义经典理论对人的全面发展的诠释属于思想阐发，那么，以马克思主义为指导的中国特色社会主义建设实践则开启了人的全面发展的实践。随着改革开放逐步推进，社会主义本质论、"三个代表"重要思想、市场经济、科学发展观等渐次助推着人的全面发展,中国特色社会主义新时代在强调马克思主义中国化的同时,高扬中华优秀传统文化,以高度的"文化自信"赋予人的全面发展以本土化内涵,从而在全新意义上为人的全面发展注入了活力。

  人的全面发展是历史、现实与逻辑的统一。这意味着,只有从社会历史与发展的整个演进过程对人的全面发展做宏观的考察,并梳理其在社会各发展阶段的相应状况,才能以统揽整体的视野准确客观地认识人的全面发展的内涵,从而为在现实社会发展过程中推进人的全面发展提供理论支撑。这就需要从三个维度入手,即逻辑维度、历史维度与空间维度。逻辑维度是人的全面发展的理论渊源与价值取向,它既包含了关于人的全面发展的理论原点,也预示了人的全面发展的理想状态,即其发展趋势;历史维度是人的全面发展的过去状态,体现了人类社会初始时期人的发展的客观形态,即其历史状况;空间维度重在揭示关于人的全面发展的当下实现,也就是社会主义市场经济条件下人的全面发展的实现过程,即其现实形态。无论是对历史维度的回顾,还是对逻辑维度的展望,目的只有一个,即为当前实现人的全面发展提供理论指导。就此而言,历史维度与逻辑维度在空间维度当中得到统一。

  就逻辑维度而言,一方面,逻辑维度是人的全面发展问题的理论根基,这方面一则涉及的是以孔子、董仲舒、王阳明为代表的中华优秀传统文化关于人的全面发展思想,即元典诠释,二则亦包括马克思主义经典理论关于人的全面发展思想的提出背景、基本内容等方面。当然,目前的时代环境无论与中华民族元典文明时期,还是与马克思主义经典作家所处年代已经不可同日而语,但作为人的发展理论,尽管外在客观条件发生了诸多变化,而人的发展作为自然必然性过程,有其内在的发展规律。这意味着,时代的变迁并不否认不同环境在人的发展方面存在相通之处。因此,中华优秀传统文化元典与马克思主义经典作家关于人的全面发展理论对当前推进人的发展仍具有指导意义。另一方面，逻辑维度还预示了人的全面发展的价值目标，即它从终极意义上对人的存在和发展趋势表达了人文关怀。这为当下人的全面发展提供了基本方向。一定意义上，人的全面发展的逻辑维度是人的发展的美好愿景。因此，人的全面发展的价值取向构成了时下人的全面发展的导向与目标。

历史维度是人的全面发展的先在根基。人的全面发展不是凭空出现的，而是前后衔接、一以贯之的承继过程。相对于逻辑维度而言，如果说逻辑是应然，体现了方向性，那么，历史就是实然，表现为稳定性。历史维度是当下人的全面发展的初期状况与前提条件。就此而言，历史就是现实的源头，是凝固化了的现实；现实就是历史的延伸，是流动的历史。相对于现实而言，历史更具有客观性与稳定性。因此，认识了历史就为认识现实提供了可能。就人的全面发展来说，只有将其置放到人类社会演进的历史背景中，才有助于从整体的、系统的视角把握人的全面发展的过程与样态，方有助于准确捕捉影响人的全面发展的基础性因素，从而正确把握人的全面发展的基本内在规定性，以为推进人的全面发展的现实进程提供理论支持。

空间维度是人的全面发展的现实环境。人的全面发展不是抽象的，而是植根于现实经济社会发展过程之中。为此，深入到经济社会演化的内部过程才能正确揭示人的全面发展的客观性与现实性。在我国，社会主义与市场经济结为一体。这意味着，人的全面发展与社会主义市场经济密切相关，并通过社会分工、所有制以及制度建设等方面综合作用得以实现。一定意义上，市场机制是一自组织系统，以自然性的方式实现着对各种资源的优化配置。毋庸置疑，人在其中受到双重影响。但借助于社会主义制度，市场经济有望形成对其一般性质的超越，从而使其在更加完善的基础上踏上发展的新阶段。其间，也就是社会主体与客体双向运动的选择与结合过程。就客观结果而言，它表现为社会分工的深化与细化、社会交往关系的密切等；就社会主体而言，这表现为个人劳动活动的自觉自由性以及在此基础上形成的人与人之间关系的平等。而这个过程就是人的全面发展的阶段与目标的双重统一。

人的全面发展的历史维度、逻辑维度以及空间维度没有绝对分置的界限。这意味着，现实作为历史的延续映照着逻辑，逻辑作为现实的抽象又回应着历史与现实。但鉴于研究与表述的需要，笔者将以"元典诠释""经典内涵"以及"实践推进"三部分释解人的全面发展的理论与现实。

"元典诠释"即中华优秀传统文化关于人的全面发展理念。笔者以孔子、董仲舒以及王阳明相关思想为考察对象，试图从中理解中华优秀传统文化关于人的全面发展的元典式、本土化表达。概而言之，某种程度上，中华优秀传统文化对人的全面发展诠释集中在与天、天道相通的人心性命层面。

"经典内涵"即基于马克思主义经典理论体系，探讨马克思恩格斯对人的全面发展的相关论述。众所周知，经典理论的方法论即辩证唯物主义与历史唯物主义，这意味着，马克思恩格斯对人的全面发展的判断首先是立足于现实的物质生产领域展开的。《在马克思墓前的讲话》一文中，恩格斯指出，马克思的一生触及"两大发现"，其中之一即"唯物史观"。故经典理论关于人的全面发展思想具有鲜明的"物质生产性"基调，这也正是笔者在论证马克思恩格斯相关思想时选取"劳动生产""劳动活动"范畴的原因所在。

但肯定这一判断并非否定人的全面发展的另一种存在和体现，或言之，经典理论作家以其大智大慧在对现实物质生产领域人的全面发展观照的基础上，同时逻辑性地预测了其演进方向与目标样态，即人的全面发展基于物质生产，而归结于精神层面。无形之中，经典理论作家关于人的全面发展思想即与中华优秀传统文化具备了相通性。可谓殊途而同归！

"实践推进"部分分析了社会主义与市场经济结合的必然性，

重点探讨一般市场经济对人的发展的双重性影响，进而阐述中国特色社会主义市场经济在最大限度规避一般市场机制对人发展的消极影响的同时，优化其对人的全面发展的积极作用。

中国特色社会主义新时代的最强音即"文化自信"。一定意义上，"文化自信"的提出是中华民族前进过程中在借鉴、汲取外来文明成果基础上进行的文化总结和反思。其意义在于，通过启动中华优秀传统文化资源，从深厚的民族传统精髓中发掘瑰宝，为当下人的全面发展提供文化滋养。就人的全面发展而言，这既是马克思主义中国化的必然要求，也是中华优秀传统文化时代化的体现。

在上述分析与探讨的基础上，提出当前推进人的全面发展的科学、可行的具体途径。

综上，笔者以"君子不器：人的全面发展理论与实践"为题，所要表达的基本观点为：

人类社会的历史始终是个体发展的历史。纵观人类社会发展历程，个体发展就是从自发到自觉、从客体到主体、从片面到全面的过程，最终确立起人以一种全面的方式，作为一个完整的个人，占有自己的全面的本质，从而实现人的自由自觉的生命活动。[①] 在此意义上，人类文明史就是一部人的全面发展史，也就是人的主体性、自觉性与自由性日益彰显的实现史。

人的全面发展是具体的、历史的。人的发展的全面性不是想象的全面性，而是现实关系的全面性。为此，人们不是在理想设定范围内，而是在现有的生产力所决定和容许的范围之内取得自由的。这意味着，人的全面发展只能立足于现实的物质关系领域才

---

① 自由发展与全面发展统一于人的发展实践过程中。这意味着，自由发展与全面发展并非不同状态的两个范畴，而是同一状态的两个维度。在此意义上，自由发展体现着人的发展的活动性质，全面发展体现着人的发展的活动范围。二者实指向了人的自觉生命活动样态。出于合乎表述习惯的需要，笔者一般多用"人的全面发展"。

能得到合理的说明。

在现实的社会发展过程中，囿于生产力发展水平，人的发展是一个由部分到整体、从片面到全面的过程。这个过程寓于人类发展与自然界的关系之中。其间，人类运用自然资源的方式与途径越多，与自然界的物质交换领域范围越广、层次越深，人的劳动活动能力就越强，生命活动状态就愈发优化，人的生命活动过程就越自由，从而人的发展也就更加全面。市场经济在这方面发挥着无与伦比、至关重要的作用。一定意义上，市场经济以对人的独立性的认可确立起人的主体性地位，以对生命个体的能力独特性的认可激励着人对劳动活动方式的自由性选择，以密切的社会关系环境促成着人的劳动活动的自觉性行为。

人类发展与自然界的关系借助于社会关系来实现。所以，通过优化社会关系以最强的整体阵容面对自然界是人类发展的必然环节。这要求人类在改造自然界的基础上，适时地调整、改造与协调人们之间的社会关系，在改善劳动合作方式、扩大劳动合作规模、增强劳动合作效果的前提下，形成最优的社会合作关系局面，从而在发展与自然界的关系方面取得越来越多的主体自由，为人的自由而全面发展创造条件。其中，人与自然之间的关系是人的全面发展的基础，人与人之间的社会关系是人的全面发展的条件，而人的全面发展的终极指向乃是人与自身的关系。经济社会乃至文化的发展日渐指向这一点，故"以人为本"成为社会发展关注的重心。就理论而言，只有当人以处理与自身的关系方式处理与自然以及社会的关系的时候，换言之，当人的处理与自然以及社会的关系同时意味着处理与自身关系的情况下，人的全面发展也就不再是纯粹的理想。这既是马克思主义经典理论关于人的全面发展的价值指向，更是中华优秀传统文化的内在意旨。当下，经济的增长、科技的演进，使马克思主义经典理论与中华优秀传统文化在人的全面发展方面具有了契合点。

时至今日，社会尚不具备实现完全意义上的人的全面发展的条件。然而，就人的全面发展是一个过程而言，社会发展的每一阶段都是人的全面发展状况在当下的现实实现。中国特色社会主义在选择了市场经济的前提下，自觉将人的全面发展与社会建设实践统一起来。更具开创意义的是，中国特色社会主义新时代启用中华民族优秀传统精神资源，从而开辟了人的全面发展的新阶段、新样态。

中国经济体制改革对市场经济的选择表明：市场机制是目前较为有效的社会发展动力机制。它通过利益手段实现着各种资源的优化配置，以达到"人尽其才，物尽其用"。其表现是，市场机制通过唤醒人的主体意识以确立起人的主体地位，从而使人的劳动活动日趋呈现出自由自觉的特点。任何事物都存在着二重性。市场经济的内在逻辑也必然对人产生着负面效应，以至于人的主体性与客体性同在、自由性与必然性并存、自觉性与盲目性相依。中国社会主义市场经济的深入发展，将逐渐实现对一般市场经济对人所造成的负面作用的积极校正与超越，以推动人的全面发展的进程。构建社会主义和谐社会为人的全面发展提供了历史契机，中国特色社会主义新时代通过启动中华优秀传统文化资源为人的全面发展提供文化支撑。同时，社会主义作为优越于资本主义的社会形态应在政治、经济、文化以及教育方面做出举措，以为人的全面发展进一步创造条件。

另需说明的是，相对于其他同类主题研究成果，笔者力图将以下几方面作为思考的着力点。

其一，将人的全面发展置于中华民族文化传统境域中。一方面，考察中华优秀传统文化蕴涵的相关思想；另一方面，将中华优秀传统文化关于人的全面发展思想时代化、大众化，助推当下人的全面发展进程。其中，重在说明中华优秀传统文化并非知识体系，而为"人文教化"。对于人的全面发展而言，"文化自信"关键在于激活人的意识自觉，以实现回归生命初心之状态。

其二，从市场经济与人的全面发展的相互关系角度进行研究，尤其是将市场经济的自然演化内在机理作为切入点，探究其对人的全面发展的意义与促进作用。市场经济既使人的片面发展成为现实，同样也为人的全面发展创造着条件，即人的全面发展作为一个过程，同社会分工的深化与细化、社会关系的丰富等密切联系在一起。而无论是社会分工的细化还是社会关系的丰富与完善，都是与市场机制的内在演化机理分不开的。这都为人的全面发展提供了条件。

其三，通过对人的劳动活动的历时性与共时性考察，即分别从纵横两个角度探讨人与自然、人与社会以及人与自身的关系，得出一个基本判断：人的劳动能力是人的全面发展的首要条件。在此前提下，提出了人的全面发展的内涵。

其四，将人的全面发展的实现看作一个自然历史过程。人的全面发展不仅仅是一个价值取向与根本目标，更是一个过程，而且是一个自然历史过程。当然，自然历史过程并不排斥自觉发展的社会主义对人的全面发展进程的合理科学的推进，实际上，人的全面发展自然历史过程的实现正以此为前提。

上篇　元典诠释

作为中华民族的根与魂,中华优秀传统文化形塑了国民强大的内在心理、民族精神,甚至熔铸成为某种文化人格,以一种基因或密码的形式浸润于每一个国民生命血脉之中。

所以,中华文化是关乎生命的文化。既关乎生命所自,即天①,又道出了生命组成,即"形与神俱"(《黄帝内经·素问·上古天真论》)。特别值得强调的是,中华文化对人之为人的生命大成之推崇——价值取向关怀——构成了中华优秀传统文化的重中之重。

孔子如是言:"君子不器"(《论语·为政》)。此奠定了中华文化在人之为人方面的基本预期。孔子以降,孟子、董子、朱子以及王阳明等历代儒家,均沿此理念而阐发着人之要义。

就人之来处而言,人与生俱来具备着"天性",此先天之在以"含章内映"方式寓于每个生命之中;就人之境域来说,具体现实的人生际遇均应为先天性体的外在发用,从而展现出生命本有的"溢彩流光"。

然而,应然终究并非实然。

所谓"三千年读史无非功名利禄"即揭示了过往与当下诸多生命个体的基本选择。这当然不一定错!其中的关键在于,人生价值取向之选择优先性究竟是锁定于"天爵"还是"人爵"?② 故正确把握二者关系不只是人生价值取向问题,更是人自身生命状态、格局以及气象问题。因此,不可不慎!

由是,历史教训一而再、再而三地告诫后人,同时,形式喧嚣

---

① 《易传·序卦下》有言:"有天地然后有万物,有万物然后有男女,有男女然后有夫妇,有夫妇然后有父子,有父子然后有君臣,有君臣然后有上下,有上下然后礼义有所错。"中华传统文化元典《易经》之《易传》即以素朴的方式阐释了人之为人源于天。董仲舒亦云:"为生不能为人,为人者天也。"(《春秋繁露·为人者天》)人源于天构成了中华文化的基本调式。

② 《孟子·告子上》言曰:"有天爵者,有人爵者。仁义忠信,乐善不倦,此天爵也;公卿大夫,此人爵也。古之人修其天爵,而人爵从之。今之人修其天爵,以要人爵,既得人爵,而弃其天爵,则惑之甚者也,终亦必亡而已矣。"显然,在"天爵""人爵"之间,"天爵"更具先在性、基础性乃至决定性,"人爵"则为"天爵"的附属物。一旦颠倒了二者关系,则"天爵"失而"人爵"亡。

的背后也折射着生命至上逻辑："九万里悟道终归诗酒田园"。此非消极性退隐，而是豁然洞明之中的从容淡定与潇洒，在此意义上，有是言："君子乐得为君子"——无论于己、于人乃至社会存在，皆为最佳状态。

以时下之言，即在人的全面发展统领下，生命自身及其境域的一体完美图式。

不应该怀疑，生活本来是美的，生命本来亦为美。

而生命之美即文化之美，中华文化之大美即人的全面发展。

一　人的全面发展：中华优秀传统文化的内在指向

"在人类所有的各种知识中，对我们最有用但是我们掌握的最少的，是关于人的知识。"① 为此，对人的生命价值的探索和求证构成了社会以及人类自身发展的永恒命题。在西方，"认识你自己"以其言简意赅、朴实无华的表达方式折射了先哲对人生的价值反思，而东方文学作品《天问》与《天对》则以恢宏的手笔勾勒了对人生意义的宏大叙事。尽管东西方社会在此问题上的审视角度不同，但都是对人的终极关怀。可以说，对人的认识与思考就是对人类自身的关爱、对人之生命的关怀乃至对人生价值的追问。人生的价值与意义固然包含诸多方面，但人的全面发展无疑是其中最靓丽的一抹色彩。一定意义上，人的全面发展是人类社会演进过程中亘古弥新的话题，在中国特色社会主义新时代条件下，对这一问题进行再思考具有尤为重要的意义。

中国特色社会主义新时代不是无源之水、无本之木，而是根植

---

① [法]卢梭：《论人与人之间不平等的起因和基础》，李平沤译，商务印书馆2007年版，第33页。就"有用"而言，与知识相关的范畴依次为技能、知识与文化。各个范畴之于人来说，具有不同作用。相对而言，技能是糊口的——维持人的生理生命之存续，知识是用来丰富视野的——充实精神生活以自乐，而文化则是和谐与完善身心的——健全心智以涵养性体。故知识不同于技能，文化不同于知识，或言之，有技能有知识并非有文化。进而言之，拥有技能是基础，获得知识乃必需，唯有文化方为工夫。故教育的价值不在技能之传授，亦非知识之播撒，而在文化之培固。在此意义上，卢氏所指应为"文化"范畴。

于五千年中华文明发展的历史之中。中华民族作为世界史上鲜有的文明没有中断的民族,在历史文明的长河中积淀、形成了优秀的传统文化——融入血脉、彰显和谐,这既奠基了人的全面发展广博深厚的文化底蕴,同时又形塑了人的全面发展的中华民族特色,从而使人的全面发展在中华优秀传统文化框架中具备了中国化意涵。这当然并非否认人的全面发展的一般性含义,相反,中国化、本土化以及现代化中的人的全面发展是对人的全面发展普遍之义的具体化。就此而言,人的全面发展内涵因其中国化与本土化而更加彰显着立体性与丰富性,在此意义上,中华民族为人的全面发展提供了中国智慧,乃至为助推人的全面发展的实现贡献了中国方案。

当然,中华优秀传统文化没有现代语境中"人的全面发展"概念,但中华优秀传统文化却以其内在方式烘托出了"人的全面发展"的相关意蕴。

这需要从中华优秀传统文化的和谐理念说起。

(一) 和为贵:和谐理念中蕴含的人的全面发展思想

一定意义上,技术的演进、经济的增长以及社会的发展以某种外力的方式强行将整个人类置于休戚相关、荣辱与共的格局之中。无论身处其中的个体之人,还是整体层面的国家、组织,不论是否意识到这一事实,"人类命运共同体"成为当下必须面对的时局。这要求,人类应在国家、民族、组织、单位、部门以及自然等各范畴之间搭建起交互一体的和谐关系。

和谐正是中华优秀传统文化的核心理念。[①]

客观而言,优秀的中华传统文化蕴含了深厚的和谐因子。一定

[①] 一般意义上,中华优秀传统文化涵盖了儒释道等,而儒学乃中华优秀传统文化的主干。故在人的全面发展这一论域,笔者所指的中华优秀传统文化限定在儒学范畴。而孔子作为三代文化之集大成者,又是儒学的典型代表。之后,儒学思想均为对孔子相关思想的承继与发展。

意义上，借于此，中华文明才历经几千年而不曾中断。故传统和谐思维成为维系中华文化源远流长的内生力量，进而为世界所关注，并有可能成为引导人类共同进步和发展的先进理念。其中，孔子的和谐思想构成了中华文明史上的灿烂之光，格外引人注目。①

---

① 对于孔子的和谐思想，多有学人予以阐发，如曹树德认为，孔子和谐观的基本内容包括：差异是和谐的必然前提；礼乐是保证差异之间和谐的外在制度安排；仁德则是外在礼乐制度的内在道德理性。其和谐观的基本特征有三，即天人合一的思维方式、性近论的人性预设和家庭本位的伦理意识。参见曹树明《孔子和谐观及其现代转换的可能向度》，《理论与改革》2010年第5期。在初景波看来，孔子集内圣外王于一身的精神气质是个人的身心和谐与外部的社会和谐通融连贯的产物。仁爱的情操、自然的情怀与审美的情趣，共同构成了孔子"乐在其中"的身心和谐的全部内涵，也是他内圣精神的全部写照。内在的仁外化、表现出来就是"爱""孝""礼"与"和"。孔子试图以"爱"建立起良好的人际关系，以"孝"建立起良好的伦理关系，以"礼"建立起良好的政治关系，最后以"和"建立起全社会和谐、协调的关系。参见初景波《孔子和谐思想的内在结构与逻辑展开》，《辽宁行政学院学报》2009年第5期。而王桂海、黄伟良指出，孔子关于和谐的思想集中体现在政治和谐、社会和谐及人与自然和谐三个方面。参见王桂海、黄伟良《试析孔子和谐思想》，《淮北煤炭师范学院学报》（哲学社会科学版）2006年第3期。夏莲表示，和谐是孔子思想中的重要内容，集中体现在以孝、诚为先的德育思想；以"执两用中""持中致和"追求中正的中庸理念；以"求富疾贫""取之有义"的义利观三个方面。参见夏莲《孔子和谐思想对构建和谐社会的启迪》，《广东行政学院学报》2007年第2期。刘宏伟、高美庚认为，孔子和谐理念是儒家思想的重要范畴，体现为"仁者爱人"的处世之道、"和而不同"的工作方法以及"执两用中"的思维方式。参见刘宏伟、高美庚《孔子和谐理念的思想政治教育方法论意蕴》，《湖北省社会主义学院学报》2009年第3期。苏永利则从有限性角度论证了孔子的和谐观。他认为，孔子确实主张和谐，但他的和谐并不针对全社会，而只是局限于部分人群，是一种片面的有限和谐。换言之，孔子不提倡"全面和谐"。孔子思想的基本特色是"仁"，不是"和"。而"仁"与"和"之间存在一定的矛盾。参见苏永利《论孔子和谐思想的有限性》，《江汉论坛》2008年第2期。综观理论界对孔子和谐思想的研究，都有其正确性。这对于深化对孔子和谐思维观念的认识具有积极意义。但其研究成果也有些许不足，主要表现在：各种观点均是作者以一定角度作为切入点，以此展开论述，故单独看某一观点，有一定道理。但这样形成的判断往往只是着重了点，而忽视了面，因此在一定程度上又存在偏离主旨的倾向。何况孔子思想不是孤立、断裂的，而是中国宏大思想网络中的一个环节，承上启下。就此而言，探讨孔子的和谐理念，只有将其置放到宏大的中华优秀传统文化图谱之中才更有益于展示其本真基调。

孔子和谐思想的价值取向是"道",核心观念是"中"与"和"。其和谐理念渗透在人与自身、人与人以及人与自然之间的关系三个方面。了解、认知孔子的和谐理念无论对于21世纪蓬勃发展的中国,还是整个世界而言,理论上是必要的,实践上是必需的。

传统文化中的和谐思想构成了孔子思想中和谐理念的深厚土壤。换言之,正是传统文化中的和谐因子润化滋养生成了孔子的和谐理念。孔子自述"述而不作、信而好古"(《论语·述而》)就体现了自身学说即对先人思想的缔结与承传。

传统文化首先就是和谐文化。正如张耀灿教授所言,和谐是中国传统文化的基本价值。[①] 而学者王宇则将传统文化的基调称为"和谐本体论"[②]。可以说,传统文化包含了诸多的和谐因子,一定程度上,和谐因素构成了传统文化脉络的内在元素,成为不可忽视的价值内蕴。其中鲜明的例证是,中华文明作为历史上幅员辽阔、人口众多、民族多样的国度,之所以能够历经几千年而存在、统一,原因固然很多,但不可否认的是,其中必然有着和谐文化的力量支撑。

优秀的中国传统和谐文化同中华民族历史一样源远流长。自先秦以来中华民族在处理与社会、自然以及人的多重关系的实践中,逐渐形成了和谐思维。其基本特征是,注重人自身的价值、强调整体、重视协调与和谐。这当然不是否认矛盾,恰恰相反,而是正视矛盾,通过协调、融合矛盾、冲突,以实现各种关系、情状等共生共荣、相辅相成、互利共赢的状态。

优秀传统和谐文化的宏大背景支撑起了孔子思想中的和谐理念。其和谐理念的价值取向就是追求朴素的自然原生态,即

[①] 张耀灿:《中国传统和谐文化的当代价值》,《光明日报》2005年12月20日第3版。

[②] 王宇:《发掘传统和谐智慧 建设当代和谐文化——"中国传统哲学与和谐社会"研讨会综述》,《浙江社会科学》2007年第3期。

"道"——宇宙存在之本然法则。如"志于道"(《论语·述而》);"无为而治者,其舜也与!"(《论语·卫灵公》)"天下有道"(《论语·季氏》);"天何言哉?四时行焉,百物生焉,天何言哉?"(《论语·阳货》);"君子学以致其道"(《论语·子张》);等等,这包含了自然、社会以及人类自身各个方面。在孔子看来,无论哪方面,其最佳存在状态就是"合道",而"合道"就是尊重事物的多样性,并使其各行其道、相得益彰、彼此和谐、融为一体。孔子和谐思想的核心就是"中"与"和",如"中庸之为德也,其至矣乎!"(《论语·雍也》)"礼之用,和为贵。"(《论语·学而》)"中"与"和"的理念渗透在孔子思想中的各个方面。从可分的意义上,可以将其和谐理念划分为三个方面,即人与自然之间关系的和谐、人与人之间关系的和谐以及人与自身之间关系的和谐。

其中,人与自身之间关系的和谐是孔子和谐理念的基点,而人与人之间关系的和谐、人与自然之间关系的和谐是人与自身和谐的外在表现。三方面在社会实践的基础上,相互作用、相互影响,构成了现实的和谐图式。

1. 人与自身之间关系的和谐

儒家经典《大学》中强调:格物、致知、正心、诚意以及修身等诸方面乃对人的思想和行为规范和匡正的基本程式。其中,正心就是"中""和"的典型体现。何谓正心?"所谓修身在正其心者,身有所忿懥,则不得其正;有所恐惧,则不得其正;有所好乐,则不得其正;有所忧患,则不得其正。心不在焉,视而不见,听而不闻,食而不知其味。此谓修身在正其心。"(《大学》)心正即身心和谐,也就是人与自身达到了和谐状态。

因为人是双重存在——身与心,身是物质现象,心是精神现象。一定意义上,身作为物质存在是人之为人的载体或形式,而心作为精神存在则为其归宿或内容。如果身与心不和谐,那么,或者是出现生理病变,或者是产生心理问题,二者必居其一。据相关统计研究表明，当前国人中90%以上的人都有心理问题，① 此即身心失调、不和谐的典型例证。

如何实现身心的和谐呢？方法就是在行为处事中坚持自我省察与反思，在历事练心中不断健全体魄、完善心智。"内省不疚，夫何忧何惧？"（《论语·颜渊》）内省就是对自我——身体、心智的审视、省察，以实现对自我生命存在状态——物质层面和精神层面——的双重历练与升华。

唯此，才能完善心智、淡泊名利、提升境界、抵达身心和谐，从而实现无所忧惧的完美人格。在《论语》中，孔子称赞颜回："贤哉，回也！一箪食，一瓢饮，在陋巷，人不堪其忧，回也不改其乐。贤哉，回也！"（《论语·雍也》）

又如子贡曰："贫而无谄，富而无骄，何如？"子曰："可也。未若贫而乐，富而好礼者也。"（《论语·学而》）子曰："君子谋道不谋食。耕也，馁在其中矣；学也，禄在其中矣。君子忧道不忧贫。"（《论语·卫灵公》）其中，无论是颜回的"自得其乐"，还是孔子对子贡的答复"贫而乐"，抑或是"君子谋道不谋食""君子忧道不忧贫"等，都是通过思想的提升、境界的修炼，成就生命完美存在——物质与精神、身与心统一——的理想路径。一旦抵达身心和谐之境，则自入"小大由之"（《论语·学而》）、"从心所欲不逾矩"（《论语·为政》）的自由境界。

必须强调的是，从完善自身心智出发认识与处理方方面面的关系是孔子和谐理念的原发点。如"不患人之不己知，患不知人也"（《论语·学而》）即是说明。一定意义上，这也正是人们所认同的"内圣外王"之道。何谓内圣？通俗地说，就是通过自我内心省察、反思，实现修身目的，即达到完美的人生境界。可以说，内圣是前提条件，唯有"内圣"，才有可能"外王"，即榜样的影响

---

① 参见严慧芳《〈2022国民健康洞察报告〉：91%的人自认为有心理问题》，腾讯新闻，https://new.qq.com/rain/a/20220329A09G2000，2023年3月9日。

与感召力。以此逻辑,方可齐家、治国、平天下。

2. 人与人之间关系的和谐

中华优秀传统文化在人与人之间关系上的基本着眼点就是"和"。今天,"和为贵""家和万事兴"等作为日常生活话语充斥于现实社会之中。孔子思想中更是写满了人与人之间的和谐观。其中,既包含了思想元素,也涉及了物质基础。

在《论语》中,"爱人"和"忠恕"是两个基本原则。"爱人"之意涵表达就是"仁","仁"在《论语》中乃出现频率很高的词汇。何谓"仁"?从字体结构看,就是"二人",所以,"仁"就是人与人之间的关系。什么样的关系?在求同存异的前提下相互理解、合作与仁爱,即"君子和而不同"(《论语·子路》)。董子亦强调,"仁者爱人""义者正我"(《春秋繁露·仁义法》)。仁义之士必然是正己而爱人。人与人之间虽然存在个体差异——无论生理方面还是思维方面,但这并不影响人与人之间关系的相互协调与合作。人与人之间作为群体性存在,此中,个体性依赖于群体性。或言之,虽然社会发展的基本趋向不断地强化张扬着个人主体性,但其中的潜在逻辑则同时肯定着社会整体性。何况一个基本的事实是,人不是物质存在,而是情感存在。[①] 由是,尽管民众之间时有某种分歧甚至冲突,但民众终将受其类特性之统摄。再者,其中不可忽视的情状是,人们之间发生的分歧与冲突往往也是趋向达成一致的某种方式,所谓"不打不成交"即为此义。《论语》有言:"弟子入则孝、出则悌,谨而信,泛爱众、而亲仁"(《论语·学而》)。一般而言,人们之间彼此关爱是人之内在需求与本自施与,这是世俗生活将生命关爱作为基本道德律令的终极

[①] 正如李泽厚先生指出,以儒学为主干的中华文化乃"乐感文化",此文化精神以情感为根源、基础、实在甚至"本体"。参见李泽厚《论语今读》,江苏文艺出版社 2010 年版,第 27、29 页。

根据。① 依此逻辑，在爱敬之施与当中，"爱人者，人恒爱之；敬人者，人恒敬之。"（《孟子·离娄下》）从而搭建起人与人相互友好合作、其乐融融的和谐状态。这充分反映了孔子思想中以"仁爱平和"为核心的人与人之间和谐相处理念。

诚然，孔子思想中人与人之间和谐互助思想是以家族关系模式为基础而展现的，由此推及社会，最终达成社会和谐氛围。《中庸》所言："仁者人也，亲亲为大"，以及《论语·学而》中的"孝悌也者，其为仁之本与"等思想，都意味着：家庭作为社会成员成长的首要环境，其对仁爱情感的培养发挥着不可或缺的作用。推而广之，"亲亲敬长"之"仁"从家庭血亲外扩到社会——"父慈、子孝、兄良、弟悌、夫义、妇听、长惠、幼顺、君仁、臣忠，十者谓之人义。"（《礼记·礼运》）显然，以孔子为代表的儒家学说从家族关系出发，构筑了由家族到社会、推己及人、仁爱和睦的美好局面。可以说，儒家思想的"宽厚处世、协和人我"观念，倡导以"仁爱"为中心，并力图以"己欲立而立人，己欲达而达人"（《论语·雍也》）和"己所不欲，勿施于人"（《论语·颜渊》）的方式建立和谐美好的人际关系。而孟子提出的"天时不如地利，地利不如人和"，更是把"人和"提到一定高度，从而反映了人与人之间和谐关系的重要性。

"忠恕"也是孔子的和谐理念表达。子曰："参乎，吾道一以贯之。"曾子曰："唯。"子出，门人问曰："何谓也？"曾子曰："夫子之道，忠恕而已矣。"（《论语·里仁》）"忠恕"包括"忠"和"恕"两层含义。"忠"字形结构意味着其含义是"心"在"中间"，即不偏心、无私心。"是故古之人物而书文，心止于一中者，谓之忠；持二中者，谓之患。患，人之中不一者也。不一者，

---

① 在中国文化看来，一定意义上，所谓"施恩不求报，与人不追悔"本质上并非高尚之境，在根本意义上，这体现了人作为族类群体性存在于天人之际遭遇境况变迁时而习得的同舟共济、休戚相关之本然选择。

故患之所由生也。是故君子贱二而贵一。"(《春秋繁露·天道无二》)无论面对何种境遇，都必须摆正角度，不仅从个人角度考虑，更要换位思考，替他人着想。也就是人们常说的，君子成人之美。同时，为人处世的"忠"并不要求有所回报，甚至说当他人的行为处事即使造成某种程度的不良后果时，也应该做到"恕"，宽恕为上，也就是"得饶人处且饶人""得理让人"。唯此才能建立和谐的人际关系。

显然，建构人际关系和谐状态是孔子为代表的儒学文化的基本特质。当然，人际关系和谐不是抽象的，而是基于现实的物质条件。于此，孔子指出："丘也闻有国有家者，不患贫而患不均，不患寡而患不安。盖均无贫，和无寡，安无倾。夫如是，故远人不服，则修文德以来之。既来之，则安之。"(《论语·季氏》)其中，"均、和、安"是实现人际关系和谐的前提条件，而"不患贫而患不均，不患寡而患不安"是对"有国有家"者而言的。在孔子时代，有"国"者为诸侯，有"家"者为卿大夫——均属于不直接从事农业生产的社会管理人员，他们要依靠农业生产者提供的物质资料而生活。所以，"不患贫而患不均"的确切意义应是，所有的物质生活资料应如何在直接从事农业生产的劳动者与社会管理人员之间进行分配。根据相关史料，中国夏、商、周的标准税率是十分之一。可见，如果"有国有家"者提取税率高于十分之一，即为"不均"。在孔子看来，恰当的农业税率是政治稳定与社会和谐的基础。孔子的意思是，"有国有家"者不必忧虑提取的农业税率是否能够满足财政需求，而真正值得忧虑的应是，统治者极度扩充个人贪欲而对劳动人民的横征暴敛。所以，这段话的真正含义是：只要社会财富在社会管理者与农业劳动者之间能够实现均衡分配，生产就会发展，财富自然增长，国家税赋必然相应增加，而财政自然不会成为问题。这样就会社会安定和谐、人民安居乐业。

汉代大儒董仲舒对孔子的"不患贫而患不均"作了进一步解释："有所积重，则有所空虚矣。大富则骄，大贫则忧。忧则为盗，骄则为暴，此众人之情也。圣者则于众人之情，见乱之所从生，故其制人道而差上下也，使富者足以示贵而不至于骄，贫者足以养生而不至于忧。以此为度而调均之。是以财不匮而上下相安，故易治也。"（《春秋繁露·度制》）汉代土地私有比较普遍，土地兼并甚为盛行，以致形成了"富者田连阡陌，贫者无立锥之地"（《汉书·食货志》）的分化格局。为此，从社会稳定角度出发，必须将贫富分化限定在一定范围内，即使富裕者"足以示贵而不至于骄"，使贫困者"足以养生而不至于忧"，从而实现"财不匮而上下相安"的社会和谐治理局面。

防止富者与贫者之间的阶级对立与冲突、实现二者的合作与和谐，是孔子的思想命题之一。孔子深知，力图实现财富在社会各成员之间进行绝对平均分配不仅是不可能的更是做不到的，故提出了各得其所式的"均"与"平"，相当于费孝通先生所主张的"差序"均衡，也就是在"绝对均等"与"绝对不均等"之间寻找一个平衡点，以此维护社会稳定与和谐的良性存在状态。

3. 人与自然之间关系的和谐

人与自然之间的关系是中国传统文化思考的对象。在传统文化中，自然就是"天"。"天有好生之德"，子曰："天何言哉，四时行焉，百物生焉，天何言哉。"（《论语·阳货》）人作为自然的产物，同样与"天"是统一的，即"天人合一"。

《中庸》中提到的"致中和，天地位焉，万物育焉"，即说明了自然与人之间的和谐存在状态。而孔子主张的"钓而不纲；弋不射宿"（《论语·述而》），"智者乐水，仁者乐山"（《论语·雍也》）[1]等话语，更体现了孔子的天地人和谐观。同时，孟子强调必须尊重自然、敬畏自然。因为事物的存在是因时而生的，这本

---

[1] 钱穆先生指出，《论语》此章颇富有艺术性审美。此中，"俯仰之间，而天人合一"。就此而言，人与自然之和谐则跃然而现。参见钱穆《论语新解》，生活·读书·新知三联书店2005年版，第159页。

身就是自然、有序的过程。董子强调："质于爱民，以下至于鸟兽昆虫莫不爱。"(《春秋繁露·仁义法》) 也体现了人与自然之间的共生理念。基于此，中华优秀传统文化倡导对万物的利用必须在自然秩序中展开，所谓"正德""利用"以及"厚生"(《尚书·大禹谟》) 即彰显了鲜明的人与自然和谐观念。

中国特色社会主义新时代条件下，生态文明、美丽中国建设提到经济社会发展的重要日程。为此，汲取中华优秀传统文化中的和谐理念，对当前生态文明与美丽中国建设实践具有重要意义。

就广义生态文明而言，包括社会生态、自然生态和人文生态三个方面，这大体与中华优秀传统文化和谐理念构成了一一对应关系，即社会生态就是人与人之间关系和谐，自然生态就是人与自然之间关系和谐，而人文生态就是人与自身的关系和谐。

随着市场经济机制在社会主义经济领域不断深化与发展，市场机制业已成为影响经济运行以及现实生活的主导因素。其利益导向机制发挥作用的过程，造成了人与人、人与自然以及人与自身之间关系的高度紧张，甚至产生错位与扭曲，致使社会生态、自然生态以及人文生态都出现了某种程度的问题。由是，重新审视中华优秀传统文化、吸纳其和谐理念尤为必要。

就社会生态而言，情况不容乐观。尤其是"毒奶粉""瘦肉精""地沟油"以及"染色馒头"等恶性食品安全事件足以表明，诚信的缺失、道德的滑坡已经到了何等严重的地步！为此，温家宝曾警示强调，一个国家，如果没有国民素质的提高和道德的力量，绝不可能成为一个真正强大的国家、一个受人尊敬的国家。而道德的力量需要从传统文化以及孔子的和谐理念中去寻找，从人与人应该相互关爱、仁义为本当中去体会。

就自然生态而言，情况更为严重。由地球温室效应导致的全球变暖、南北极冰川融化现象已经岌岌可危。其后果是，如果人类不重新审视、调整自身的生产、生活以及思维方式，那么，人类将严重地以危害自然存在的方式进而波及、危害到自身生存。

现实使人们将逐渐认识到，自然不是随意攫取的对象，自然同样需要呵护与关爱。换言之，对自然的利用不是无限度的。孔子之所以一再强调"君子忧道不忧贫""君子谋道不谋食"（《论语·卫灵公》），一定程度上，就是先验预期了人的消费无限性与自然资源有限性之间的矛盾。职是之故，从协调二者之间矛盾的考虑出发，提出人与自然应和谐相处的观点。就此而言，中华优秀传统文化和谐观强调的是人与自然之间协调基础上的某种平衡——既不能因人以害物，亦不致因物而困人。

就人文生态而言，也必须引起重视。马克思主义在170多年前所批判的人的异化几乎成为当下的人文常态，甚至可以断言，人已经非人化了——人之为人本有的精神、思想严重枯竭，或者说精神、理性、情操已经在物欲的裹挟下游离出了人的身心世界，身心俱成了人之大欲所挟持的工具，生命个体几近完全成了一具具物质空壳——行尸走肉。人性安在？！

人们都说，没有信仰是危险的，同样，没有灵魂更是可怕的——危及社会乃至自身。现实已经证明了这一点。

由是可见，中华优秀传统文化强调道德修养的重要性。有人说，一个人值得炫耀的永远不是他的财富，而是他的思想。物质是人存在和发展的必要条件——基本需要，而思想是人生命发展的价值归宿——终极取向。在《论语》中，孔子之所以没有正面回答樊迟学稼、学圃之问，原因就在这里。正是在此意义上，子夏说："虽小道，必有可观者焉。致远恐泥，是以君子不为也。"（《论语·子张》）

人与自身、人与人以及人与自然之间三重关系均可视为人与自然（广义）之间的关系。① 而处理人与自然界（广义）之间关系

---

① 一般而言，"自然界"包括三个方面，即天然自然界、社会自然界与人的自身自然界。它们构成了一般人类劳动的共同劳动对象。参见余金成《劳动论纲》，天津社会科学院出版社1995年版，第6页。

的关键在于人与自身是否和谐,即人是否实现了全面发展。正如英格尔斯指出的,现代种种制度规范只是"空的躯壳",如果执行和运用这些制度的人,还没有赋予这些制度"以真实生命力的广泛的现代心理基础",自身还没有从心理、思想、态度以及行为方式上完成向现代化的转变,那么,失败和畸形发展的悲剧仍不可避免。① 现代社会需要现代化的人,现代化的人也许不等同于全面发展的人,但人的全面发展应为完成了现代化的人。换言之,人的心理、思想、态度以及行为方式现代化的实现过程在中华优秀传统文化境域即以学致道、学以成人的过程,也就是趋向人的全面发展过程。

"学"开启了走向人的全面发展的理路。

(二) 由"学"而"说":趋向人的全面发展的一种路径

《论语》开篇即言"学",此体现了"为学"的重要性。② "学而时习之,不亦说乎?有朋自远方来,不亦乐乎?人不知而不愠,不亦君子乎?"(《论语·学而》)作为《论语》首篇第一章,其

---

① [美]阿历克斯·英格尔斯:《人的现代化》,殷陆君译,四川人民出版社1985年版,第4页。
② 《论语》中多处提到"学",此注定了儒学区别于其他诸学的鲜明特征。一是强调"学"的必要性。子曰:"学而不思则罔,思而不学则殆。"(《论语·为政》)子路曰:"有民人焉,有社稷焉,何必读书,然后为学?"子曰:"是故恶夫佞者。"(《论语·先进》)二是说明"学"的入手处。子曰:"君子食无求饱,居无求安,敏于事而慎于言,就有道而正焉,可谓好学也已。"又,子夏曰:"贤贤易色,事父母能竭其力,事君能致其身,与朋友交言而有信。虽曰未学,吾必谓之学矣。"(《论语·学而》)三是阐释"好学"之情状。哀公问:"弟子孰为好学?"孔子对曰:"有颜回者好学。不迁怒,不贰过。不幸短命死矣!今也则亡,未闻好学者也。"(《论语·雍也》)子曰:"十室之邑,必有忠信如丘者焉,不如丘之好学也。"(《论语·公冶长》)四是论述"为学"之效。子贡曰:"何为其莫知子也?"子曰:"不怨天,不尤人。下学而上达。知我者其天乎!"(《论语·宪问》)还有论及"学"的其他方面,不再列举。总之,《论语》中足以折射出"学"在儒家乃至中华优秀传统文化中的地位与价值。

中,"说""乐"以及"不愠"三个关键词,就表层而言,揭示了君子为学经历的三种情感体验;然就深层而言,三种情感体验实则指向了人之为人的完善状态。或言之,三种不同的情感表达实际上乃君子面对不同境遇而展现的中、正之心理状态。以时下言之,此即人的全面发展状态。因此,本章常常被概括为"悦乐君子",并以此说明《论语》乃至中华优秀传统文化的价值取向就在于塑造完善之君子人格。

中、正心理状态外显之人格即完善情性之君子。《中庸》有言:"喜怒哀乐之未发,谓之中;发而皆中节,谓之和。中也者,天下之大本也;和也者,天下之达道也。"其中,喜怒哀乐作为情,"其未发,则性也,无所偏倚,故谓之中。"如果"发皆中节,情之正也,无所乖戾,故谓之和"。① 之所以将情性之中、正称为全面发展之人的状态,在于其庶几通达天道本体之情实。正所谓"中也者,天下之大本","和也者,天下之达道"。而"大本"者,则为"天命之性,天下之理皆由此出,道之体也"。同时,"达道者,循性之谓,天下古今之所共由,道之用也"。② 显然,情性之中、正乃统摄于"天道"本体范畴。③

由是而言,"学而时习"之"说"内含着深邃的道体意蕴:一方面,"学""习"分别意味着悟道、行道;另一方面,行道之中自然生成生命内在的"悦感"体验。"学而时习之"以立足当下的躬行实践同时构筑起通向生命愉悦的途径。为此,"学""习"以及"悦"三者之间前后相继的逻辑关系蕴含的立身行道、自得其

---

① (宋)朱熹集注:《论语·大学·中庸》,上海古籍出版社2013年版,第269页。

② (宋)朱熹集注:《论语·大学·中庸》,上海古籍出版社2013年版,第269页。

③ 朱子在解释《论语·为政》之"君子不器"章时,指出,作为成德之君子,"体无不具,故用无不周,非特为一才一艺而已。"参见(宋)朱熹集注《论语·大学·中庸》,上海古籍出版社2013年版,第31页。此恰暗合当下所倡导的人的全面发展。

乐的生命状态对于理解人的全面发展具有启示意义。①

---

① 学界对于"学而时习之，不亦说乎"多有探讨，其代表性观点包括：一是为学乃苦说。梁清远《采荣录》有云："《论语》一书，首言为学，即曰悦，曰乐，曰君子。此圣人最善诱人处，盖知人皆惮于学而畏其苦也。是以鼓之以心意之畅适，动之以至美之嘉名，令人有欣羡之意，而不得不勉力于此也。""学"其实是苦的，"人皆惮于学而畏其苦"说得最为俗白，言"学"为"悦"不过是圣人"诱人"罢了。参见程树德《论语集释》，中华书局1990年版，第9页。二是苦中有乐说。学习是苦差事，"学海无涯苦作舟"即是明证。然孔子主张"悦"，概其原因为：第一，就孔子个人而言，孔子深知学习的极端重要性，孜孜不倦，"学而不厌"。忘我的学习，使他获得广博的知识，也使他收获了快乐。如孔子在齐国时，"闻《韶》音，学之，三月不知肉味"。足见其学中之"乐"。第二，从学习心理学的角度看。当学习者花了不少时间精力还无所得的时候，心中的确是很苦的。但当学习者对所有"学"的东西通过反复的"习"，即"温故"而终于将问题彻底弄明白进而达到"知新"的境界之后，自然而然地便会对"学习"产生一种"丰收"或者说"胜利"之后的喜悦感与自豪感。这正是学习者在学习中由"苦"而至于"乐"的心理变化过程。参见李占德《〈论语·学而时习之〉新探》，《曲靖师专学报》1987年第1期。三是内在审美说。"学而时习之，不亦说乎"是人在审美活动中形成的无需对象和想象参与的纯然性的内审美。它是一种内在的充满，自得于心，不外求对象和内求于想象的人生境界。这种愉悦来源于内省、反思，源于对道的学习、追求，源于对人类文化承传的自信，是个体审美理想和道德理想的和谐统一，是内省、内求、自诉的情感体验。参见谭容培、匡代军《〈论语·学而第一〉首章的美学解读》，《中国文学研究》2005年第4期。四是整体生命说。"学"所以能"乐"，在于"学"是表现整体生命的"学"，而不单纯以知识技艺为内容。生命要由"道（德、仁）"为人的分化了的现实存有奠基，并起到整合的作用。人通过道德修养之路，才能达到存在的真实。"学"保持在它的生命整体的意义中，才能是"乐"。参见李景林《"学"何以能"乐"——〈论语〉"学而时习"章解义》，《齐鲁学刊》2005年第5期。五是源初实情说。"学而时习"的首要意蕴在于强调了人自身源初行动与对此行动之主体性觉悟的统一：一方面是不间断的行动中的觉悟；另一方面是觉悟着的不间断的行动之展开。这一源初状态及其后续展开，具有一种不可诘问的源初肯定性，所以为深沉而内在的"悦"；后文"有朋自远方来"之外在的乐、一般他者不知的无动于衷（不愠），就是在一种递减的意义上昭示"学而时习"的奠基意义。参见郭美华《论"学而时习"对孔子哲学的奠基意义——对〈论语〉首章的尝试性解读》，《现代哲学》2009年第6期。六是"乐感文化"论。李泽厚认为，《学而》章作为论语首章，并不具有深意。"以儒学为骨干的中国文化的精神是'乐感文化'。'乐感文化'的关键在于它的'一个世界'（即此世间）的设定，即不谈论、不构想超越此世间的形上世界（哲学）或天堂地狱（宗教）。它具体呈现为'实用理性'（思维方式或理论习惯）和'情感本体'（以此为生活真谛或人生归宿，或曰天地境界，即道德之上的

这意味着：人之为人的生命价值取向乃在于求道、悟道和行道，在与天命道体交互一体的应感脉动中体味原态生命之愉悦，即全面发展之情态。其间，并非超脱世俗、出离尘世，而是以脚踏实地的务实品格，履行分内职责。由是，生命自身与天元之道产生律动与共振，从而自然而然于回归性体本心之际，在内心深处生发起原初生命本具的悦感体验。一定意义上，从人文角度而言，"不忘初心"的价值就在于对人之原初生命的回归与体味，从而重新领略与感受本然生命之美——诚者自成的生命内在悦感之情实。

1. 回归生命初心："学而时习"的道体意蕴

概而言之，"学而时习"之"悦"作为情绪体验完成在精神层面，但其生发机制乃在于"学而时习"之过程。《说文解字注》云："学，觉悟也。""学所以自觉，下之效也；教人所以觉人，上之施也。故古统谓之学也。"①"习，数飞也。"②由是，"悦"之源为"学"且"习"，"学""习"就是通过自身的生命实践活动体验生命真谛，即体悟与力行人生之道而"悦"的过程。故"悦"与否，非"学""习"情形之外能够感同身受的情绪体验，而是完全源于求"学"且"习"者的主体行为实践中获得的回归大诚本心的心理感受。

（接上页）准宗教体验）。'乐感文化''实用理性'乃华夏传统的精神核心。"作为儒学根本，首章揭示的"悦""乐"，"不离人世、不离感性而又超出它们。通过学"为人"以及知识技能而实践之，自然有益于个人与社会，故"中心悦之"——"一种有所收获的成长快乐"。参见李泽厚《论语今读》，江苏文艺出版社 2010 年版，第 27—28 页。客观而言，上述阐释不无道理。各观点或是立足某一角度，或是在某一层次对之进行分析，仁智并现。然而，一定程度上，此种理解或是在"学而时习""场域"之外所作的类似于"子非鱼，焉知鱼之乐"的主观表达，或是尽管认可"学而时习"之"悦"，但依然没有洞彻到其中之深味。总之，二者均囿于体认层面没有到位，从而难以对"学而时习之""悦"感体验做出合乎情实的客观判断。

① （汉）许慎（撰），（清）段玉裁（注）：《说文解字注》，浙江古籍出版社 1998 年版，第 127 页。
② （汉）许慎（撰），（清）段玉裁（注）：《说文解字注》，浙江古籍出版社 1998 年版，第 138 页。

"学""习"何以"悦"？这需要到《论语》中寻找答案。孔夫子特别重视道之于人的价值和意义。如"君子忧道不忧贫"（《论语·卫灵公》）、"君子学以致其道"（《论语·子张》）、"志于道"（《论语·述而》）、"人能弘道"（《论语·卫灵公》）、"君子食无求饱，居无求安，敏于事而慎于言，就有道而正焉，可谓好学也已"（《论语·学而》）等。可以说，道构成了人生追求的主要目的①。"学有所成"意味着"内圣外王""已登道岸"，故生命的价值和意义就是"士志于道"（《论语·里仁》），一旦"朝闻道"，人生状态则非同一般——"夕死可矣"（《论语·里仁》）——即使面对生死大事都可以坦然处之。这是何等的从容与淡定！相反，"耻恶衣恶食者，未足与议也"（《论语·里仁》）——这永远是患得患失之"长戚戚"的"小人"困境（《论语·述而》）。

　　一定意义上，"生而知之""学而知之""困而学之"（《论语·季氏》）是对道体体悟状态不同而形成的三种人生样式，而"困而不学"则是近乎"一阐提"的顽愚状态。如果说"生而知之"意味着源于先天生命自足而彰显的对道体的通达体悟，那么，"学而知之""困而学之"则是生命通过后天学习对宇宙道体或主动或被动的探求。

　　何谓"道"？《中庸》有言："率性之谓道"。"人物各循其性之自然，则其日用事物之间，莫不各有当行之路，是则所谓道也。"②《中庸》有言："道不远人。人之为道而远人，不可以为道。""道者，率性而已，固众人之所能知能行者也，故常不远于人。若为道者，厌其卑近以为不足为，而反务为高远难行之事，

---

①　行道的过程是借助于现实的物质生命实践活动完成的，物质过程是外在形式，道则为寓于其中的实质内容。今人生命状态之所以疲惫、困惑，就在于过多地注重了形式——物质实体层面，而忽略了其中蕴含的道之内核——精神或价值层面。

②　（宋）朱熹集注：《论语·大学·中庸》，上海古籍出版社2013年版，第269页。

则非所以为道矣。"① 道本非玄妙莫测,人之日用行常之间,举手投足之际,以契合自身之本然性情、身份与地位行为处事,即为道。

生命就是小宇宙,宇宙之场势(道)就是真善美。故生命之本然状态就是愉悦与完美。一定程度上,学、习的过程就是后天生命回归原初生命的过程,以实现与宇宙场势(道)的契合与相应,进而体悟和感受人生的原初之美。"学"之投入程度不同,体悟与感受必然相异。由此,产生了"知之者不如好之者,好之者不如乐之者"(《论语·雍也》)三个层次的生命体验。显然,"知之""好之"以及"乐之"成为"学而时习之"三个递进向度。

孔子之学就是"处事做人之学"②。其在塑造"中国民族性格和文化—心理结构"③方面发挥着奠基性的作用。此中之关键即是文化的力量。今人所谓文化,中国古人谓之"道体"。故钱穆先生认为,中国文化的中心思想与其主要特质就是"性道合一"。④"性"指人的天性,"道"指天道——"宇宙的神圣秩序"⑤。性道合一即是"天人合一",即"夫大人者,与天地合其德,与日月合其明,与四时合其序,与鬼神合其吉凶。"(《易·乾·文言》)实现"天人合一"的基本途径就是"学而时习之"。而学就是"明道",习即"体道",在认识理论的基础上实践理论,也就是"学人生的大道"。⑥

具体言之,"学"的内容包括大六艺、小六艺以及行为处事规范,即日常行持、生活技能与文化经典。这是人生进学的基本次

---

① (宋)朱熹集注:《论语·大学·中庸》,上海古籍出版社2013年版,第276页。
② 南怀瑾:《论语别裁》(上),复旦大学出版社2008年版,第11页。
③ 李泽厚:《美学三书》,安徽文艺出版社1999年版,第55页。
④ 钱穆:《中华文化十二讲》,九州出版社2012年版,第75、8页。
⑤ (清)辜鸿铭:《中国人的精神》,陈高华译,陕西师范大学出版社2011年版,第43页。
⑥ 李里:《论语讲义》,广西师范大学出版社2007年版,第9页。

序。如：子曰："弟子入则孝，出则弟，谨而信，泛爱众，而亲仁。行有余力，则以学文。"（《论语·学而》）

文即《诗》《书》"六艺之文"①，此为大六艺，包括《诗》《书》《礼》《乐》《易》以及《春秋》等文化经典。程子曰："为弟子之职，力有余则学文，不修其职而先文，非为己之学也。"尹氏曰："德行，本也。文艺，末也。穷其本末，知所先后，可以入德矣。"② 人之日常行持须合于自身职位与角色，此乃人之为人的基本法要。故必力行。为此，学习行为处事规范自然成为人生首要之务。由是，"人生八岁，则自王公以下，至于庶人之子弟，皆入小学，而教之以洒扫、应对、进退之节，礼乐、射御、书数之文。"而"其所以为教，则又皆本之人君躬行心得之余，不待求之民生日用彝伦之外，是以当世之人无不学。其学焉者，无不有以知其性分之所固有，职分之所当为，而各俛焉以尽其力。"③

正是在此意义上，孔子弟子子夏赞曰："贤贤易色，事父母能竭其力，事君能致其身，与朋友交言而有信。虽曰未学，吾必谓之学矣。"（《论语·学而》）其中，"四者皆人伦之大者，而行之必尽其诚，学求如是而已。故子夏言有能如是之人，苟非生质之美，必其务学之志，虽或以为未尝为学，我必谓之已学也。"游氏曰："三代之学，皆所以明人伦也。能是四者，则于人伦厚矣。学之为道，何以加此？"④ 又：子曰："志于道，据于德，依于仁，游于艺。"（《论语·述而》）

"游者，玩物适情之谓。艺，则礼乐之文，射御书数之法，皆

---

① （宋）朱熹集注：《论语·大学·中庸》，上海古籍出版社2013年版，第20页。
② 转引自（宋）朱熹集注《论语·大学·中庸》，上海古籍出版社2013年版，第20页。
③ （宋）朱熹集注：《论语·大学·中庸》，上海古籍出版社2013年版，第247页。
④ 参见（宋）朱熹集注《论语·大学·中庸》，上海古籍出版社2013年版，第20页。

至理所寓，而日用之不可阙者也。朝夕游焉，以博其义理之趣，则应物有余，而心亦无所放矣。"① 其中，礼、乐、射、御、书、数乃小六艺之谓。礼乐以致和，射、御、书、数乃技能。概而言之，"礼以恭敬辞逊为本，而有节文度数之详，可以固人肌肤之会、筋骸之束。故学者之中，所以能卓然自立，而不为事物之摇夺者，必于此而得之。""乐……可以养人之情性，而荡涤其邪秽，消融其查滓。故学者之终，所以至于义精仁熟而自和顺于道德者，必于此而得之，是学之成也。"②

礼、乐、射、御、书、数，六艺虽小，然"皆至理所寓"。故须"朝夕游焉，以博其义理之趣"，以达其至理。至理达则成。朱子云："此章言人之为学当如是也，盖学莫先于立志。志道，则心存于正而不他；据德，则道得于心而不失；依仁，则德性常用而物欲不行；游艺，则小物不遗而动静有养。学者于此，有以不失其先后之序、轻重之伦焉，则本末兼该，内外交养，日用之间，无少间隙，而涵泳从容，忽不自知其入于圣贤之域矣。"③

人之日常行持既守、生活技能娴熟，则"自天子之元子、众子，以至公、卿、大夫、元士之适子，与凡民之俊秀，皆入大学，而教之以穷理、正心、修己、治人之道。"④ 此即大六艺之教，以完善生命、实现人生价值。如《诗》之用，"有邪有正，其为言既易知，而吟咏之间，抑扬反覆，其感人又易入。故学者之初，所以兴起其好善恶恶之心，而不能自已者，必于是而得之。"再者，"凡《诗》之言，善者可以感发人之善心，恶者可以惩创人之逸

---

① （宋）朱熹集注：《论语·大学·中庸》，上海古籍出版社2013年版，第84页。
② （宋）朱熹集注：《论语·大学·中庸》，上海古籍出版社2013年版，第99页。
③ （宋）朱熹集注：《论语·大学·中庸》，上海古籍出版社2013年版，第84页。
④ （宋）朱熹集注：《论语·大学·中庸》，上海古籍出版社2013年版，第247页。

志,其用归于使人得其情性之正而已。"①

一定意义上,行持、技能与文化乃人进学之三部曲。人生价值与意义就在于通过学、习进而不断趋近生命之道(至理),即"君子上达"(《论语·宪问》)。明理而行,遵道而进,是道则进,非道则退,渐次实现着由"知之"到"好之",进而"乐之"的生命跨越。故"学而时习"就是立身行道并为之坚守的过程,也正是体悟人生之道并体验生命至真纯美的过程,诚者自成,"自得其乐""怡然自乐"才得以发生。由此,方能领略"性本善"的完美至臻之境。

置言之,"学而时习"的目的和意义就是通过"学"与"习"以"尽己之性",实现"合外内之道"(《中庸》),以圆满人之"天性",此即为道。② 所以,习得天性过程就是立身行道的过程。可以说,这作为中国文化基因,已经成为中华民族关于人生价值导向的最高标尺③。正所谓"极高明而道中庸"(《中庸》),此即《中庸》云:"天命之谓性,率性之谓道,修道之谓教。道也者,不可须臾离也,可离,非道也。""学而时习"就是通过体悟"天命"、认识自身并时刻遵照其生命之内在律令而实现合道的过程——人因道而立,道因人而彰。

虽然"道不远人"(《中庸》),但为了保证人循道而行,先人制礼作乐。无论"礼"抑或"乐",都是以规范的方式使人合乎宇宙秩序与法则,以求得在人与道之间产生感应道交。置言之,"礼"或"乐"作为折射"道体"的外在表现形式是通向"道体"的方法、原则与规范,构成了人、道之间的中介系统。借助于此,

---

① (宋)朱熹集注:《论语·大学·中庸》,上海古籍出版社2013年版,第99、26页。
② 钱穆:《中华文化十二讲》,九州出版社2012年版,第15、14页。
③ 人生"最高价值是据道依仁的生活"。H. Fingarette, The Music of Humanity In The Conversation of Confucius; Journal of Chinese Philosophy (1983) p. 333, 转引自李泽厚《美学三书》,安徽文艺出版社1999年版,第229页。

人与道之间实现沟通、对话与契合。正是在此意义上，李泽厚指出："中国古代的'乐'主要并不在要求表现主观内在的个体情感，它所强调的恰恰是要求呈现外在世界（从天地阴阳到政治人事）的普遍规律，而与情感相交流相感应。"①

不仅礼乐为道之径由，诗文亦然。《文心雕龙·原道》："言之文也，天地之心哉。""诗主言情，文主言道"。② 故文化通道。这意味着，道并非道家独有范畴。如李泽厚所言，表面看来，儒、道是离异而对立的，于入世、出世间，分别代表着乐观进取、消极退避，但实际上二者也因相互补充、协调而具有了某种统一性。一定意义上，源于文化的相通性，儒道互补构成为"两千多年来中国思想一条基本线索"。③ 二者交互统一，浑然天成。道学是儒学的深层底蕴，儒学乃道学世俗化表达。

就内容而言，"学而时习"内含着深邃的形而上之道体追求。由此可见，孔子有对形上的反思和对超越的追求，但他没有采取概念思维的抽象方式，而出之以诗意的审美。孔子所追求的超越，也并不是对感性世界和时空的超越，而恰恰就在此感性时空之中。它不是"在"（Being），而毋宁是"生成"（Becoming）。④ 这意味着，"学而时习"是以具象的过程探寻抽象世界的内在逻辑，通过表象理解抽象、透过物质世界探求根本规律，即在现实的生命活动中"追求'再现'宇宙自然的普遍规律、逻辑和秩序"。此中，自然生成"'与天地同和'的普遍性情感"。⑤ 至此，如《中庸》所云，人之性回归到"自诚明"的天地境界，并以"诚则明矣，明则诚矣"之径抵达与"天地参"的高度。此中人的心理状态即为"悦"。李泽厚将这种内在心理情感和状态称为"本体的人性"

---

① 李泽厚：《美学三书》，安徽文艺出版社1999年版，第243页。
② （清）王夫之：《清诗话》（下卷），上海古籍出版社1984年版，第948页。
③ 李泽厚：《美学三书》，安徽文艺出版社1999年版，第59、55页。
④ 李泽厚：《美学三书》，安徽文艺出版社1999年版，第266页。
⑤ 李泽厚：《美学三书》，安徽文艺出版社1999年版，第243、244页。

"人道的自觉意识"以及"人的最后实在和最高本体"。① 这也就契合了"道"或"天道"。钱穆先生认为,孔门论学,范围虽广,然必兼具"心地修养与人格完成"之两义。如能学而时习之,"自始即可有逢源之妙,而终身率循,亦不能尽所蕴之深。"② 此可谓或近或入幽隐"道体"之蕴藉!

就形式而言,"学而时习"之道体追求体现在行常日用之中。正如仲修徐曰:"所谓学者,非记问诵说之谓,非缉章绘句之谓,所以学圣人也。""既欲学圣人,自无作辍。出入起居之时,学也。饮食游观之时,学也。疾病死生之时,亦学也。人须是识得'造次必于是,颠沛必于是','立则见其参于前,在舆则见其倚于衡也',方可以学圣人。"③ 故曰:"孔子之学,皆由真修实践来。无此真修实践,即无由明其义蕴。"④ 盖行住坐卧、吃喝拉撒,即该吃饭时吃饭,该睡觉时睡觉,无一不在道中。相反,状态错位、夙寐夜兴、行为乖戾则为背道之举。

总而言之,"学而时习"之所以"不亦说乎",就是通过行常日用之间、起居坐卧之时的常规活动,体味生命之本然而获得的自然天成的愉悦感受。正如《中庸》言:"君子素其位而行,不愿乎其外。素富贵,行乎富贵;素贫贱,行乎贫贱;素夷狄,行乎夷狄;素患难,行乎患难。君子无入而不自得焉。"君子之所以能够"无入而不自得",正是源于"在所居之位而为其所当为,无慕乎其外之心"⑤,守其位、践其行、得其道。这是生命状态回归本然之时的"现场感",其中,不存在做作,也并非超脱,而是以安分守己之心对当下生命状态的积极体验。

---

① 李泽厚:《美学三书》,安徽文艺出版社1999年版,第255—256页。
② 钱穆:《论语新解》,生活·读书·新知三联书店2005年版,第5页。
③ 程树德:《论语集释》,中华书局1990年版,第4、4—5页。
④ 钱穆:《论语新解》,生活·读书·新知三联书店2005年版,第5页。
⑤ (宋)朱熹集注:《论语·大学·中庸》,上海古籍出版社2013年版,第277页。

孔颜乐处即为此境界。孔子、颜渊以自身生命践行人生之道，从而体验了行道之乐。子如是曰："饭疏食，饮水，曲肱而枕之，乐亦在其中矣。"（《论语·述而》）孔子评价颜渊："贤哉，回也！一箪食，一瓢饮，在陋巷，人不堪其忧，回也不改其乐。贤哉，回也！"（《论语·雍也》）依道而论，生命本自足。"诚于中"则必然"形于外"。孔颜之乐正是以内守其道、不假外求的方式体验、展演着生命之悦乐。"学而时习"则是以诚者自成的方式获得了生命至臻完美的喜悦。这既是"诚意""正心"的妙用，也是"修身"的价值与归宿。

2. 体味人的全面发展："学而时习"的价值蕴含

时下国人生活已经进入大众娱乐化阶段——无论娱乐还是被娱乐，均带有鲜明的"找乐"色彩，极具"外在性"，故此"乐"非乐。这自然使人联想到当前国人的幸福感——尽管温饱不成问题但幸福依然是问题。在物质生活比较富足的今天，这足以说明，幸福与否不由外在所决定，而是自身之感受。正如有人指出，幸福是一种感觉。而其中要义则是内在心理之"悦"感。鉴于此，重新审视当代人之生命价值取向尤为必要。

余秋雨感言："包括佛学家在内的很多哲学家都认为，人之为人，在本性上潜藏着善的种子。灌溉它们，使它们发育长大，然后集合成一种看似天然的森林，这就是文化的使命。"① 当下，文化自信要求弘扬中华优秀传统文化。为此，温习经典、领略文化成为实现完美人生乃至美丽中国的必然要求。

钱穆先生指出："孔子之所启示，乃属一种通义，不受时限，通于古今，而义无不然，故为可贵。"② "学而时习之，不亦说乎？"展现的就是体道、行道之时内心生成的喜悦——简单、内在、真切之情。为此，"学而时习"内在道体意蕴对今天国人生活

---

① 余秋雨：《何谓文化》，长江文艺出版社2012年版，第12页。
② 钱穆：《论语新解》，生活·读书·新知三联书店2005年版，第5页。

具有启示意义。

首先，参学中华优秀传统文化，体悟人生之大道，守护生命之初心。优秀传统文化即人之为人的文化，正如有学者所言，《论语》即人生的使用说明书。学习传统文化经典，其意义和价值就在于通过领略先哲之智慧，体悟人之为人的思想理念与行为规范，从而学有所得、完善自我。朱子云："学之为言效也。人性皆善，而觉有先后，后觉者必效先觉之所为，乃可以明善而复其初也。"传统文化乃先哲以其自身的生命历程与体验总结而成的经典之作，作为后学不断参学，自然成德。"德之为言得也，得于心而不失也。"[①] 一旦有所得，则德进过少，从而不断趋近于人之本然，即生命之初心、本然之状态。一定意义上，"不忘初心"文化指向即为此义。

传统文化虽然形成于过去，但依然有助于现实。为此，学习传统文化，须走进现实生活。"学而时习"之"习"意味着践行、实践。时时处处，身、心、境三者合一，身临其境、心安其中。当下，社会整体环境急功近利氛围烘托着世间民众的浮躁心态，"骑马找马""这山看着那山高""身在曹营心在汉"成为诸多生命个体共同的心理意识。由是，他们不惜以"我用青春赌明天"的方式与命运抗争，实现人生利益价值无休止的最大化。一定意义上，其结果无论于人、于己都是某种伤害。

《大学》云："知止而后有定，定而后能静，静而后能安，安而后能虑，虑而后能得。"就表层而言，知止的内在要求就是于"至善"之地安分守己、乐天知命。正如《中庸》所言："践其位，行其礼"，即立足当下，做好分内事。所以，无论想象的翅膀飞得多么高远，必须立足于现实的大地上。这既是实现生命自由

[①] （宋）朱熹集注：《论语·大学·中庸》，上海古籍出版社2013年版，第17、26页。

的根本，① 也是"学而时习"的内在要求。唯此，方能体悟人生之大道，明了"道在伦常日用之中"② 的内蕴，从而获得愉悦、幸福的生活审美体验。"道不远人。"诚哉斯言也。于此，李泽厚认为，这正体现了"以孔子为代表的中国文化精神"之"世俗中有高远，平凡中见伟大"的品格。③

其次，生命须有形而上的价值追求。"学而时习"内在深蕴就是立足现实对形上世界的潜心追求。以习证学、以学导习、学习并重。正是《弟子规》所谓"不力行，但学文，长浮夸，成何人；但力行，不学文，任己见，昧理真。"通过学、习找寻生命依托，抵达"此心安处是故乡"的生命夙愿。

人之生命区别于其他生命的鲜明之处就是基于生理（物质世界）之上存在着心理（精神世界），与其说人是身与心的统一，不如说身是人之形式，心是人之内容。也就是说，人的独特之处就在于其精神、思维。为此，笛卡尔说，"我思故我在"。同理，钱穆先生认为，人的心逐渐演变成了"生的本体"，这正是中国文化注重"人文"精神的内在动因。④ 鉴于此，由侧重身世界到重视心世界的转换，是"人格完善"的体现和需要。⑤

生命价值层次决不应仅仅锁定在物质层面。这样说来，发展是硬道理、以经济建设为中心、解决温饱等只是特定历史阶段满足人之生命基本需要或者说低端需要的必要条件。一旦跨过"温饱"，实现小康之后，追求生命之形而上层次成为必需。否则，生命是残缺的，甚至是病态的——诸多负面事实就是鲜明例证。

---

① 辜鸿铭认为，人获得真正自由的唯一方法就是循规蹈矩。循规蹈矩的意思是按照既定规则、关系行事。参见（清）辜鸿铭《中国人的精神》，陈高华译，陕西师范大学出版社2011年版，第5页。
② 李泽厚：《中国思想史论》（上），安徽文艺出版社1999年版，第44页。
③ 李泽厚：《论语今读》，江苏文艺出版社2010年版，第29页。
④ 钱穆：《中华文化十二讲》，九州出版社2012年版，第44、74页。
⑤ 李泽厚：《中国思想史论》（上），安徽文艺出版社1999年版，第32页。

如果说市场经济的建立唤醒并张扬起了人的主体意识，从而使人们第一次按照个人的意愿、设想规划人生——这当然是一种进步，但依然没有摆脱对"物的依赖性"①。这意味着，人们对自我的认识与定位还停留在"身我"之中，尚未达到"心我"层次。而真正意义上的主体意识乃是对宇宙人生内在规律深刻洞察基础上形成的"文化自觉"——积淀为理性、提升为品位、熔铸成格调。颇类似于冯友兰先生说的"玄心、妙赏、洞见、深情"。这在更大程度上体现为基于"身我"之上的"心我"向度。在余秋雨看来，孔子个人的人生价值和意义随着岁月流转、历史品鉴已成为社会仰视的文化磁场，其作为"精神坐标""统一符号"②以潜在方式向置身其中的人们昭示着生命的价值取向。孔颜之乐即为此义。

因此，人不只是物质消费者，更是精神追求与拥有者。乔布斯感言，个人愿意倾其所有科技而换取与苏格拉底的半天相处。周国平同样坦言，无论物质世界具有多大诱惑，回归精神世界乃人生终极选择的不二法门。

人生不是衣食住行、吃喝玩乐。置言之，人之物质需求决不应仰仗科技日新月异而无限膨胀——如果说物质短缺是一种贫乏，那么不断放逐的物质欲何尝不是极端贫困的又一极端表现。其结果：于人是病态；于社会是危害；于自然是灾害。

因为生命的本然是某种有限的平衡状态。言其有限，意指维持生命的基本物质需求并不高；言其平衡，意指生命存在是物质需求与精神需求的统一。平衡状态才是健康状态。值得注意的是，在部分国人几乎将全部身心投入物质追逐王国（偶尔的精神生活也仅仅限于娱乐，类似精神放逐——距离精神追求尚有距离）之

---

① 《马克思恩格斯全集》第46卷（上），人民出版社1979年版，第104页。
② 余秋雨：《中华文化四十七堂课：从北大到台大》，岳麓书社2011年版，第101页。

时，人们必然遭受人之存在三重关系（身与心、人与人以及人与自然）的全面围剿。一定程度上，经济社会乃至科学发展正是解决问题的良药，而这剂良药是否发挥药效的关键则是人自身——能否从失衡回归到平衡态。

这是需要精神回归的年代。唤回灵魂、找回自己，为心安家，是时候了。

第三，践习人生之道，享受生命之愉悦。"学而时习之，不亦说乎"展现的是"志于道，据于德，依于仁，游于艺"（《论语·述而》）生活，其中，"因熟练掌握礼、乐、射、御、书、数即六艺，有如鱼之在水，十分自由，即通过技艺之熟练掌握，获得自由，从而愉快也"①。其必然体现就是身心和谐的生命妙境，即"诗意地栖居"。一定意义上，"学而时习之，不亦说乎"就是孔子自身的人生写意。正如余秋雨所言，孔子的"人生就是诗"，因而其言谈举止、行住坐卧处处呈现着独特的"诗学态度""美学态度"②。为此，孔子的人生最高境界将是审美。③ 这种人生美学渐次演变为中华民族的文化基因，积淀成中国的民族气质与精神，其直接表现应是"一种宁静祥和的心态"。这种状态可以理解为辜鸿铭所说的，真正的中国人应具有成人的头脑和孩子的心灵。④ 如果说"成人的头脑"意味着健全的心智，那么，其完善程度即为"孩子的心灵"——至纯至善、本初"天真"的完美情态。

当下，诸多国人生活状态处于忙忙碌碌、紧紧张张的节奏之中，即身忙心亡，一己之心流离失所，从而使"内心""不由自主"。内心世界的荒芜、苍凉之状态于己不可能有仁，于人不可能

---

① 李泽厚：《论语今读》，江苏文艺出版社2010年版，第56页。
② 余秋雨：《中华文化四十七堂课：从北大到台大》，岳麓书社2011年版，第83页。
③ 李泽厚：《美学三书》，安徽文艺出版社1999年版，第254页。
④ （清）辜鸿铭：《中国人的精神》，陈高华译，陕西师范大学出版社2011年版，第56、26页。

有爱，于社会不可能感恩，于自然不可能呵护……诸如种种，何谈幸福生活、诗意人生？

在东方文化看来，人类自身存在境况在相当大的程度上源于内心的力量，正所谓"相由心生、境随心转"是也。正是在此意义上，人之心就成了人生的本体。是故践习人生之大道，使之回复到生命之初的心理原态，体验本心之简单与醇美，即使身处困顿，也同样能够体验别样人生。故"贫而无怨""富而无骄"（《论语·宪问》）将不是问题，进而言之，"贫而乐，富而好礼"（《论语·学而》）完全能够成为事实。

"心生活是主，是目的；身生活是仆，是手段。没有了身生活，就不能有心生活。但没有了心生活，身生活便失去了意义与价值。"① 和谐身心、享受生命之愉悦从当下开始。

可以说，"学而"章作为《论语》"总纲"②构筑了民族的"文化—心理结构"③，并逐渐成为强大的文化思维模式，其基调就是"由强调人的内在自然（情、感、欲）的陶冶塑造到追求人与自然、宇宙的动态同构"④，它催生着生命个体意识到其自身的位置、价值和意义，"就存在于与他人的一般交往之中即现实世间生活之中；在这种日常现实世间生活的人群关系之中，便可以达到社会理想的实现，个体人格的完成，心灵的满足或慰安"⑤。

（三）中华优秀传统文化中人的全面发展志意

中华优秀传统文化包含着丰富的人的全面发展思想，这可从三个维度展开解析：中华优秀传统文化着眼点是人；中华优秀传统

---

① 钱穆：《中华文化十二讲》，九州出版社 2012 年版，第 41 页。
② 李里：《论语讲义》，广西师范大学出版社 2007 年版，第 9 页。
③ 李泽厚：《中国思想史论》（上），安徽文艺出版社 1999 年版，第 43 页。
④ 李泽厚：《美学三书》，安徽文艺出版社 1999 年版，第 282 页。
⑤ 李泽厚：《中国思想史论》（上），安徽文艺出版社 1999 年版，第 43—44 页。

文化着力点是成人；中华优秀传统文化之价值取向是人的自由全面发展。在中华文化语境中，人的自由全面发展状态不仅仅期于未来，更立足当下。这于目前尤有价值。

中华民族从站起来、富起来到强起来归根结底体现在文化层面。在马克思主义中国化、时代化、大众化之际，① 中华优秀传统文化的时代化、大众化也成为必然。

余秋雨认为，文化就是"由精神价值、生活方式所构成的集体人格"②，"以人为本的人文精神是中国文化最根本的精神"③。中国文化主要"在求完成一个一个的人"④，或者说，中国文化精神最主要的特征在于"教人怎样做一个人"⑤。同样，"马克思主义是人的解放学"⑥，其指向就是实现人的自由全面发展。由是，无论马克思主义还是中华优秀传统文化二者均将人的存在和发展作为基本关注点。鉴于此，马克思主义的中国化与中华优秀传统文化时代化自然统一起来。

1. 中华优秀传统文化的着眼点是人

在中国文化之中，人（修身）既是齐家、成就事业以及治国安邦的起点，也是事业发展的最终指向与归宿。人、事双方在双向互动过程中，相互促进、彼此助益、不断优化、共同提高，从而形成了良性循环模式。正如《大学》所云："自天子以至于庶

---

① 马克思主义中国化的一个基本要求就是"不仅在内容上、而且在形式上都要努力实现马克思主义中国化"。参见李君如《马克思主义中国化若干问题研究》，《中共中央党校学报》2008年第1期。马克思主义之所以能够在"内容"方面实现中国化，就在于马克思主义与中华优秀传统文化存在着契合点。

② 余秋雨：《中华文化四十七堂课：从北大到台大》，岳麓书社2011年版，第3页。

③ 楼宇烈：《中国文化的根本精神》，中华书局2016年版，第46页。

④ 钱穆：《中华文化十二讲》，九州出版社2012年版，第16页。

⑤ 钱穆：《中国文化精神》，九州出版社2011年版，第20页。

⑥ 高放：《马克思主义是人的解放学——对加强马克思主义整体研究的呼唤》，《宁夏党校学报》2005年第2期。

人，壹是皆以修身为本。""身修而后家齐，家齐而后国治，国治而后天下平。"人之为人的第一要务即修身。唯此，方得以实现齐家、治国乃至平天下之作为。如果说修身是走向事业成功的保证，那么，事业成功也同时意味着对于生命自身的进一步促进与完善（修身）。故《大学》有言："仁者以财发身"。历史上范蠡于财用"三进三出"之事实就是典型例证。

《论语》作为中华优秀传统文化经典之作包含着丰富的人学思想，即处事做人之学。① 如《论语·子路》中，面对樊迟请教稼穑之事，孔子称之曰"小人"。这当然并不意味着孔子轻贱稼圃，因为孔子也曾自言"吾少也贱，故多能鄙事"（《论语·子罕》）。孔子于樊迟所问之断言，实际上表达了面对礼崩乐坏的社会现实，寄希望其成为"弘道济众的有位君子"②。唯社会存有诸多君子人格式人物，方能够以强烈的社会担当意识与责任感，助推社会的发展与进步。盖所谓"天下兴亡，匹夫有责"即为此义。故《论语》中一再强调君子之气象格调，如：

君子之言行：子曰："君子欲讷于言而敏于行。"（《论语·里仁》）子贡问君子。子曰："先行其言，而后从之。"（《论语·为政》）

君子之气象：子曰："君子坦荡荡，小人长戚戚。"（《论语·述而》）子曰："君子泰而不骄，小人骄而不泰。"（《论语·子路》）

君子之志趣：子曰："君子喻于义，小人喻于利。"（《论语·里仁》）子曰："君子上达，小人下达。"（《论语·宪问》）

君子之品格：子曰："君子和而不同，小人同而不和。"

---

① 南怀瑾：《论语别裁》（上），复旦大学出版社2008年版，第11页。
② 许仁图：《子曰论语》（下），上海三联书店2014年版，第491页。

(《论语·子路》)子曰:"君子道者三,我无能焉:仁者不忧,知者不惑,勇者不惧。"(《论语·宪问》)

君子之操守:子谓子产:"有君子之道四焉:其行己也恭,其事上也敬,其养民也惠,其使民也义。"(《论语·公冶长》)孔子曰:"君子有三畏:畏天命,畏大人,畏圣人之言。小人不知天命而不畏也,狎大人,侮圣人之言。"(《论语·季氏》)

樊迟之关注绝非孔子之期望,毕竟其所好属于"小道"范畴。"虽小道,必有可观者焉;致远恐泥,是以君子不为也。"(《论语·子张》)"小道,如农圃医卜之属。"杨氏曰:"百家众技,犹耳目鼻口,皆有所明而不能相通,非无可观也,致远则泥矣,故君子不为也。"[1] 稼穑纺织作为谋生之技艺乃不可或缺的生活手段,然而,对于君子而言,不应局限于此,而应志向高远,心怀经世济民之志,身具治国安邦之才。而不应该成为"见小暗大""从物如流"的"庸人"。只有"富贵不足以益,贫贱不足以损"的士人,以及"仁义在身""笃行信道,自强不息"的君子才是孔子所预期的理想人格(《孔子家语·五仪解》)。

中华传统文化着眼点是人——不是物质意义上的人(此无异于其他生命现象),而是精神意义或者说理想意义上的人。在中国传统文化中,"看一切问题都和人联系在一起,都要思考它对人有何教益"[2]。由是,"兴于诗,立于礼,成于乐"(《论语·泰伯》)就是以非理性的"美学方式"发挥着"以美启真"的作用。[3] 子曰:"《诗》三百,一言以蔽之,曰:思无邪。"(《论语·为政》)"《诗》三百"的人文意蕴即"无邪",无邪乃"性之然""真情、

---

[1] (宋)朱熹集注:《论语·大学·中庸》,上海古籍出版社2013年版,第222页。

[2] 楼宇烈:《中国文化的根本精神》,中华书局2016年版,第78—79页。

[3] 李泽厚:《论语今读》,江苏文艺出版社2010年版,第182页。

真性流露"①。总之，就是通过诗、书、礼、乐之教化，使人成为具有真、善、美之生命品质的完美君子人格。

2. 中华优秀传统文化的着力点是成人

《荀子·王制》有言："水火有气而无生，草木有生而无知，禽兽有知而无义，人有气、有生、有知，亦且有义，故最为天下贵也。"这意味着，人之贵在于"有义"。义者，宜也。人以内在之义实现着外在之宜，依此进路，"己欲立而立人，己欲达而达人"（《论语·雍也》）。为此，人首先须自立、自达，即成人（成己），方可成他人与物。在《论语·宪问》篇，子路问及"成人"。

> 子路问成人。子曰："若臧武仲之知，公绰之不欲，卞庄子之勇，冉求之艺，文之以礼乐，亦可以为成人矣。"曰："今之成人者何必然？见利思义，见危授命，久要不忘平生之言，亦可以为成人矣。"

"成人，犹言全人。""言兼此四子之长，则知足以穷理，廉足以养心，勇足以力行，艺足以泛应。而又节之以礼，和之以乐，使德成于内，而文见乎外。……而其为人也亦成矣。"程子曰："武仲，知也；公绰，仁也；卞庄子，勇也；冉求，艺也。须是合此四人之能，文之以礼乐，亦可以为成人矣。然而论其大成，则不止于此。"② 以当下言之，成人就是"成就人之所以为人者"③，或言之，"犹完人，谓人格完备之人"④。

同样问"成人"，由于问者不同——颜渊与子路，孔子的回答也不同。据程子所言，于子路之问而所答为"小成"或"初成"，

---

① 许仁图：《子曰论语》（上），上海三联书店2014年版，第59页。
② （宋）朱熹集注：《论语·大学·中庸》，上海古籍出版社2013年版，第167页。
③ 许仁图：《子曰论语》（下），上海三联书店2014年版，第537页。
④ 钱穆：《论语新解》，生活·读书·新知三联书店2005年版，第361页。

那么，孔子答颜渊之问则为"大成"。如：

> 颜渊问于仲尼曰："成人之行何若？"子曰："成人之行达乎情性之理，通乎物类之变，知幽明之故，睹游气之源，若此而可谓成人。既知天道，行躬以仁义，饬身以礼乐。夫仁义礼乐成人之行也，穷神知化德之盛也。"（《说苑·辨物》）

"成人之行达乎情性之理，通乎物类之变"，"既知天道，行躬以仁义"等。正如《中庸》之成己、成物：

> 是故君子诚之为贵。诚者非自成己而已也，所以成物也。成己，仁也；成物，知也。性之德也，合外内之道也，故时措之宜也。（《中庸》）

"诚虽所以成己，然既有以自成，则自然及物，而道亦行于彼矣。仁者体之存，智者用之发，是皆吾性之固有，而无内外之殊。既得于己，则见于事者以时措之，而皆得其宜也。"[①] 一旦人以己之仁度物之义，则意味着人以自身之完美成就万物之性天，即"与天地参"：

> 唯天下至诚，为能尽其性；能尽其性，则能尽人之性；能尽人之性，则能尽物之性；能尽物之性，则可以赞天地之化育；可以赞天地之化育，则可以与天地参矣。（《中庸》）

"尽其性者，德无不实，故无人欲之私，而天命之在我者，察之由之，巨细精粗，无毫发之不尽也。人物之性，亦我之性，但以所

---

① （宋）朱熹集注：《论语·大学·中庸》，上海古籍出版社2013年版，第288—289页。

赋形气不同而有异耳。能尽之者，谓知之无不明而处之无不当也。此自诚而明者之事也。"①

《道德经》有言："人法地，地法天，天法道，道法自然。"人以法天则地为圭臬，上达天道，下合地道，中为人道。从而以自身之成实现、助推与成就着天地之间万事万物达致和合共生之情状。

3. 中华优秀传统文化的价值取向是自由全面发展的人

根据中国哲学的传统，其功能不是为了增进对客观事物相关信息的了解与认知，而是为了"提高人的心灵，超越现实世界，体验高于道德的价值"②。如：

> 子曰："吾十有五而志于学，三十而立，四十而不惑，五十而知天命，六十而耳顺，七十而从心所欲不逾矩。"（《论语·为政第二》）

"从心所欲不逾矩"即"一任己心所欲，可以纵己心之所至，不复检点管束，而自无不合于规矩法度。此乃圣人内心自由之极致，与外界所当然之一切法度规矩自然相洽"③。孔子以自身的生命历程为中华文化塑造了人之价值意义上的生命状态，即自由与全面发展。

然而，现实的情况却是，人类社会发展的重心锁定于科技，进而依此以愈来愈大的规模、体量开发着自然，从而提高着对物质财富的生产与消耗，然而人并未因物质生活的富足而获得人生之自由；同理，假如人类尽以社会科学为务，进而以最优化的方式

---

① （宋）朱熹集注：《论语·大学·中庸》，上海古籍出版社2013年版，第287页。
② 冯友兰：《中国哲学简史》，赵复三译，生活·读书·新知三联书店2009年版，第5页。
③ 钱穆：《论语新解》，生活·读书·新知三联书店2005年版，第29页。

改进与完善种种社会关系，人类仍可不能获得"最高之自由"。①

于此，马克思主义也认为，"自由王国"基于"由必需和外在目的规定要做的劳动终止"的条件下；故就其本质而言，它实现于"真正物质生产领域的彼岸"。② 此岸是物质领域，彼岸当然属于精神观念领域。显然，在马克思主义看来，自由的实现源于现实而又超脱于此，即基于物质层面而归结为精神层面。这与中国文化具有异曲同工之妙。

钱穆先生如是说："儒家种种心性论道德论，正与近代西方思想之重视自由，寻求自由的精神，可说一致而百虑，异途而同归。"③ 纵观整个人类社会，其发展的基本路径为由重视物质生产发展到依赖精神、信息生产；由关注外部世界到关注内在生命。其间，就是人类不断追求自由全面发展的过程。这同时表明：人类追求自由，其实现只有抵达于"精神我道德情状的生活，才始获得了我之人格的内在德性的真实最高的自由"④。

《中庸》有言："君子素其位而行，不愿乎其外"，从而"无入而不自得焉"，就在于外在之道德律令与君子之内在心性安守相浸相沁、优游涵泳、浃洽于中，从而于道妙暗合之境中体味与感受生命自由之情态。

就现实社会而言，人与人之间"才性不同，则分途异趣，断难一致"。但就人之价值生命而言，"人人各就其位，各有一恰好处，故曰中庸。不偏之谓中，指其恰好。不易之谓庸，指其易地皆然。人来做我，亦只有如此做，应不能再另样做。此我所以为最杰出者，又复为最普通者"。在此意义上，"六亿神州尽舜尧"只不过是说，"即如尧舜处我境地，也只能如我般做，这我便与尧舜无异"。如此说来，撇开特定的生命个体，"尧舜"则为人人所

---

① 钱穆：《人生十论》，生活·读书·新知三联书店2009年版，第98页。
② 《马克思恩格斯全集》第25卷，人民出版社1974年版，第926页。
③ 钱穆：《人生十论》，生活·读书·新知三联书店2009年版，第98页。
④ 钱穆：《人生十论》，生活·读书·新知三联书店2009年版，第96页。

能到达之人格。这同时意味着,此种人格,鉴于为人人所能企及,故为"最平等""最自由"。①

在中国特色社会主义新时代,唯有让文化浸润生命,让生命回归文化,才能体会生命之初心,方得人生之完美。而文化之根与魂在中华优秀传统文化,此中,人的自由全面发展状态不仅仅期于未来,更是立足当下。

---

① 钱穆:《人生十论》,生活·读书·新知三联书店2009年版,第61、59—60页。

二　君子不器：孔子人的全面发展观

中华优秀传统文化内容丰富、涵盖广博，构成了人类文明史中的一座卓越宏伟的丰碑。千百年来，中华民族之所以傲然挺立在世界的东方，一定意义上，与其优秀传统文化具有密切关系。立足于中国特色社会主义新时代，中华优秀传统文化之根脉依然为当下经济、政治、文化、社会以及生态建设提供着源源不断的精神滋养。

不忘初心，砥砺前行。当下，中国特色社会主义新时代唯有根植于中华优秀传统文化，才能更好地坚持和发展中国特色社会主义，实现中华民族的伟大复兴。

中华优秀传统文化之立意何在？当然是人的全面发展！可以肯定地断言，中国特色社会主义新时代比任何时代都接近人的全面发展目标。进而言之，人的全面发展作为过程与目标的统一，一方面，中国特色社会主义为人的全面发展提供了物质支撑，另一方面，中国特色社会主义又亟须从中华优秀传统文化中为人的全面发展汲取精神营养。

毋庸置疑，就"人的全面发展"这一概念而言，中华优秀传统文化并未提及，但这并非意味着中华优秀传统文化没有涵摄此思想。实际上，中华优秀传统文化作为成熟较早的一种文化形态，其中蕴含着关于人的全面发展广泛、深邃甚至精到的思考。孔子、董子以及王阳明的相关论述就是其典型例证。① 在当代语境下，深入挖掘中华优秀传统文化关于人的全面发展思想，就理论而言，是中华优秀传统文化现代化的必然要求；就现实而言，则有利于推进人的全面发展。

孔子作为三代文化集大成者，其关于人的全面发展思想典型体现即"君子不器"（《论语·为政》）。通俗地理解，就是强调人之为人必须与"器"分别开来。即使为"器"，亦为"大器"②。

（一）"君子不器"中人的全面发展的含义

君子不器的现代内涵就是人的自由全面发展，即强调通过启动人类独有的意识自觉，在面对现实的基础上以主体性方式建构起身心和谐的淡然"静界"。孔子人的自由全面发展观的价值取向是乐生、淡定；价值实现是素位而行；价值原则是志于道。孔子人的自由全面发展观对当前人的生存方式有所启示。

对于"君子不器"具体内涵，学者从不同角度与层面进行了解读。③ 客观而言，相关观点都在一定程度上阐释了"君子不器"

---

① 周桂钿先生认为，如果将中国文明史分为先秦、汉唐以及宋元明清三个阶段，那么，各个时期突出的代表分别是孔子、董子与朱子。参见周桂钿《董仲舒是儒家大圣人》，《衡水学院学报》2015年第5期。笔者认为中华优秀传统文化中人的全面发展思想主要以孔子、董子与王阳明为代表，一则因为朱子相关思想已经渗透在《四书集注》之中，二则王阳明作为心学集大成者，其相关思想不容忽视。

② 正如子贡请教孔子，"赐也何如？"子曰："汝，器也。"曰："何器也？"曰："瑚琏也。"（《论语·公冶长》）对于本章，李泽厚先生认为，以玩笑的方式既褒又贬。一是贬子贡"才能发展尚不够全面"，二是褒其"才能之高雅贵厚"。参见李泽厚《论语今读》，江苏文艺出版社2010年版，第112页。

③ 一是道德境界说。有学者认为，"君子不器"就是对于君子来说，不要把自己仅仅当作一件具有一定用途的器皿对待。或者说，孔子的这句话与其说是主张多才多艺，不如说是倡导提高道德水平和境界。参见王大庆《"君子不器"辨析》，《北京师范大学学报》（社会科学版）2007年第2期。二是多重意蕴论。孔子所谓"君子不器"之"器"并不是后来所谓的实用器皿或工具，而是礼器。由于孔子置身于礼器文化开始衰落的时代，因此，其对"器"的理解亦包含诸多矛盾，这种矛盾

的内涵，有其合理性，但尚未对"君子不器"的内在深蕴达到全面深刻的理解——表面看，尽管各种观点力图解析"不器"的内涵，但依然是相对于"器"的意义上展开的，故终又陷入了"器"的层次。学界前辈曾言，这恰类似于"子路之治赋，冉有之为宰，公西华之治宾客，以至于子贡之瑚琏皆是也。君子不器实乃德成而上，艺成而下，行成而先，事成而后。颜渊视听言动之间，曾子容貌辞气颜色之际，而皋稷契伊傅周召之功勋德业在焉，此之谓不器。若以无所不知无所不能为不器，是犹未离乎器者矣"①。

一般而言，器，各适其用而不能相通；不器，乃谓不专限于一材一艺之长。然而，在现实世界，人于其位总处于一材一艺之中。"人人各就其位，各有一恰好处，故曰中庸。不偏之谓中，指其恰好。不易之谓庸，指其易地皆然。人来做我，亦只有如此做，应不能再另样做。此我所以为最杰出者，又复为最普通者。"正如"禅家有言，运水搬柴，即是神通。阳明良知学者常说，满街都是圣人"。这意味着，"身量有限，而心量则无限。人当从自然生命转入心灵生命，即获超出此有限"②。在李泽厚看来，"君子不器"今天可以读作人非 robot（机器人），即人不要被异化，不要成为某种特定的工具和机械。人"活"着不是作为任何机器或机器（科

（接上页）正好构成了孔子关于"器"的话语的多重性，这种多重性直接影响到后来整个中国文化对"器"的多重论述。参见刘泰然《"器"的语境还原与"君子不器"的重新理解》，《宁夏大学学报》（人文社会科学版）2010 年第 4 期。三是博大心胸论。该观点认为，以往注家都把《论语》中的"君子不器"，解释为"君子不像器皿一般"，把"不"看作否定词。其实，"不"在古书中与"丕"通用，"丕"训"大"，故"君子不器"解释为"君子大器"更为确切，意即君子应该具有博大的胸襟、多方面的才能。参见胡翼《浅谈"君子不器"》，《吉林师范大学学报》（人文社会科学版）2005 年第 5 期。四是通才齐道论。何谓"器"？《周易·系辞上》有："形乃谓之器。"又记："形而上者谓之道，形而下者谓之器。""器"的含义有二：一是指具体的器物，二是指器物的功用。"不器"则指不作器物，或说不局限于某种、某些具体的器物的功用，实是指形而上的"道"。"君子不器"是说，作为君子，不能够像器物那样功用单一，而要作超越具体而专门的才艺，达于"道"的通才。参见栾春川《君子不器》，《纪念孔子诞辰 2560 周年国际学术研讨会论文集》，2009 年，第 189—194 页。

① 参见程树德《论语集释》，中华书局 1990 年版，第 97 页。
② 钱穆：《人生十论》，生活·读书·新知三联书店 2009 年版，第 61、67 页。

技的、社会的、政治的）部件，不是作为某种自己创造出来而又压迫、占领、控制自己的"异己的"力量的奴隶。人应该使自己的潜在才能、个性获得全面发展和实现。这才叫作"活"。① 尽管钱穆与李泽厚字面表达不同，但其内在涵义是一致的，即完善的人之存在状态不是体现在物质层面，而是体现在精神层面。毕竟人与其他生命现象的显著区别就在于人是精神性存在。为此，立足于物质层面而又超脱于此，以实现对生命本身的精神建构并抵达某种主体自觉与自由，成为优秀传统文化的价值指向。换言之，传统文化的基本意蕴就在于对主体人的思想观念、心理情操塑造与完善，以实现生命的主体意识自觉。

在古汉语中，"器"包括三层含义：一是陶器，泛指器具；二是才能；三是器量。② 在"君子不器"中，如果"不"就是"不"，那么，此时"器"则为"器具"之意；如果"不"本为"丕"，那么，"器"则为"才能""器量"之意。而无论"不"本就是"不"抑或"丕"，"君子不器"的终极取向不在物质层面，而是精神层面，换言之，其实际内涵是以物质层面为形式，以精神层面为内容。

人是物质存在（身）与精神存在（心）的统一。一定程度上，物质方面是人生命存在的形式与载体，而精神方面则是人之生命的内容与归宿。所以，完善的人之存在状态应是以良性的心理状态从事物质性活动，在身的活动（即劳动）中感受付出的价值，进而体验生命活动的美感与自足，形成完美的心理建构或感受。此中，人的物质存在是为精神存在服务的。在此意义上，君子作为完美人格写照，其存在价值就在于借助于物质性的劳动活动以实现内在心智的完善、心理的自足，即获得物质存在与精神存在、身与心的高度统一，充分体验人之生命状态的"本然

---

① 李泽厚：《论语今读》，江苏文艺出版社2010年版，第57页。
② 王力等：《古汉语常用字字典》，商务印书馆2005年版，第303页。

式臻美"。

依此逻辑，君子不器之内在意蕴实则指向了人自由全面发展的状态。可以说，自由全面发展并不仅仅是现代文明发展的结果——早在2500多年前，中华民族的古圣先贤就倡导了人的自由全面发展理念，一定程度上，这构成了中华优秀传统文化的鲜明特征。正如钱穆所言："中国文化，最简切扼要言之，乃以教人做一好人，即做天地间一完人，为其文化之基本精神者。"[1]

对于人的自由全面发展，学界大体存在三种观点。第一种观点认为，人的自由发展高于其全面发展。因为自由发展是在全面发展的基础上，对人的个体发展的更高层次的规定；[2] 第二种观点认为，人的全面发展高于其自由发展，即人的自由发展是人的全面发展的前提和基础，人的全面发展是人的自由发展的目标和归宿；[3] 第三种观点指出，全面发展即自由发展，即尊重人的个性和创造性的发展，全面发展是自由发展的前提，自由发展是全面发展的条件。[4] 实际上，人的全面发展与人的自由发展是对立统一关系，换言之，二者并非不同的两个事物，而是同一个事物的两个方面。一定意义上，自由发展是人发展的质的规定性，这体现着人的活动状态；而全面发展是人发展的量的规定性，这体现着人的活动范围。二者互为条件、互为前提。

就理论而言，在可以预期的时段内，无论自由发展还是全面发展的实现——囿于物质条件的永恒基础性地位，在现有技术条件下——都是某种有限性模式，即人的自由全面发展的现实状况均是

---

[1] 钱穆：《人生十论》，生活·读书·新知三联书店2009年版，第54页。
[2] 王友洛：《不能以"人的全面发展"替代"个人全面而自由的发展"》，《哲学研究》2003年第8期。
[3] 徐春：《人的发展逻辑：从自由发展到全面发展》，《晋阳学刊》2007年第2期。
[4] 参见李双套《马克思主义如何理解"全面发展"》，中共中央党校网站，https://www.ccps.gov.cn/dxsy/202208/t20220815_154707.shtml，2022年8月15日。

一种相对状态。① 然而，根据唯物辩证法，问题的存在常常蕴含着解决问题的思路，即物质层面的局限须由精神层面来完善、现实之短板须借助思想层面来弥补。人本应以主体性与自觉性的方式——这是人之为人的独特之处——通过心灵滋养与精神建构，实现对现实的超越以获得心理自足、心地安宁与淡定，从而契入身心一体、和谐坦然的完美境界。

显然，君子不器就是通过启动人类独有的意识自觉，在面对现实的基础上以主体性方式建构起身心和谐的淡然"静界"——不为外事、外境、外物乃至外人所牵引。平平淡淡才是真！由是，君子不器包括三个特征，即主体能动性、意识自觉性和身心和谐性。这既是基本的人道，更是人的自由全面发展的体现。②

首先，君子不器体现着强烈的主体能动性品格。"君子义以为质"（《论语·卫灵公》），君子之质即为义，或者说，义乃君子的特质。故"君子喻于义，小人喻于利"（《论语·里仁》）。君子通

---

① 时下，"元宇宙"成为关注的热点。有学者认为，元宇宙具有共产主义属性。就人的自由而全面发展而言，元宇宙具有巨大的人类个体解放意义。借助于元宇宙技术，人们可以在元宇宙空间开辟的工作与活动场域尽兴地活动，从而促进人的自由而全面地发展。在理论意义上，元宇宙技术解决了个体的职业、阶层、角色等方面的限制，能够在个体有限的生命跨度内实现无限的人生、无限的可能——无限的角色体验。由是，元宇宙是对人的全面完美的终极精神关怀，生命个体完全可以根据个人脑力、体力以及能力，充分发挥个人的积极性、创造性，自由而全面地发展。参见吕鹏、卢暾、段伟文等《"元宇宙热的冷思考"笔谈（下）》，《科学·经济·社会》2022年第2期。

② 汉语中"自由"的初始意义就是自由的灵魂，即就心理层面言。参见（清）辜鸿铭《中国人的精神》，陈高华译，陕西师范大学出版社2011年版，第136页。所以，人的自由全面发展状态除了相应的物质基础之外，生命自身精神建构是不可或缺的重要因素。或言之，在终极意义上，人的自由全面发展并非体现于物质层次，而是归结为精神层面——精神满足是人类的高层次需求。社会愈发展日益指向这一点。再者，元宇宙理论于此说明，元宇宙技术将使生命具有鲜明的数字化、数据化、算法化属性，这同样预示了生命活动的精神性、信息化特征。参见吕鹏、卢暾、段伟文等《"元宇宙热的冷思考"笔谈（下）》，《科学·经济·社会》2022年第2期。

晓大义,身处现实之中,不计较自身利益得失。"君子之于天下也,无适也,无莫也,义之与比。"(《论语·里仁》)在无可无不可之间,优选原则在于义。故"大人者,言不必信,行不必果,惟义所在"(《孟子·离娄下》)。以义为尚构成了仁人君子的基本仪则。面对现实诸多选择,庸人之举当然就是趋利避害,而君子为人处世之标准则重在坚持"是非",而非"利害"。正所谓"苟利国家生死以,岂因祸福避趋之!"即使以利益为考量,也非为一己之私之小利,而乃家国天下之大利。"计利当计天下利,求名应求万世名。"虽为利,亦必以大义之利为重为先。孔子于当时"礼崩乐坏"之局面,汲汲救世,力挽狂澜于将倾。然当时情况为,"滔滔者,天下皆是也,而谁以易之?"(《论语·微子》)天下动荡不安,无人能够改变!此情此境,孔子当然明晓,而面对此情境,孔子却坚持"知其不可而为之"(《论语·宪问》)的积极态度。故孔子对隐士之劝言依然以"鸟兽不可与同群,吾非斯人之徒与而谁与"(《论语·微子》)回应,虽然其间颠沛流离、惶惶如丧家之犬,仍初心不改,从而展现了立身行道、积极而为、不可移易之主体精神。

由是观之,仁人君子内充以仁义,从而固守着人之为仁的主体性地位。"君子去仁,恶乎成名?君子无终食之间违仁,造次必于是,颠沛必于是。"(《论语·里仁》)即使在陈绝粮,孔子对于子路之诘问而答之曰:"君子固穷,小人穷斯滥矣。"(《论语·卫灵公》)朱子释之曰:"圣人当行而行,无所顾虑,处困而亨,无所怨悔"[1],君子"穷则独善其身,达则兼济天下"。(《孟子·尽心上》)无论穷困还是通达,君子均以仁义自守,不为外境所牵。之所以如此,就在于其坚定的天命观念。[2] 一定意义上,这也是君子

---

[1] (宋)朱熹集注:《论语·大学·中庸》,上海古籍出版社2013年版,第181页。
[2] 《论语·子罕》有言:孔子在匡地被拘围,面对如此严峻局面,孔子以天命自任,故曰:"文王既没,文不在兹乎?天之将丧斯文也,后死者不得与于斯文也;天之未丧斯文也,匡人其如予何?"展现了相当自信的使命感——天命所系,故无畏无惧。

之为君子的内在特质。故孔子说:"不知命,无以为君子也。"(《论语·尧曰》)程子认为:"知命者,知有命而信之也。人不知命,则见害必避,见利必趋,何以为君子?"①

其次,君子不器体现着鲜明的意识自觉性格调。君子于视听言动之间持守着省察之功,进而由自觉而觉他。一定意义上,省察、觉知以修身成为君子行为处事的基本要求。②故孔子强调:"君子有九思:视思明,听思聪,色思温,貌思恭,言思忠,事思敬,疑思问,忿思难,见得思义。"(《论语·季氏》)"九思各专其一,日用间迭起循生,无动静,无内外,乃无所不用其省察之功。"③所以,君子于见闻之际内在秉持着某种觉知,"见贤思齐焉,见不贤而内自省也"(《论语·里仁》)。胡氏曰:"见人之善恶不同,而无不反诸身者,则不徒羡人而甘自弃,不徒责人而忘自责矣。"④可谓"世事洞明皆学问,人情练达即文章"。君子之所遇,无论境缘之好坏、情实之是非,皆反观自身以察识。此既是内省之功,亦为修身之要。⑤非省察自觉不能明乎是。故孔子曰:"三人行,

---

① (宋)朱熹集注:《论语·大学·中庸》,上海古籍出版社2013年版,第232页。

② 《论语·泰伯》记:曾子有疾,孟敬子问之。曾子言曰:"鸟之将死,其鸣也哀;人之将死,其言也善。君子所贵乎道者三:动容貌,斯远暴慢矣;正颜色,斯近信矣;出辞气,斯远鄙倍矣。笾豆之事,则有司存。"于此,钱穆先生认为,容貌颜色辞气,乃喜怒哀乐之所由表达。因此,鄙之与雅,倍之与顺,正之与邪,信之与伪,慢之与庄,即中节不中节之分。曾子之言,"有据有守""工夫平实",足见"平日修养之诚且固"。参见钱穆《论语新解》,生活·读书·新知三联书店2005年版,第204页。从曾子之告诫,到钱穆先生之释解,均折射着鲜明的省察觉知性意蕴。

③ 钱穆:《论语新解》,生活·读书·新知三联书店2005年版,第437页。

④ (宋)朱熹集注:《论语·大学·中庸》,上海古籍出版社2013年版,第54页。

⑤ 《了凡四训》有如是言:"远思扬祖宗之德,近思盖父母之愆;上思报国之恩,下思造家之福;外思济人之急,内思闲己之邪。务要日日知非,日日改过;一日不知非,即一日安于自是;一日无过可改,即一日无步可进;天下聪明俊秀不少,所以德不加修、业不加广者,只为因循二字,耽搁一生。"了凡一生即为例证。

必有我师焉。择其善者而从之,其不善者而改之。"(《论语·述而》)

在孔子,"天"于其潜意识中以某种先验性存在于思想观念之深处。这意味着,天不是外在于人的某种存在,而是内在于己又超越于自身的存在——我觉即天觉。从而在"我—天"之相互关系中形成了某种贯通合一的觉知状态。故孔子坚持"不怨天,不尤人,下学而上达"。如此一贯,持之以恒,知己即天,"知我者其天乎!"(《论语·宪问》)此中,孔子尽己以为学,不以一时一事而计较,是故"不得于天而不怨天,不合于人而不尤人,但知下学而自然上达"。深入体味孔子之语意,则见其中"自有人不及知而天独知之之妙"。① 所谓"修合虽无人见,存心自有天知"正道出了天人一体境域下"自觉—天觉"之间的无间性。君子以天为鉴而自省,在日用行常间,"言必忠信而心不怨,仁义在身而色无伐,思虑通明而辞不专"。"笃行信道,自强不息"(《孔子家语·五仪解》),在由是道中达至"思虑明"之情状,此即高度的意识自觉。

第三,君子不器体现着圆融的身心和谐性色彩。君子行为处事乃以义而进,非为小人近利而取,因此,"君子坦荡荡,小人长戚戚"(《论语·述而》)。仰不愧于天,俯不怍于地。司马牛请教孔子关于君子之问,孔子曰:"君子不忧不惧。"(《论语·颜渊》)何以如是?盖由其平日所为无愧于心,直道而行,故能内省不疚,而自无忧惧。是故相较于君子与小人,"君子泰而不骄,小人骄而不泰"(《论语·子路》)。"君子循理,故安舒而不矜肆。小人逞欲,故反是。"② 君子循理而行,自然理得而心安。在天下熙熙攘攘过往之中,不同于庸人对于物质利禄的"财死食亡"观,君子

---

① (宋)朱熹集注:《论语·大学·中庸》,上海古籍出版社2013年版,第176—177页。

② (宋)朱熹集注:《论语·大学·中庸》,上海古籍出版社2013年版,第161页。

作为现实社会的人文坐标，永远持守着中道与正义。这当然并不意味着君子对于功名财富的拒斥，而是无论身处何境，都能保持一份自适与宁静。所以，孔子自言："饭疏食，饮水，曲肱而枕之，乐亦在其中矣。不义而富且贵，于我如浮云。"（《论语·述而》）君子之心，平时中彰显着平实，人道映照着天道，于粗茶淡饭中品味着大义，于举手投足中折射着天心，不忧不惧、乐此不疲。贫困，坦然面对；富贵，亦无骄矜，在一点一滴的生活中呵护着内心之平和。故"圣人之心，浑然天理，虽处困极，而乐亦无不在焉。其视不义之富贵，如浮云之无有，漠然无所动于其中也"①。坦荡如静泓，真心若清流。因此，君子存是心而有是为。故子张问政，孔子语之曰："居之无倦，行之以忠。"（《论语·颜渊》）"居，谓存诸心。无倦，则始终如一。"内在之心地始终如一；"行，谓发于事。以忠，则表里如一"②。现于外之行事与居心之情真表里如一。君子之仁心、义行于时空交合中保持着与天俱来纯一之本真。

（二）孔子关于人的自由全面发展思想

人的自由全面发展是一种完人状态。《论语》作为优秀传统文化的代表，是一本内容丰富的人学专著——处事做人之学。③ 其中诸多论述体现了孔子人的自由全面发展观。概而言之，主要思想包括以下方面：

首先，人的自由全面发展的基本情态：一是乐生，二是平和。④

---

① （宋）朱熹集注：《论语·大学·中庸》，上海古籍出版社2013年版，第88页。
② （宋）朱熹集注：《论语·大学·中庸》，上海古籍出版社2013年版，第146页。
③ 南怀瑾：《论语别裁》（上），复旦大学出版社2008年版，第11页。
④ 根据霍金斯能量等级分布表（参见https://mp.weixin.qq.com/s/fWoXXoVi-JoQwptLh0W0NIg，2021年5月20日），宇宙间万物的本质是能量，不同的能量级呈现着不同的状态，较高的能量级为540（喜悦），600（平和）以及量值在700—1000的最高级状态。鉴于此，"学而时习之，不亦说乎？"当相当于能量级540的水平。

就乐生而言，如子曰："学而时习之，不亦说乎！有朋自远方来，不亦乐乎！人不知而不愠，不亦君子乎！"（《论语·学而》）这构成了孔子人学视域中人生样态的总纲。此中，学，非记问诵说之谓，而乃学为人也。修身即为学。① 习，即实习、演习。② 学而实习，即随时随地要有思想，随时随地要见习，随时随地要有体验，随时随地要能够反省。③ 可以说，学不是刻意而为之的外在过程，而是习惯成自然的内化心境中展现出来的日用行持。其中体验到的不是单调与乏味，而是精神充实与愉悦。一定意义上，"乐"就是美好境界，即"知之者不如好之者，好之者不如乐之者"（《论语·雍也》）。于此，钱穆先生指出，"之"指学，亦指道。仅知之，未能心好之，知不笃。心好之，未能确有得，则不觉其可乐。学之与道与我，浑然而为一，乃为可乐。④ 这种充盈着快意的心情已经渗透到人生各个领域——即使面对他人对个人的不了解，内心也没有了负面的波澜。正是在此意义上，有学人认为，以儒学为骨干的中国文化精神是"乐感文化"。无论"悦"还是"乐"，均为此世间的快乐：它不离人世、不离感性，然而又超出它们。⑤

如果说"乐生"是人自由全面发展状态的初级表达，那么，淡定平和的心境方是生命存在的完美样态。⑥ 此情此境中，人之生命自由抵达极致，与外界一切法度规矩自然相洽、内外合一。我之所为，莫非天命之极则矣。正如天无所用心而无不是。⑦ 这即是孔子生命境遇中的"耳顺"以及"从心所欲，不逾矩"状态

---

① 程树德《论语集释》，中华书局 1990 年版，第 3—4 页。
② 杨伯峻：《论语译注》，中华书局 2009 年版，第 1 页。
③ 南怀瑾：《论语别裁》（上），复旦大学出版社 2008 年版，第 11 页。
④ 钱穆：《论语新解》，生活·读书·新知三联书店 2005 年版，第 154 页。
⑤ 李泽厚：《论语今读》，江苏文艺出版社 2010 年版，第 28—29 页。
⑥ 当然，如此断言也是在相对意义上而下的判断。毕竟在人的自由全面发展的状态中，相应各种情绪流露均为某种中道心境之展现。就此而言，无论"乐生"还是"淡定平和"，都归于天道统摄下的心元本体。
⑦ 钱穆：《论语新解》，生活·读书·新知三联书店 2005 年版，第 29 页。

(《论语·为政》)。而最具典型意义的生命自由与淡定则体现在《大学》之中，即"正心"篇："身有所忿懥，则不得其正；有所恐惧，则不得其正；有所好乐，则不得其正；有所忧患，则不得其正。心不在焉，视而不见；听而不闻，食而不知其味。此谓修身在正其心。"其中，"心不在焉，视而不见，听而不闻，食而不知其味"，恰恰表达的是"心正"状态，也就是内心的淡定。① 以老百姓的话来说，即"别往心里去"——不应该将空灵之心与任何人、事、物绑定在一起。故朴实之语往往折射着深刻的修身之道，此即"山沟里面出哲学"的体现。否则，内心就真成了垃圾箱——什么都往里面装，从而游离了人之为人的生命本然。在此意义上，"心不在焉"的本义应是一个褒义词。②

其次，人的自由全面发展的价值实现：素位而行、尽其所能。素位而行，即敦伦尽分——根据个人地位与角色行事，丝毫不鄙视、羡慕甚至嫉妒本分以外的其他人或事。时下流行语"羡慕嫉妒恨"，虽常常作为某种笑谈，但之所以流行的背后折射的往往是

---

① 有注者将其解释为：一旦心思不端正、思想不集中，是看也看不见，听也听不到，吃东西也不知道滋味。这就是要提高自己的修养品性须先端正心思的道理。参见董志英注译《大学 中庸 孝经 声律启蒙》，燕山出版社 2004 年版，第 11 页。这种解释应该是沿袭了朱子的析解思路。笔者认为，这是对原文的误读。原因有二：就微观的逻辑语境而言，前几句表达的是"心不正"，作为自然的逻辑承接与转换，后面应该表达的是"心正"。这是其一；其二，就宏观的文化语境而言，早在 2500 年前左右，无论东方还是西方几乎同时出现了人类智慧巅峰的代表——西方的亚里士多德，东方的孔子与释迦牟尼。文化是相通的。这意味着，儒释二家在对人的心理层面解读上亦存在相通性。释家对"心正"界定为"应无所住而生其心"(《金刚经》)，即心无挂碍或心不在焉。对于"正心"如是解，也可参见刘沅《槐轩全书》之《大学恒解》。

② 如是推论，完善的人生应是"留一份清醒，留一份醉"。凡事不能太较真，即"水至清则无鱼，人至察则无友"吧。耳聪目明固然是好，但"眼里不揉沙子"也不一定是最佳选择。故在耳聪目明的同时，还要学会看、学会听，除了非礼勿视、非礼勿听外，更须拥有"视而不见、听而不闻"的工夫。由是，正如郑板桥所书"难得糊涂"之跋："聪明难，糊涂尤难，由聪明转入糊涂更难。放一著退一步，当下心安，非图后来福报也。"

某种普遍现实。人的自由全面发展的文化蕴涵通俗而言，即"干什么就说什么""卖什么就吆喝什么"，而非见异思迁、"身在曹营心在汉"以及"这山看着那山高"，等等。正如《中庸》所言："君子素其位而行，不愿乎其外。素富贵，行乎富贵；素贫贱，行乎贫贱；素夷狄，行乎夷狄；素患难，行乎患难。君子无入而不自得焉！在上位，不陵下；在下位，不援上。正己而不求于人，则无怨。上不怨天，下不尤人。故君子居易以俟命，小人行险以徼幸。"可以说，守其分、尽其能作为儒学思想体现在《论语》诸多章节之中。

如"不在其位，不谋其政"。"君子思不出其位。"（《论语·宪问》）显然，一个人，或者说自由全面发展的人，无论思想观念还是行为方式必须与自身的社会地位、身份与角色相一致，"种好个人的一亩三分地"。唯有以"居之无倦，行之以忠"（《论语·颜渊》）的情怀投入相应身份、角色之中，做到"君君，臣臣，父父，子子"（《论语·颜渊》），即身为领导者有领导者风范、民众有民众的规矩、家长有家长的样子、儿女有儿女的义务，等等。唯此，家庭、社会乃至国家才能建构起井然有序、和谐共生的良性状态。否则，"信如君不君，臣不臣，父不父，子不子"，就真像齐景公所叹："虽有粟，吾得而食诸？"（《论语·颜渊》）

素位而行的社会意义在于"各得其所"的每个人均以"各尽所能"的状态扮演好个人的相应角色，从而构建一个良序、健康与和谐的社会局面——这正是"差异性社会"范畴的生成条件。[①]而其人文意蕴则在于使每一个社会人"美其食，任其服，乐其俗，高下不相慕"（《黄帝内经·素问》），"干一行爱一行""得其意忘其形"，内心充盈着"知足常乐"的完美心境。由此可见，素位而行不是不思进取、"躺平"甚至自甘颓惰，一定程度上，乃是人生

[①] 任平：《论建设一个良性治理差异性社会》，《马克思主义与现实》2009年第4期。

存在的大境界——不为身外之境所累、所牵与所转,相反,关注自身生命的存在质量——身与心完美统一,才是其重心所在。在此意义上,孔子之行持展现出了鲜明的生命自足感:"饭疏食,饮水,曲肱而枕之,乐亦在其中矣。不义而富且贵,于我如浮云。"(《论语·述而》)也正是在此逻辑中,孔子高度评价颜回:"贤哉,回也!一箪食,一瓢饮,在陋巷,人不堪其忧,回也不改其乐。贤哉,回也!"①(《论语·雍也》)

最后,人的自由全面发展的价值原则:"志于道,据于德,依于仁,游于艺。"(《论语·述而》)作为人自由全面发展的基本准则,"志于道,据于德,依于仁,游于艺"自然包含了自由全面发展意境。如李泽厚对"游于艺"的理解:"游",因熟练掌握礼、乐、射、御、书、数六艺,犹如鱼之在水,十分自由,即通过技艺之熟练掌握,获得自由,从而愉快也。②但在主要意义上,此中更强调了人自由全面发展须遵循的根本标尺。就逻辑层面而言,道、德、仁、艺呈现的是一个从抽象到具象依次递进的梯度序列。具体言之,道、德、仁、艺,四者其中任何之一维都是人自由全面发展的原则,③而"道"——涵盖了德、仁与艺——则为基本原

---

① 这往往容易使人联想到一度受到质疑甚至抨击的"君子固穷"。实际上,如果从整个语境来思考,人们的质疑乃至批评是错误的。原因在于:其一,原话为"君子固穷,小人穷斯滥矣"(《论语·卫灵公》)。联系到"小人穷斯滥矣"——一般草民遇到穷困就胡作非为了,则"君子固穷"表达的是一种安分守己的良性状态。这亦可从下述为证:"富与贵,是人之所欲也,不以其道得之,不处也。贫与贱,是人之所恶也,不以其道得之,不去也。"(《论语·里仁》)其二,"君子固穷"在摹写着"道德境遇"的同时,规范着道德品格,从而昭彰着儒家"道义",视道德为责任与目的,而非谋求幸福的手段。并且,儒家于遭遇厄运之际将其升华为忧患意识,进而构成道德实践的动力。参见宋健《君子固穷:比较视域中的运气、幸福与道德》,《华东师范大学学报》(哲学社会科学版)2015年第6期。

② 李泽厚:《论语今读》,江苏文艺出版社2010年版,第155页。

③ 在古代汉语中,"艺"的基本含义之一就是"度""准则"。参见王力等《古汉语常用字字典》,商务印书馆2005年版,第455页。

则。南怀瑾认为,这个"道"包括了天道与人道。① 实际上,人道是从属于天道的。为此,道或天道——这正是孔子所言"一以贯之"的思想(《论语·卫灵公》)——构成了孔子人的自由全面发展观的基本价值原则。这体现为孔子的"命""天"以及"天命"的思想。如:孔子曰:"不知命,无以为君子也。"(《论语·尧曰》)知命,即知天。不知天之所以命生,则为小人。惟知命,乃知己之所当然。② 原因在于,命,指宇宙的法则。③ 通俗而言,命就是天、地、自然以及人运动发展的内在规律。

子曰:"不怨天,不尤人,下学而上达,知我者其天乎。"(《论语·宪问》)何谓"天"?《三字经》云:三才者,天地人。根据辜鸿铭的理解,"天地人"实际上依次对应于"上帝、自然以及人生"。显然,天即上帝。④ 如果联系到"天命",则其内涵自然鲜明了。而孔子言说的"五十知天命"就是指对宇宙神圣秩序的明了,⑤ 故"天"或"天命"就是宇宙自然法则。一个真正的完人、君子通过"下学",学于通人事。由此"上达",知道之穷通之莫非由于天命,于是而明及天人之际,一以贯之。⑥ 这意味着,一个人只有将自己置身于天地自然之中,以定位与理解个人的存在,才能实现生命的通达与自由,即全面发展。

因而,道作为终极的生命价值规范,始终在根本意义上影响、导引与左右着人的思维方式和行为方式。唯有"知道""守道""行道"——这是为人的基本"礼"数,方达到"仁者不忧,知者不惑,勇者不惧"的"成人"境界(《论语·宪问》)。成人,即

---

① 南怀瑾:《论语别裁》(上),复旦大学出版社2008年版,第318页。
② 钱穆:《论语新解》,生活·读书·新知三联书店2005年版,第511页。
③ 南怀瑾:《论语别裁》(下),复旦大学出版社2008年版,第919页。
④ (清)辜鸿铭:《中国人的精神》,陈高华译,陕西师范大学出版社2011年版,第154页。
⑤ (清)辜鸿铭:《中国人的精神》,陈高华译,陕西师范大学出版社2011年版,第43—44页。
⑥ 钱穆:《论语新解》,生活·读书·新知三联书店2005年版,第382页。

完人，人格完备之人①。也可以理解为全人，全才。②为此，孔子特别强调："非礼勿视，非礼勿听，非礼勿言，非礼勿动。"(《论语·颜渊》)钱穆认为，只有视、听、言、动皆合于礼，才能在自我约束抑制中得见己心之自由广大，③于恭敬辞让中得见己心之恻怛高明，循此以往，将见己心充塞于天地，流行于万类。天下之大，凡所接触，全与己心痛痒相关，血脉相通。④

显然，自由全面发展的人首先是"合道"之人。正是孔子对"道"的笃信，所以他笃行着"述而不作、信而好古"(《论语·述而》)的价值观。因为"道"作为天地自然的内在规律只能认识，不能创造；只能遵循，不能颠覆。一定意义上，这也折射了"无为"思想的影子。如果从文化人类学的观点看，也许这就是中国长时期处于某一社会形态的原因。或许也是从深层的民族文化情结解答"钱学森之问"的一种思路，即与民族文化基因相关。

孔子人的自由全面发展的价值取向、价值实现以及价值原则三方面是内在统一体，三者相互贯通、相互作用，共同支撑起了一个完美的君子风范。

(三) 孔子人的自由全面发展观的当代启示

在倡导以人为本的年代，孔子的人学思想值得借鉴。孔子的人学作为入世之学本不是遥不可及的圣人之学，换言之，一定意义上，其基本原则与要求就是"人道"——只不过由于人们生活轨迹有偏离"人道"之嫌（特别自市场经济利益导向机制发生作用以来）而使其人学精神竟然显得异常高远，似乎遥不可及，以至

---

① 钱穆：《论语新解》，生活·读书·新知三联书店2005年版，第361页。
② 南怀瑾：《论语别裁》（下），复旦大学出版社2008年版，第654—655页。
③ 实际上，如是而言并不妥当。或言之，真正的自由非外力所限、心力所拘，而是身行、心态与外在境相的高度契合。胡适所谓"岂不爱自由？此意无人晓。情愿不自由，也是自由了"，即指向此境。
④ 钱穆：《论语新解》，生活·读书·新知三联书店2005年版，第304页。

于成为一种"境界之学",而尤为荒谬的是近代以来甚至将其扭曲为对自由人性的钳制与压抑。日前,虽然孔子作为世界的人文精神坐标已经被诸多国家认可与接纳,但国人依然不能正视之——颇有一种"犹抱琵琶半遮面"的色彩。当孔子学院在世界遍地开花之时,国人依旧需要反思:我们民族心中是否留存着孔子的一个位置?

反观孔子的人学观,其强调的就是基本的生活之道、人生之道——人生须臾不可偏离的标尺。正是在此意义上,"六亿神州尽舜尧"才得以成立。为此,反思孔子的人学思想,特别是重新思考"君子不器"语境中的人的自由全面发展观,对于消弭当前的"人文之痛"——当代人对生命价值的扭曲与误读,有积极作用。

首先,就人生指向而言,需要深入思考身与心之间的关系。人是身与心的统一体。一定意义上,身作为物质层面是人之生命存在的形式,心作为精神层面则是其内容。形式是为内容服务的。这意味着,物质层面是人生命存在的前提与基础,而精神层面是其归宿与方向。当前,一些人将人生命存在仅仅定位于物质层面,而几乎没有意识到精神归宿。鉴于此,人们将自我存在与物质利益绑定在一起,从而将生命视为获取功利的工具。这种趋于一端而忽视另一端的生存方式势必对生命造成伤害(首先是自身,然后殃及他人乃至社会、自然)。世界卫生组织的资料显示,心理疾病的风险正在世界各地上升,其中,最常见的焦虑、抑郁正困扰着全球约1.2亿人。在中国,公众的心理健康问题不容乐观,超过2600万人患有不同程度的抑郁症,但90%患者没有意识到患病状态。[①] 显然,问题的严重性不只是人们由于过度功利化而忽视了对精神的呵护,而是心理、精神疾病患者中的绝大多数人根本没有意识到自身生命状态存在问题。

---

① 参见《全球心理疾病风险增加 抑郁症致韩国自杀率上升》,中国新闻网,https://www.chinanews.com/gj/2012/04-09/3805042.shtml,2012年4月9日。

个中原因在于,物质是具象的,精神是抽象的。物质因其具象性而呈显性化,而精神因其抽象性而表现为隐性化。为此,二者因表现方式巨大差异致使人们将生命着眼点锁定在显性的物质方面。同时,物质是基础性的表层存在,精神则是终极性的深层核心。在整个社会人心浮躁、急功近利的熏染中,人们难以客观地考量生命的意义,从而不假思索地将获取表层的、基础性的物质等同于人生。即使有闲暇顾及一下自己的精神家园时,也往往以"物质决定精神"的僵化套路来诠释。

难道"精神"真的完全就是"物质"的内在附属物吗?事实决非如此简单。否则,就无法理解乔布斯的内心直白:愿用其全部科技来换取与苏格拉底一个下午的相处。[①] 物质是客观的,而精神是主观的。物质的客观性意味着其实在性——看得见摸得着,所以自然成为人们生命活动的首选;而精神的主观性意味着其模糊性——天马行空、幻化无穷,这种虚无缥缈性难以使人们将其与生命的重心联系到一起。

然而,生命的高度恰恰就体现在精神层面。精神正是因其抽象而超脱于现实物质之上,从而让人们以属我的精神建构来完善人生。否则,精神世界一旦塌陷,于己、于家庭乃至社会,都是某种损失甚至伤害。诸多负面人生事例都说明了这一点。当然,这样说的意思并非无视身及其身外之物,而是说生命存在状态决不应仅仅停留在这一层次。毕竟,生活是为了幸福,而幸福是什么?着实需要重新思考。因而,重身养心,即将身与身外之物作为滋养心灵世界的手段,勿让精神成为获取物质利益工具甚至奴隶,才是理智的选择。

[①] 香港中文大学教授王庆节以乔布斯在物质层面的成就以及由此而引起的对人们精神生活方式的改变而强调其"哲学背景"。参见王庆节《海德格尔、存在问题与创新性思维(上)》,《广西大学学报》(哲学社会科学版)2019年第1期。窃以为,乔布斯的哲学思维只能限定于技术创新领域,就此而言,其"哲学背景"并没有与个人整体生命联系在一起,因而是不彻底的。

其次，就人生价值而言，需要深入思考理想目标与现实状况之间的关系。人总是游走于理想与现实之间，并且时时力图以对当前现状的改变获得某种发展。正是在此意义上，人们说，人往高处走，水往低处流。这本无可厚非。但值得注意的是，人在任何阶段或情况下的发展与提高，都是以当时的现状为前提的。这意味着，在现实岗位上切实尽到自身的义务与责任，不仅仅是社会健康发展的基础，也是展示个人生命价值、完满自身生命质量的内在要求。海德格尔曾说，人应该诗意地栖居于大地上。人之所以能够诗意地表达、领略与享受生活，关键是对当下境况的自我满足甚至陶醉——只有首先接纳现状，才能谈得上改变现状。

人们常说，不想当将军的士兵不是好士兵。但总想当将军的士兵也绝非好士兵——守望着别人的田，照顾不周自己的地。此后果既不利于自身，也无益于社会。这从进城务工的农民工身上可见一斑。他们无一不是怀揣致富的梦想，抛家舍业、远走他乡——特别是当传统女性也融入这一现代洪流之中时，他们获得的与失去的相比，究竟孰轻孰重呢？联系到空巢老人尤其是留守儿童——他们既是家庭的希望，也影响着民族的未来——问题，结果就显而易见了。辜鸿铭认为，女性是一个民族的文明之花，是民族的文明表征。[①] 辜鸿铭的意思并非拒斥女性走出家庭融入社会标志着女性的独立与解放，从而社会发展达到了开化进步的程度，相反，他认为，女性只有在首先承担起家庭内部事务——相夫教子——的基础上参与社会分工，才能有助于社会进步。客观而言，此判断不无道理。从生物科学来看，如果说母亲的乳汁是孩子成长所需最佳的物质营养的话，那么，源于母子之间天然的血脉关联性，母亲在孩子健康成长与发展过程中的重要作用是其他任何人都无法

---

① （清）辜鸿铭：《中国人的精神》，陈高华译，陕西师范大学出版社2011年版，第60页。

替代的。① 这意味着，就文化人类学而言，女性教育子女、处理家庭内务事物并不是纯粹的男权社会的主观产物，个中实则蕴含了某种深厚的人文理性。②

为此，敦伦尽分、竭尽全力、投入其中才是展示人生价值的首要选择。《黄帝内经》云：上下不相慕，即人体作为各种组织、器官的复合体，各个不同部分唯有发挥好各自功能、相互协调，整个生命体才得以健康存在。否则，就产生生理紊乱。同理，小到家庭，大到社会，唯有社会成员各尽其能、各司其职，一个合乎秩序的良性局面才能够形成。

第三，就人生标尺而言，需要深入思考世俗标准与根本标准之间的关系。简言之，人生标尺就是人依据什么原则行为处世。于此，冯友兰先生划分了四个层次，即自然境界、功利境界、道德境界和天地境界。大体说来，自然境界、功利境界的人，就是世俗层面的人；而道德境界、天地境界的人，是人应该达到的高度或目标，即士君子。一定程度上，自然境界与功利境界的人遵循的人生标尺就是世俗标准，而道德境界与天地境界的人则遵循着

---

① 今天源于市场化以及由此产生的社会分工，尽管使儿童教育可以脱离家庭而进行，但同样不能忽视乃至无视母亲于此中的重要性。

② 在哲学意义上而言，任何一种社会现象的存在均不应该视为纯粹简单的主观意志的产物。因为主观意志是个体意志，只有个体意志上升为群体共识，一种社会现象方得以形成。而在形成之前，必须同时接受双重考验：一是空间维度的群体考量（"群众的眼睛是雪亮的"），二是时间维度的岁月核验（即历史是公正的裁判员）。这意味着，人的自然性（或称之为生物性）主观意志正是在自然而然的历史演变（时间维度）以及社会群体成员之间的交互作用中（空间维度）得以不断调整、修正，从而经由时空双重维度的打磨、检验，逐渐从自然性主观维度超脱出来，达成一种社会性客观共识，即人文性。否则，或在社会历史变迁中因失去合理性而消失（社会发展即与时俱进、推陈出新），或被社会群体反对而归于寂灭（老百姓所谓"唾沫星子淹死人"）。就此而言，人类作为一种类存在，不是感性存在，而是理性存在。正是在此意义上，有言："一时胜负决于力，千古胜负决于理。"故社会现象的出现均是源于点（形下之感性具体），经由线（时间），而超越于点（形上之理性抽象），从而最终积淀形成。为此，社会现象的背后都映射着文化乃至文明。正所谓"存在的即是合理的"。

根本标准，特别是天地境界之人尤为至高。

世俗标准就是功利标准。所谓"天下熙熙，皆为利来，天下攘攘，皆为利往"即是其鲜明例证。世俗标准所产生的负面影响目前已经达到相当严重的程度，客观地说，它同时引发了人的身与心、人与人以及人与自然之间关系的高度紧张，并生成了一系列的生态问题与社会问题等。

根本标准就是天地人标准，即将人的存在置放在天地之间去理解。《易·乾·文言》有言：夫大人者，与天地合其德、与日月合其明、与四时合其序、与鬼神合其吉凶。老子明示：人法地、地法天、天法道、道法自然。这都意味着，人作为生活在天地自然之中的存在物，必然与外在客观环境存在着内在联系。为此，人的行为方式应该合乎天地自然的内在规律，即遵循宇宙法则。正是在此意义上，辜鸿铭认为，人获得真正自由的唯一方法就是循规蹈矩。[①]一定程度上，宇宙法则主导的世界是一个井然有序的世界。换言之，宇宙法则借助自然力量，以内在的必然性通过物质、能量以及信息的交互作用制约、左右着其中的事物、现象和过程，从而在整体意义上将宇宙环境保持于某种平衡态。进而言之，今天世界各地发生的地震、海啸、飓风等自然灾害现象应该是宇宙法则以极端方式强行恢复其失衡的能量场所表现出的外在形式。

"以人为本、科学发展"早已唱响。如果说人是科学发展的目的，那么，科学发展则是人之生存发展的基本标尺。科学发展的深刻意蕴就在于对天地自然法则的遵循。一定程度上，此亦中华优秀传统文化的内在逻辑。

[①] （清）辜鸿铭：《中国人的精神》，陈高华译，陕西师范大学出版社2011年版，第5页。

三 天性君子：董仲舒人的全面发展的内涵

以儒学为主干的中国文化乃"君子之学"①。董仲舒君子思想以对天性的洞明而展开，为君子人格的挺立奠定了至上性的先天根基。君子在"本天元"的生命复归中，于元之生生境域，承元之正，守元之仁，在"知仁谊"与"重礼节"的程式中，径入"安处善"与"乐循理"之境，逻辑上形塑了道德完美主义的君子主体人格——自由而全面发展，从而潜在地为庶民人格培育提供了范式与诱导。在天元涵摄中，君子品质复归于生命之本真，体悟生命原态的安然与自适，同时客观上导引社会渐次趋于整体良序。

在董仲舒，人之材如"天之时固有四变"而分为四个层次：圣人、君子、善人以及正人（《官制象天》）。值得强调的是，董仲舒对君子人格的诠释与天联系在一起，使其君子内涵具备了先在性、至上性根基，以此建构起了天人一体图式的儒家君子范式。②

---

① 余英时：《中国思想传统及其现代变迁》，广西师范大学出版社2004年版，第137页。
② 在董仲舒传世文献《春秋繁露》中，"君子"出现的频率达到70余次。故学界颇为重视对其的研究，主要观点包括："五常"君子论。参见孙君恒《儒家君子"五常"的当今价值审视》，《衡水学院学报》2018年第6期。"循天"与"尚义"君子论。参见姜国柱《董仲舒的圣贤君子论》，《聊城师范学院学报》（哲学社会科学版）2000年第4期。君子饮食养生论。参见唐艳《董仲舒的君子养生观与饮食思想》，《衡水学院学报》2019年第6期。总之，主要围绕"五常"与养生展开，当然也涉及了董仲舒思想的底色——天，尽管或从自然之天或从神秘之天角度展开，但这对于深入董仲舒原典、回归文本语境，准确把握天学境域中的君子人格依然具有基础性意义。

这意味着，一方面，天的先在性既是君子洞明天性品质的前提条件，也为天性品质下贯到其他民众提供了保证，这使得对庶民的教化具备了可能性；另一方面，天的至上性直接决定了天性品质的完善与幽远，囿于材质不同，从而使君子洞明天性品质的同时，在德性方面也拉开了与其他庶民阶层的梯度位次，这使得对庶民教化成为必需。董仲舒以对其君子思想的"天性"设定，建构了完美的君子人格形象，即在"知仁重礼"与"处善循理"中进入"安乐"之境。同时，君子道德主体人格的形塑潜在指向了对整体社会的影响与教化。

（一）从"知仁谊"到"乐循理"：董仲舒人的全面发展意涵

中国哲学的基本特点即"天人之学"[①]，相对于孔子以隐喻的方式涵摄天，董仲舒则以显性的天人观念，提出了与其思想一致的君子论说："明于天性，知自贵于物；知自贵于物，然后知仁谊；知仁谊，然后重礼节；重礼节，然后安处善；安处善，然后乐循理；乐循理，然后谓之君子。"[②] 君子之谓君子，首先在于其仁义品格——鲜明的先天性、内在性，而非外在赋予与他者强加。[③] 一如"由仁义行，非行仁义也"，（《孟子·离娄下》）正蕴含了"仁义在身而色不伐"（《孔子家语·五仪解》）的君子风范。

"知仁谊"意味着明了仁义作为君子之持守在对待人我关系方面的基本要求，即"君子求仁义之别，以纪人我之间"，具体言之，"仁之法在爱人，不在爱我；义之法在正我，不在正人"。君子内修己以义，含章内映；外推人以仁，德厚流光。故君子"以

[①] 张岱年：《中国古典哲学概念范畴要论》，中国社会科学出版社1985年版，第15页。

[②] （汉）班固：《汉书》卷五十六钟哲点校，《董仲舒传》，中华书局1962年版，第2516页。

[③] 正如《春秋繁露·竹林》篇所言："善善恶恶，好荣憎辱，非人能自生，此天施之在人者也。"人之仁义的先天性将在下文予以探讨。

仁安人，以义正我"（《仁义法》），内以仁驻而外以安人，己以义正而外以宜应。因此，就人伦关系而言，"人有父子兄弟之亲，出有君臣上下之谊，会聚相遇，则有耆老长幼之施，粲然有文以相接，欢然有恩以相爱"；就人与其他生灵关系而言，"生五谷以食之，桑麻以衣之，六畜以养之，服牛乘马，圈豹槛虎"[1]，因其性而成其材，因其材而尽其用。统而论之，"亲亲而仁民，仁民而爱物"（《孟子·尽心上》）。仁以存内，义以方外。以"民吾同胞，物吾与也"（《西铭》）的仁义之心，推己及人，乃至万物，即"质于爱民，以下至于鸟兽昆虫莫不爱"（《仁义法》）。

"知仁谊，然后重礼节"。仁发乎内，故礼必见乎外，即"礼者，庶于仁，文质而成体者也"（《竹林》）。仁为"礼之本"，礼"以仁为体"。[2] 因此，"志敬而节具，则君子予之知礼"（《玉杯》）。仁之心志是君子知礼的内在条件，故"礼云礼云，玉帛云乎哉"（《论语·阳货》）正道出了仁为礼之质，礼乃仁之文的基本要义。仁作为礼节之内在本根，唯内以仁主，自然外以礼现。所以，"君子笃于礼"（《王道》），"非礼而不言，非礼而不动"（《天道施》）。在此意义上，礼不但不应当被片面理解为对人的外在约束，[3] 相反，鉴于仁之存内，于礼之遵守自然成为心之所至、意之使然的自觉行动。进而言之，在此境域中，对礼法的遵守尽管带有某种程度的循规蹈矩色彩，但依然折射着循理守义之行。故礼节之于君子并非表现为某种外在性，恰恰是深植于心、展现于外的合宜而为。所谓"从心所欲，不逾矩"（《论语·为政》）

---

[1] （汉）班固：《汉书》卷五十六《董仲舒传》，中华书局1962年版，第2516页。

[2] （清）苏舆：《春秋繁露义证》，钟哲点校，中华书局2015年版，第53页。

[3] 《天道施》有言："夫礼，体情而防乱者也。"苏舆释之曰："'体情'二字，最得作礼之意。学者不知此义，遂有以礼度为束缚，而迫性命之情者矣。"又援引《管子·心术篇》："礼者谓有理也，理也者明分以谕义之意也。故礼出乎义，义出乎理，理因乎宜者也。"参见（清）苏舆《春秋繁露义证》，钟哲点校，中华书局2015年版，第464页。因此，礼之"防乱"发用实则涵摄着出于义、合于理的中正之意。

即为此意。董仲舒思想，作为对孔子仁义礼的承继与发扬，如同孔子之学一样，具有"一种比其他任何事物都强大的力量"，使受其薰习的多数之人生活在秩序与和平之中。①

"礼之所重者，在其志"（《玉杯》）。君子之所以"重礼节"，还在于礼对仁德的外在培固，即"克己复礼为仁"（《论语·颜渊》）。朱子曰："仁者，本心之全德。""礼者，天理之节文也。"人于世俗之中不能不害于人欲，故"为仁者必有以胜私欲而复于礼"，而"本心之德复全于我矣"，此乃"制于外所以养其中"。②人心外在表现为情，情虽多源于外物而感发，却是人性中本来即有，"情亦性也"（《深察名号》），即"变谓之情，虽持异物，性亦然者，故曰内也"。外物对人的影响往往是在不知不觉中完成的，不可小视，故曰"外物之动性，若神之不守也。积习渐靡，物之微者也。其入人不知，习忘乃为，常然若性，不可不察也"。所以，防微杜渐、从日用行常做起就是对治的方法。因此，君子"目视正色，耳听正声，口食正味，身行正道，非夺之情也，所以安其情也"（《天道施》）。此即"道之以正，所以安之"③ 的必要性，故"察视其外，可以见其内"（《玉杯》），君子内外合一、表里一致，在对礼的持守中达至以礼护仁、以礼安仁之心境。

是故君子以仁安其内，以礼制其外，自然由"安处善"而趋于"乐循理"之情态，从而在治身心于完善之本初的生命场域中，

---

① 罗伯特·道格拉斯之语，转引自（清）辜鸿铭《中国人的精神》，陈高华译，陕西师范大学出版社 2011 年版，第 131 页。同时，儒家思想中的道德与伦理作为君主专制框架下制度、法律与策略的基本前提，其"价值观念与意义准则"被成功地提升到了"绝对的高度"，从而形成了对君主专制的制约作用，使得制度、法律与策略具有了极富弹性的调节与整合能力，某种程度上矫正了因吏治与法制过分严酷而导致的社会紧张局面。参见葛兆光《中国思想史》（第一卷），复旦大学出版社 1998 年版，第 386 页。

② （宋）朱熹集注：《论语·大学·中庸》，上海古籍出版社 2013 年版，第 139 页。

③ （清）苏舆：《春秋繁露义证》，钟哲点校，中华书局 2015 年版，第 464 页。

充分体证处善为安、循理而乐的人生安乐之境。

综上，君子以其自身修为达至"遂人道之极"的完善境界，而其中至要即"修本末之义"（《玉杯》）。《重政》篇有言："不及本所从来"，则"不能遂其功"。君子之所以内以仁主、外以礼现，进而处善为安、循理而乐，乃在于其通达天元本体之终极向度。元者作为"万物之本"，亦君子之为君子的"大命"之体。是故君子"谨本详始"（《立元神》），返本于天，穷其端而视其故，在"与天元、本天元命"（《重政》）中，切入"明于天性"之境域。其中，君子复归于天元本体，"超然万物之上，而最为天下贵"（《天地阴阳》），在"绝于物而参天地"（《人副天数》）的位势中，径入"天人一也"（《阴阳义》）之格局。

（二）"本天元"：董仲舒人的全面发展之端机

囿于董仲舒之天哲学指向现实王权政治，故多有学人将天以实用理性视之。[①] 究其实，天作为董仲舒思想的基础性范畴，自有其内在规定性——这正是王道政治根系于天的终极动因。鉴于此，董仲舒自然将"君子"与"天"联系在一起，从而"天性"构成其君子德行涵化的基本切入点。

何谓"天性"？《人副天数》有言："天德施，地德化，人德义。天气上，地气下，人气在其间。春生夏长，百物以兴，秋杀

---

① 如董仲舒看到儒道两家冀希凭借王者人格修养提升与完善以规制天子之权力的有限性，甚至近乎无效，于是，只好将其纳入到天这个形上法式之中（参见徐复观《两汉思想史》第二卷，华东师范大学出版社2001年版，第183页），用虚构的天的力量约束皇权，以此作为同当权派进行合法斗争的一种工具（参见冯友兰《中国哲学史新编》（中卷），人民出版社1998年版，第81页）。这在君权至上的时代条件下，具有某种必然性，思想家唯有"借助于超验的神化力量才能实现对现实政治的干预"（参见杨国荣《善的历程》，上海人民出版社1994年版，第154页）。实际上，此类观点有悖于董仲舒天哲学思想的本意。易言之，与其说董仲舒之天是对现实政治的负面惩戒性干预，不如说是正面的劝勉性导引。因为"天志仁"（《天地阴阳》），"任阳不任阴，好德不好刑"（《天道无二》）。

冬收，百物以藏。故莫精于气，莫富于地，莫神于天。"无论"天施"还是"地化"，"春生"抑或"秋杀"，均展现了天之"性"，即生发机能。而生机具体外在表现为阴阳五行之作用。"天地之气，合而为一，分为阴阳，判为四时，列为五行。""五行者，五官也，比相生而间相胜也。"（《天地阴阳》）"官"即功能。① 显然，作为动力源，阴阳五行乃天地之"气"与"一"的功能发用。

《重政》言曰："属万物于一，而系之元"，又《春秋》之所以"变一谓之元"，一定程度上，就在于通过探究"元"之深意而为王道政治寻求内在理论根据，即"以元之深正天之端，以天之端正王之政"（《二端》）。《公羊传》何休《解诂》："变一为元。元者，气也。无形以起，有形以分，造起天地，天地之始也。"② 故"元"因具有"无形以起，有形以分，造起天地"之功能而与"天地之气"存在相通性，或者说，天与元在此意义上暗合、统一。③

相对而言，元为天的内在属性、机制，天则为元的外在表现、结构。④ 虽然有言元"乃在乎天地之前"，但"前"非为绝对性的时间先后之义，而是强调"元"之生机的基础性、关键性地位。《春秋繁露》一再将人君比于天、拟于元，就是强调人君之行持须

---

① 周桂钿：《董学探微》，北京师范大学出版社2008年版，第47页。

② （汉）何休解诂，（唐）徐彦疏：《春秋公羊传注疏》，刁小龙整理，上海古籍出版社2014年版，第7页。

③ 对于天、元范畴及其关系，仁智并见。冯友兰先生认为，董仲舒所说的"元"即是"天"。参见冯友兰《中国哲学史新编》（中），人民出版社1998年版，第74页。萧公权亦言："元与天地，实一事而两名。就其抽象之原理言则谓之元，就其具体之运用言则谓之天地。"参见萧公权《中国政治思想史》，台北联经出版事业公司1982年版，第294页。有学者则主张将"元"解释为"天"不合理。参见刘国民《董仲舒的经学诠释及天的哲学》，中国社会科学出版社2007年版，第271页。另有观点从时间维度辨析"天"与"元"的关系："董仲舒以'元'在天地之前，正老子'有物混成，先天地生'之旨。"俞樾则认为元不必在天地之前。参见钟肇鹏《春秋繁露校释》（校补本），河北人民出版社2005年版，第323、322页。

④ "天、地、阴、阳、木、火、土、金、水，九，与人而十者，天之数毕也。"（《天地阴阳》）"十者"即结构之天，而其中的阴阳五行则为生生之元，即功能因的具体表现。

像天元生生机制一样因时而发、因宜而动，避免失范，这同时折射了元的功能性机制。故元、天之间非前后相继之序，而是"功能—结构"关系之统一体。正是在此意义上，故有言："元犹原也，其义以随天地终始也。"（《重政》）有是天即存其元，天之结构体同时即为元之功能体，体用不二，终始如一。故"元"作为天地化育之运机，发于天之端，流布于万物，即"援天端，布流物，而贯通其理。"（《正贯》）

因此，元作为"始"（《王道》）之义，虽具有时间内涵，但时间之义亦源于"元"之原、本之意。《重政》有言：元者，"原也"①，生物之原，"为万物之本""自无而之有"②。作为本体维度，元为生物、现象以及意义与价值的"发生本源"或"生成机制"③。故元乃"宇宙的终极本原"④，"属万物于一"，正道出了隐匿于万物诸相之中的内在动力：生生之机。元之时间之维不过是其功能发用的起始乃至过程表现而已。

---

① 苏舆认为，"元"与"原"既具有相通性，又存在着区别——"元"是正本之义，"原"是不息之义。参见（清）苏舆《春秋繁露义证》，钟哲点校，中华书局2015年版，第283页。因此，就其相通性而言，"元"即生生不已之性能，此为"元"的首要之义，而正则为其生生机能的品性、特征。

② （清）苏舆：《春秋繁露义证》，钟哲点校，中华书局2015年版，第67页。

③ 张祥龙：《拒秦兴汉和应对佛教的儒家哲学：从董仲舒到陆象山》，广西师范大学出版社2012年版，第72、77页。

④ 周桂钿：《董学探微》，北京师范大学出版社2008年版，第38页。另，在《春秋繁露》中，气、精、神等与元具有某种相通性。如"惟天地之气而精，出入无形，而物莫不应，贵之至也"（《循天之道》）。"天地之化精，而万物之美起。"（《天地阴阳》）"神者，所以就其化也。"（《立元神》）何休即以气解元："元者，气也。无形以起，有形以分，造起天地。天地之始也。"参见（汉）何休解诂、（唐）徐彦疏《春秋公羊传注疏》，刁小龙整理，上海古籍出版社2014年版，第7页。苏舆注："气者，元也，胚胎于天地之先。"参见（清）苏舆《春秋繁露义证》，钟哲点校，中华书局2015年版，第347页。气、精、神，虽然名称不同，实则均指向了元"微而至远，踔而致精"（《天容》）的无形、精妙、神奇之生机。虽"其理微妙"，但"其数然也"（《同类相动》）。

元者,"言本正也"(《王道》)。天作为完美自组织系统,① 其元之内生机制基本特性就是"正",可谓"天性"。与生俱来,始终如一,"随天地终始"(《重政》)。所以,元本之正的根本性决定了化生之过程以及应化结果的良正品质,故"正者,正也。统致其气,万物皆应而正;统正,其余皆正"(《三代改制质文》),"正"起于元、展现于运化过程而流布于万物,即"正一而万物备"(《盟会要》),"正一"即正元、元正。《春秋》之道,之所以"以元之深正天之端,以天之端正王之政"(《二端》),就在于强调人君唯有"法天奉本"以及"奉元而起",才能达至"正本而末应,正内而外应"的"法正之道"(《三代改制质文》)。正是在此意义上,"《淮南·齐俗训》:'圣人执一而勿失,万物之情既矣。'《诠言训》:'一也者,万物之本也。'《人间训》:'执一而应万物。'《邓析子·无厚篇》:'明君审一,万物自定。'《说苑·杂言篇》:'君子正一而万物皆成。'"② 君子契合"天施地化"元机之正而成道义,以至于"得一而应万类之治"(《天道施》),即"贯通类而不差忒,故得一物之情而万物可治,所谓正其理则万事一也"③。人君效法天元端机之要义可见一斑。

此即"承天"以及"继天之所为而终之"之法要。君子在人天同元的场域中守持正道,以抵达人天相与"共功持业"之取向。《春秋繁露》一再强调"天地之元"以及"与天元",旨在"大其贯承意之理"(《重政》),以彰明元作为万物之"本正"的先天性、至要性、普遍性以及永恒性。此正是"谓一元者,大始"

---

① 《天地之行》开篇即言:"天地之行美也。"于天而言,无论"高其位而下其施",还是"藏其形而见其光",抑或"序列星而近至精",乃至"考阴阳而降霜露",均为周而复始、始终如一、生长收藏的完美运化之道。正如《天地阴阳》言曰:"天地之化精,而万物之美起。"

② 参见钟肇鹏《春秋繁露校释》(校补本),河北人民出版社2005年版,第303—304页。

③ (清)苏舆:《春秋繁露义证》,钟哲点校,中华书局2015年版,第463页。

(《玉英》）之深意。

"元之正"于天之品格而言表现为仁、义。"天志仁，其道也义。"（《天地阴阳》）《六书精蕴》有言："元字从二从人，仁字从人从二。在天为元，在人为仁。"王应麟亦云："元，即仁也。仁，人心也。"① 人之所以为人，"原其所自，无一不本于天而备于我"②。此即"人受命于天"，从而"得天之灵"而"贵于物也"。③ 就先天而言，天元作为人的生命质性之原发境域，内在地赋予了人之仁义品格。置言之，君子之仁义品格源于先天之元对人之情性的基本预设，④"正也者，正于天之为人性命也。天之为人性命，使行仁义而羞可耻"（《竹林》）。故在此意义上，孟子云："仁义礼智非由外铄我也，我固有之也。"（《孟子·告子上》）先天本有，自然天成，"为生不能为人，为人者天也"。其中，"人之血气，化天志而仁；人之德行，化天理而义"，故"人之情性有由天者矣"（《为人者天》）。董仲舒强调人与生俱来之善质即为此意［"性有善质"（《实性》）既是成就君子人格的基础，也是教化中民而为善的条件］。此"天"即为元生机制的内在发用。就后天而言，囿于"人之为人本于天"，而"道莫明省身之天"（《为人者天》），故君子"生于天，而取化于天"（《王道通三》）。人法天，天化人，天人际与，合二为一，"人之居天地之间，其犹鱼之

---

① 参见（清）苏舆《春秋繁露义证》，钟哲点校，中华书局2015年版，第65页。
② （宋）朱熹集注：《论语·大学·中庸》，上海古籍出版社2013年版，第269页。
③ （汉）班固：《汉书》卷五十六《董仲舒传》，中华书局1962年版，第2516页。
④ 《王道通三》有言："仁之美者在于天，天，仁也。"天之仁既化生万物，又养成万物，其中至要在于"人之受命于天也，取仁于天而仁也"。此意味着人之仁并非源于天仁外在强加，而是与生俱来的先天所赋。正如《如天之为》所言："在人者亦天也。"

离水，一也，其无间"（《天地阴阳》）。这进一步促成着君子奉元法天而为仁的成长进路。

君子正是在先、后天双重维度下，与天元会通而成其为君子。故"明于天性"意味着，君子明了人天同元，在"与天元"和"本天元"（《重政》）的生命复归中，实现同天共元。元之功用乃生机，元之性质乃中正，元之品质乃仁义。君子与天共元意味着，合元之体，发元之用，成元之正，为元之仁。[1] 此中，君子洞明生所从来，性情所自，尽其心而养其诚，以契合于天元本性。其价值在于，本天元、具天心、行天道、成天德，在天人际与中达至天人合德之境域，从而径入"安处善"乃至"乐循理"之情态。是故"君子深造之以道，欲其自得之也。自得之，则居之安；居之安，则资之深；资之深，则取之左右逢其原"（《孟子·离娄下》）。君子以道为守，是道则进，非道则退，在"乐而不乱，复而不厌"（《天道施》）立身行道之中，本天之元，"默识心通，自然而得之于己"，是之谓"德"，从而"得于心而不失"，[2] 故"安固而不摇"[3]，在处善为安、循理为乐的体道中达至理得而心安之情境。

---

[1] 孟子曰："人之所以异于禽兽者几希，庶民去之，君子存之。"（《孟子·离娄下》）朱子释之曰：人与物均得天地之理与气，以为性与形，然而，"独人于其间得形气之正，而能有以全其性"，但是众庶不明此理而自弃，故名为人，而实则流于禽兽之物类。唯"君子知此而存之，是以战兢惕厉，而卒能有以全其所受之理也"。（宋）朱熹集注：《四书章句集注·孟子集注》，中华书局1983年版，第293—294页。又孟子云："君子所以异于人者，以其存心也。君子以仁存心，以礼存心。"（《孟子·离娄下》）张居正释之曰：仁心人所同具，而君子独能存之，乃"其受性于天"。参见陈生玺等译解《张居正讲评〈孟子〉皇家读本（修订本）》，上海辞书出版社2013年版，第246页。

[2] （宋）朱熹集注：《论语·大学·中庸》，上海古籍出版社2013年版，第21、26页。

[3] （宋）朱熹集注：《四书集注章句·孟子集注》，中华书局1983年版，第292页。

（三）由"贵微重始"而"慎终推效"：人的全面发展的范导作用

董仲舒在"人资诸天"（《王道通三》）的关系图式中申明"君子贵建本而重立始"（《说苑·建本》）。因此，其君子"天性"论打开了通往君子本真的通道。就表层而言，天、元等似乎带有某种玄幽色彩，但从深层来看，对天、元等形上理念的反思和观照，正是人文思想的必然表达，在本质上反映了人基于现实而又超越现实的至上追求。董仲舒对于君子的"天性"设定既为君子人格的生成提供了根本始基，同时也潜在指向了君子人格对于社会的范导作用。①

"元为万物之本，人与天同本于元"②。"元"构成了君子"天性"的"原发境域"③。元以其生生之机创生天地、化育万物，铸就君子人格及其道德品质，故董仲舒君子论在天元机制的先天统摄与后天涵化中挺立起君子的"道德主体"④人格。是故君子契合天元道体，在此意义上，无论"明德"（《大学》），还是"浩然之气"（《孟子·公孙丑上》），均为元生机制的仁正之性在君子生命

---

① 《汉书·董仲舒传》有言："天者群物之祖也，故遍覆包函而无所殊，建日月风雨以和之，经阴阳寒暑以成之。"（汉）班固：《汉书》卷五十六《董仲舒传》，中华书局1962年版，第2515页。又《王道通三》言曰："天覆育万物，既化而生之，有养而成之。""察于天之意，无穷极之仁也。人之受命于天也，取仁于天而仁也。"故"惟人道可以参天"。因此，君子"法天而立道，亦溥爱而亡私，布德施仁以厚之，设谊立礼以导之"。（汉）班固：《汉书》卷五十六《董仲舒传》，中华书局1962年版，第2515页。此正说明君子承"天命"或"天性"而化导群生，乃至引领与形塑社会公序良俗之义。

② 康有为：《春秋董氏学》，楼宇烈整理，中华书局1990年版，第126页。

③ 聂春华：《董仲舒与汉代美学》，广西师范大学出版社2013年版，第121页。

④ 牟宗三：《中国哲学十九讲》，吉林出版集团有限责任公司2010年版，第54页。

气象中的氤氲与呈现,① 而 "明" 明德、"善养" 浩然之气,则是后天对先天元生机制的体认与培固,盖所谓 "其为气也,至大至刚,以直养而无害,则塞于天地之间"(《孟子·公孙丑上》)。故董仲舒君子论既注重原发 "天性" 之涵养——"贵微重始",防微杜渐,"览求微细于无端之处"(《二端》);又强调后天性情、精神之培育:"和乐者,生之外泰也;精神者,生之内充也;外泰不若内充,而况外伤乎?"(《循天之道》)通过涵养心志,以达 "明善心以反道",可谓 "修身审己" 而 "慎终推效"(《二端》)。因此,君子自入生命本初之情境,故 "其心舒,其志平,其气和,其欲节,其事易,其行道"(《仁义法》),以道为法,以德为则,从而 "外无贪而内清净,心和平而不失中正"(《循天之道》)。君子之心合元之体、为天之心,在体悟天人际与之本然态势中,感受 "纯知轻思则虑达,节欲顺行则伦得,以偘静为宅,以礼义为道则文德" 的法道成德之情实,并渐次趋向于 "至诚遗物而不与变,躬宽无争而不以与俗推,众强弗能入。蜩蜕浊秽之中,含得命施之理,与万物迁徙而不自失"(《天道施》)的基于现实而又超然于现实的生命完美之境。

这自然切入到生命之 "原初体验"②。鉴于 "天元" 化生之机的永恒性、正向性以及合宜性,故君子之 "原初体验" 自然兼具了道德性③(此实为 "君子固穷" 的根本动因)。其中,即使君子

---

① 所谓 "明德",作为 "本体之明",自是 "虚灵不昧",不曾止息,君子得之于天,而备具 "众理" 以 "应万事"。参见(宋)朱熹集注《论语·大学·中庸》,上海古籍出版社 2013 年版,第 250 页。何谓 "浩然之气"?即天地之正气,而君子得之以生、得其所养,而又无以害之,从而可径入 "本体不亏" 以及 "充塞无间" 之状。参见(宋)朱熹集注《四书章句集注·孟子集注》,中华书局 1983 年版,第 231 页。

② 聂春华:《董仲舒与汉代美学》,广西师范大学出版社 2013 年版,第 121 页。

③ 之所以如此判断,在于宇宙秩序即为 "道德秩序"。参见牟宗三《中国哲学十九讲》,吉林出版集团有限责任公司 2010 年版,第 73 页。而宇宙秩序的枢机则为仁正化生之天 "元"。

之身行在现实存在中依然难以避免某种工具性、窘困性，但源于人天际与、融通元生，君子之生命状态必然因天理之通达、理事之圆融而浸润着某种自足性。此即"君子素其位而行，不愿乎其外"（《中庸》）以及"不知命，无以为君子"（《论语·尧曰》）的内在动因。这当然并非意味着君子自身画地为牢、故步自封，就逻辑而言，在元生机制境域中，一方面"人道义"（《天道施》），君子以其所处时空的相应要求而全身心投入其中，在位谋政，尽其职达其宜，彰显价值，充分展示与体验生命的现场感、获得感；另一方面，君子之为君子并非"完成时"，而为"进行时"，故"不知则问，不能则学"（《执贽》），否则，"君子不学，不成其德"[1]，在朝向至上天元的道法复归中，终日乾乾，自强不息，不断超越自身、面向未来。

在此境域，"德道"君子"原初体验"乃是充满"乐感"的生命状态。这正契合了"以儒学为骨干的中国文化的精神"——"乐感文化"[2]。"万物动而不形者，意也；形而不易者，德也；乐而不乱，复而不厌者，道也。"（《天道施》）君子以天元仁德养其内，则必"诚于中"以自守，"形于外"而不易（《大学》），这也正是"乐而不乱，复而不厌"的中道状态。因此，天元原发机制于君子人格先期预置了通往生命本然的绝对动势，"学而时习之，不亦说乎"（《论语·学而》）正道出了由"天元—仁正—君子"内在统一，进而展现的君子原初"中正"完美的生存格调，至于"人知或不知"，无关本然，何愠之有？可谓"行中正，声向荣，气意和平，居处虞乐"（《循天之道》）之境。

先天元生机制内在发用与君子对元生之机的后天复归统一于

---

[1] （汉）班固：《汉书》卷五十六《董仲舒传》，中华书局1962年版，第2510页。

[2] 李泽厚：《论语今读》，江苏文艺出版社2010年版，第27页。

"明于天性"的实践进路中,最终奠基了君子主体人格的生成。①子曰:"一日克己复礼,天下归仁焉。"(《论语·颜渊》)作为君子人格的典型代表,王者②之"好礼义"与"重仁廉"之道德感召,以及"躬亲职此于上"而形成的社会风化之效即"万民听,生善于下矣"(《为人者天》)。此即"君之所好,民必从之"(《竹林》)。其中,"处位动风化者"(《玉英》)之君子作为落实王道教

---

① 主体人格的实现最终体现在精神或心性层面,或者说,以物质层面为基础而归结于精神或心性层面。这意味着,在现实生活之中,人的生命活动无一不是与现实生活之某一方面、环节、时空等相关联而存在与展现,故就其某方面、环节、时空之中的人而言,其体现为鲜明的特殊性、个体性以及相对性。但鉴于君子"明于天性",返本归元,自然切入了原发性之端(即"元之深"),由是打开了一种普遍性与整体性的"超越性视野"。参见黄裕生《论华夏文化的本原性及其普遍主义精神》,《探索与争鸣》2016年第1期。这就注定了君子由于具有超越性视野而达至超越性的生命状态——由现实物质层面而上升到精神心性层面,即在"以身度天"(《郊语》)的情势中,洞明天不仅在自身,亦在他者,自身与他者均为天元之体的生成与呈现,自身、他者同天共元,故存在着相通性,从而完成由特殊性、个体性以及相对性向普遍性、整体性以及绝对性的转换,即实现由自身的特殊性与个体性转向超越自身达至面向他者的"万物一体"的普遍性与整体性。这同时指向了其他生命主体性的确立。只有在此意义上,《仁义法》所强调的"质于爱民,以下至于鸟兽昆虫莫不爱"才能成立。进而言之,君子主体人格的生成同时表征着自由的确立。李泽厚认为,董仲舒之"天人合一"宇宙模式强调了人只有在顺应(认识并遵循)此模式中才能获得自由——"外在行动自由"。参见李泽厚《中国思想史论》(上),安徽文艺出版社1999年版,第323页。实际上,正如文中论证,董仲舒"天人合一"绝不是外在的或形式上的天人之合,更重要的是德行之合、心性之合,即天心、人心均以仁为心。如是而言,君子主体人格之自由实乃外在与内在双重向度的完美统一。换言之,董仲舒虽然是政治儒学的代表,但心性儒学亦为其内在不可或缺的方面。于此,李泽厚亦指出,中国思想史包括两条线索,一个是孔孟程朱陆王,即"内圣"脉络,一个是孔子、荀子、董仲舒、何休等"外王"承传。参见李泽厚《论语今读》,江苏文艺出版社2010年版,第21页。由此推论,既然孔子集"内圣外王"于一身,那么,董仲舒作为其思想的承继者,必然取二者兼而有之,只是存在程度上的多少轻重不同而已。

② 君子与王者虽然是两个范畴,但二者依然存在交集。其一,《汉书·董仲舒传》多有其证,如从"王者上谨于承天意",到"人受命于天",进而推至孔子所言"不知命,亡以为君子"。逻辑上语义自然贯通,故王者即君子。参见(汉)班固《汉书》卷五十六《董仲舒传》,中华书局1962年版,第2515—2516页。其二,有观点指出,君子最早乃"政治人格",而非"道德人格",其意涵囊括了天子、诸侯以及大夫等成员。参见郭萍、黄玉顺《"君子"人格的政治哲学意涵及其时代转换》,《社会科学战线》2021年第8期。

化的中坚力量，其操守对于社会风气起着重要引领与形塑作用。①这在古代"官师一体，政教合一"②的传统治理模式下，尤为明显。《汉书·董仲舒传》有言：贤人君子之在列位者，"居君子之位，当君子之行"，唯此，则"近者视而放之，远者望而效之"，故"下高其行而从其教，民化其廉而不贪鄙"。君子言行举止、自身修持在潜移默化当中被民众予以崇尚与认可，从而对下民百姓形成示范性的教化与影响，其风范与导向作用不可小觑。在此意义上，君子即"民之师帅"，具有鲜明的范导性品格。庶民之于君子，"犹泥之在钧，唯甄者之所为；犹金之在熔，唯冶者之所铸"。在"上之化下，下之从上"氛围中，社会良风习俗得以建构、形成。③ 君子彰显其德以示民，仁义以服之，民众"说而化之以为

---

① 良好的社会风气得益于两个方面，即"道之以德，齐之以礼"，（《论语·为政》）也就是德行感化与礼义规范，以此使老百姓随德存仁、心行自律。一定程度上，君子操守之于民风良俗属于"道之以德"，同时不可或缺的另一方面则为"齐之以礼"。其一，在君子德行对于社会风气影响方面，余英时从"举孝廉"视角做了探讨，他指出，"孝廉"制的运作将以儒家为主要内容的大传统中的基本价值传播到各地，特别是经济、文化较为落后的边远地区，使大传统与各地小传统相互交流，以取得全国性的文化统合的作用。这正是汉代经师所向往的"六合同风，九州共贯"（《汉书·王吉传》）之境界。参见余英时《试说科举在中国史上的功能与意义》，《二十一世纪》2005 年第 10 期。转引自张平《政统与道统之间：董仲舒思想探要》，《社会科学论坛》2013 年第 7 期。此亦揭示了君子作为道统之代表对政统以及社会的影响。其二，礼在建构社会秩序中的重要性非同一般，甚至"礼尊于身"（《楚庄王》），其价值为"体情而防乱"，制百姓之欲，安民众之情，使之"度礼"，以规避社会层面"好色而无礼则流，饮食而无礼则争，流争则乱"的无序状态（《天道施》）。

② 余治平：《儒家圣王治理传统：政教合一、官师一体——董仲舒对古代中国"弥漫性宗教"建构之贡献》，《江海学刊》2019 年第 5 期。

③ （汉）班固：《汉书》卷五十六《董仲舒传》，中华书局 1962 年版，第 2521、2512、2501 页。《后汉书》亦指出君子行持对于"正俗"的影响："君子之所以动天地，应神明，正万物而成王化者，必乎真定而已。"君子成就王道教化的关键在于行事真切而符合实际，因此，"俗无奸怪，民无淫风。百姓上下睹利害之存乎己也，故肃恭其心，慎修其行，内不回惑，外无异望，则民志平矣。是谓正俗"。参见范晔《后汉书》卷六十二《荀悦传》，中华书局 1965 年版，第 2060 页。

俗",从而"不令而自行,不禁而自止",效应之显"不待使之,若自然矣"(《身之养重于义》)。是故"贤能佐职,教化大行,天下和洽,万民皆安仁乐谊,各得其宜,动作应礼,从容中道"[①]。

因此,董仲舒一再强调,君王唯"与天元、本天元命",即人君与天元汇通为一,人君之元亦天元之元,方能承"本所从来"而"遂其功","相与共功持业"而"化大行。"(《重政》)此即"以元之深正天之端,以天之端正王之政,以王之政正诸侯之位,五者俱正而化大行"(《二端》)。与之相一致,《汉书·董仲舒传》亦曰:"为人君者,正心以正朝廷,正朝廷以正百官,正百官以正万民,正万民以正四方。四方正,远近莫敢不壹于正,而亡有邪气奸其间者。"[②] 在"人君"与"四方"关系图式中,二者搭建起了正相关关系。"人君"之正直接规制着"四方"之正,"人君"之正乃"四方"之正的先在性要件。在此意义上,"人君"主体人格的确立即"四方"良风习俗乃至社会秩序的生成。

现代科学已经证明,天地、自然生物以及社会具有鲜明的"同构特征"[③]。天元端机不但昭彰着天地人等同构之源,亦强调了其内在相通性。天地人以及社会因元而形成统一整体,或"生命共同体",董仲舒以元之"始"形塑了天地人等诸相背后的一体图式。这意味着,天元规制中的君子人格构成了其他个体的存在范式,并在理论上为型构、影响其他个体提供了可能性,而"君子之德风"的先导性与示范性则在现实层面予之以涵化进路,其价值取向则在于从整体层面优化社会存在状态。相对于君子以对天元本体的复归而实现了生命对原初境域的本然体验,那么其对整体社会的影响则表现为"民情至朴而不文"(《王道》)的素朴情

[①] (汉)班固:《汉书》卷五十六《董仲舒传》,中华书局1962年版,第2508页。

[②] (汉)班固:《汉书》卷五十六《董仲舒传》,中华书局1962年版,第2502—2503页。

[③] 赖泽民:《人类历史科学原理》,中央编译出版社2006年版,第229页。

三 天性君子：董仲舒人的全面发展的内涵

状与格局。

《史记·太史公序》有言："夫阴阳、儒、墨、名、法、道德，此务为治者也"。所谓"务为治者"旨在"秩序之安顿"，此亦"政治或政治哲学的主题"。① 同时，"中国传统伦理就是秩序伦理"②，而儒家伦理即衍生于"追求秩序的情结"③，无论将董仲舒思想归属于政治哲学还是道德伦理，其旨归皆在以元之枢机规制、导引君子主体人格之确立，从而在逻辑上形塑了道德完美主义的君子人格形象，同时由于君子人格的范导作用而潜在地诱掖社会趋于整体良序。

"天地之性人为贵"（《孝经·圣治》）。董仲舒以"天性"统摄君子，在昭彰着君子生身的先天根基的境域中，更加突显了君子成就性命的"天元"动因，从而在至上层面铺陈了君子道德主体人格涵化的终极理据。如此而言，并非否认君子后天之行持与修为，而是说明，一方面，君子人格生成有赖于先天因素，这是"为生不能为人，为人者天也"（《为人者天》）内在之义，另一方面，君子后天之修为亦有鲜明的先天性意蕴，④ 否则，就无法得以"明于天性"。当然，"明于天性"并非普遍性之为，只是君子对于

---

① 东方朔：《荀子〈天论篇〉新释》，《哲学动态》2017年第5期。
② 樊浩：《中国伦理精神的现代建构》，江苏人民出版社1997年版，第709页。
③ 张德胜：《儒家伦理与秩序情结——中国思想的社会学诠释》，台北巨流图书公司1989年版，第2页。
④ 如有学者指出，成德为仁须基于两个方面：其一，源于先天的"生长倾向"，类于孟子所言"才"，此天生而有，可谓"先天而先在"；其二，完成于后天的"伦理心境"，即在社会生活和智性思维作用与影响下而形成的心理境域——虽非生而即有，产生于后天，但其作为"时间之叉"的存在物，依然具有"先在性"，可谓"后天而先在"。就"生长倾向"与"伦理心境"关系而言，"生长倾向"乃前提条件，"伦理心境"为建基于"生长倾向"之上的发展状态。参见杨泽波《儒家生生伦理学对人性的诠释》，《孔子研究》2019年第3期。没有先天"生长倾向"，"伦理心境"何以可能？故就"伦理心境"赖以形成的基础而言，体现着先天性质，此即君子后天修持的"先天性"特征之一。"伦理心境"的"时间之叉"具有鲜明的双重性质，形成过程与状态上表现为后天，而在"后天"之中又潜含着先在性因素，某种意义上，这构成了"先天"特征之二。

性命所自的高度洞察。职是之故，虽然董仲舒既说明"人之情性有由天者矣"，(《为人者天》) 但同时又强调，"圣人之性不可以名性，斗筲之性又不可以名性，名性者，中民之性"(《实性》)。孔子有言："唯上智与下愚不移。"(《论语·阳货》) 因此，"上智"与"下愚"之性具有某种定型性，不可移易，有一定的先天色彩，唯独中民之性存在再造可能。君子作为"上智"范畴，身处现实社会依然可以保持自省、明了"天性"、道德自守，"出淤泥而不染"，于后天之维洞明乃至持守先天之道，成为"仁义在身"与"笃行信道"(《孔子家语·五仪解》) 之君子，进而由此展开对于中民之性的影响与塑造，这潜在指向了有助于建构良性的社会整体秩序。

四　良知不昧：王阳明人的自由全面发展的意蕴

作为心学思想集大成者，王阳明的《传习录》以对心体、性、良知等的阐发，折射出人的自由全面发展思想。① 主要包括主体性、自觉性、身心和谐以及天人一体四个方面特征。这对当下具有一定价值：首先，不忘初心，回归人之为人的完美状态；其次，牢记天命，塑造我材有用的积极势态；最后，物我齐一，构建和合共生的良性生态。

（一）心、性、良知涵摄的人的自由全面发展旨归

《传习录》中包含诸多命题，如心即理、知行合一、致良知等，这都与身、心、性联系在一起。阳明心学正是通过身心内外的道德审思探究人之为人的生命初心与意义。

人之生命都是物质与精神、身与心的统一，即"形与神俱"。何谓身？《康熙字典》引《九经韵览》曰：躯也。总括百骸曰身。《说文解字今释》曰：身，躬也。象人之身。由此可见，身就是指人的物质层面。何谓心？《康熙字典》引《荀子·解蔽篇》之释：心者，形之君也，而神明之主也。《礼·大学疏》曰：总包万虑谓之心。《说文解字今释》："金文家说火藏者，五行火空则明，举五

---

① 对于王阳明的人的自由全面发展思想，主要围绕《传习录》相关思想展开。

藏之运用言也。"显然，心属于火藏，其功能为"神明之主""总包万虑"。故心之价值在于精神层面。从身与心的关系看，心乃"形之君""身之主宰"①。为此，身是人之生命存在形式，而心则是其内容。何谓性？《康熙字典》引陈淳言曰：性字从生从心，是人生来具是理于心方名曰性。《说文解字今释》：《庄子·庚桑楚》："性者，生之质（天生的本质）也。"

物质之身，是与多彩丰富的物质世界最为直接的接触者，然而，正是物质世界之丰富与多彩，也往往导致了"五色令人目盲，五音令人耳聋，五味令人口爽，驰骋畋猎令人心发狂"（《道德经》）的迷失之境。为此，这需要心之省察，回归初心，走进生命之本，即心之本体。"心之本体原自不动。心之本体即是性。性即是理。性元不动。理元不动。"②

《三字经》云：人之初，性本善。这意味着，人之本性、初心（先天之心、道心）是完美、完善的。而儒家一再强调的诚意、正心，恰恰是通过学习与历练，使后天之心、人心回归先天之心、道心的过程。正是通过这种反复历练的精神之旅，生命方得以成长、发展与完善，从而达到自由而全面发展的状态。由是，子曰："七十而从心所欲，不逾矩。"（《论语·为政》）此即孔子生命状态的自由之境。③ 置言之，孔子在学习的基础上，通过50年的生命成长从而达到了自由全面发展阶段。

在《传习录》中，王阳明强调人之为人须回归人之本性之体，

---

① （明）王阳明：《传习录》，萧无陂注译，长江文艺出版社2015年版，第11页。

② （明）王阳明：《传习录》，萧无陂注译，长江文艺出版社2015年版，第54页。

③ 自由与规矩既是对立的，更是统一的。确切而言，二者是同一个事物的两个方面。二者的对立意味着，规矩是外在于人的限制，由是，人的生命状态则是被动的、无奈的展现（这是大部分人的思维方式与生命状态）；二者的统一性意味着，一旦规矩内化于人的本性自觉，那么，人的思维与行为完全与规矩不谋而合、尊道而行，即人的生命展现即是自由的。

四　良知不昧：王阳明人的自由全面发展的意蕴　91

也就是"致良知"之境。"良知者，心之本体"①，而"性无不善，故知无不良。良知即是未发之中，即是廓然大公，寂然不动之本体，人人之所同具者也"②。

此种心态不为外境所动，默然内守，保持着本初的空灵与超脱。就表面而言，《传习录》中"心""性""良知"思想体现了鲜明"人生实践的唯心论"，然而，此与西方哲学家由纯粹思辨而形成的唯心论不同。这种人生实践的唯心论充满着入世的人文教精神。③ 在此意义上，王阳明之心性良知即与人的存在发展状态具有了内在联系。

《传习录》有言："身之主宰便是心"，而"性是心之体"④，同时，"良知者，心之本体"⑤。故在身、心、性、良知四者中，心为身之主，性为心之本，良知与性乃同一范畴。《传习录》通过身、心、性以及良知之阐发，从而折射出了人的自由全面发展之境况。

具体而言，"仁、义、礼、智也是表德。性一而已：自其形体也谓之天，主宰也谓之帝，流行也谓之命，赋于人也谓之性，主于身也谓之心。心之发也，遇父便谓之孝，遇君便谓之忠，自此以往，名至于无穷，只一性而已"。这即是说，仁义礼智均为"性"之外在体现，进而言之，天、帝、命、心以及性乃与人相关之存在于不同维度的反映。虽然一念之际而发，于父生孝、于君生忠，由于社会关系的多样性，故存在多重向度之人伦关系下的

---

① （明）王阳明：《传习录》，萧无陂注译，长江文艺出版社2015年版，第129页。
② （明）王阳明：《传习录》，萧无陂注译，长江文艺出版社2015年版，第131页。
③ 钱穆：《中国思想史》，九州出版社2011年版，第223—224页。
④ （明）王阳明：《传习录》，萧无陂注译，长江文艺出版社2015年版，第11页。
⑤ （明）王阳明：《传习录》，萧无陂注译，长江文艺出版社2015年版，第129页。

"名"，但究其实，无论孝还是忠，都为本初之性体的随缘发用而已。因此，"人只要在性上用功，看得一'性'字分明，即万里灿然"①。由此可见，只要把握住"性"之体（内在），绵绵用力，久久为功，"咬定青山不放松"，于根基处下手，如如不动，则外在一切于己均无影响。"宇宙吾心，吾心宇宙"，内外廓然无碍、风轻云淡。

究其原因，"其良知之体，皦如明镜，略无纤翳。妍媸之来，随物见形，而明镜曾无留染，所谓'情顺万事而无情'也"②。"良知"之体，如明镜一般，以不变应万变，缘物而形现，其自不有任何染着。"良知本来自明。"③ 良知犹如天心，人人皆有，只是以潜在的形式含藏于性体之中，这是人生与天俱来的中正之在——先天之心；而后天之心则以显意识的方式呈现，其由于外在性故而往往遭受染浊。由此形成先天与后天的紧张与冲突。"'潜意识'与'显意识'之不断冲突。此即先秦儒家之所谓天人交战，亦即宋明儒之所谓渣滓、障碍、夹杂。"仁人君子以修齐治平为己任，克一己之私而复礼，此即"宋明儒所理想之'纯乎天理'，乃指一种最单纯最调和的心理境界而言。人心到此境界，其潜意识已全部融化，直从心坎深处到达外面行为，表里如一，全人格充实光明，更无丝毫掩饰伪装，或丝毫隐藏躲闪。即其全部的潜意识发展成全部的显意识，显、潜全体融合。此种理想的人格精神之圆满一致，即阳明所谓'良知之诚一'"④。至此，"从目所视，妍丑自别，不作一念，谓之明。从耳所听，清浊自别，不作一念，谓

---

① （明）王阳明：《传习录》，萧无陂注译，长江文艺出版社2015年版，第34页。

② （明）王阳明：《传习录》，萧无陂注译，长江文艺出版社2015年版，第144页。

③ （明）王阳明：《传习录》，萧无陂注译，长江文艺出版社2015年版，第140页。

④ 钱穆：《中国思想史》，九州出版社2011年版，第216页。

四　良知不昧：王阳明人的自由全面发展的意蕴

之聪。从心所思，是非自别，不作一念，谓之睿"①。即达致"聪明睿智达天德者"（《中庸》）之洒脱境遇。

人于现实之中，常常"入戏"太深。于此，人是不自由的——为情左右、为物所累。然"喜怒哀乐，本体自是中和的。才自家着些意思，便过不及，便是私"②。而人之为人在于求得自身的全面发展，理事无碍、事事无碍，事过心空、自由自在。这须达致至善状态。"至善者性也。性元无一毫之恶，故曰至善。止之，是复其本然而已。"本然至则心体定，"定者心之本体，天理也，动静所遇之时也。"③"阳明所谓天理，主要是指人生界之事理，不在泛指天地自然。"④ 由天心而人心，由天道而人道，心道为一即是理。"天理亦自有个中和处，过即是私意。人于此处多认做天理当忧，则一向忧苦，不知已是'有所忧患，不得其正'。大抵七情所感，多只是过，少不及者。才过便非心之本体，必须调停适中始得。""人但要识得心体，自然增减分毫不得。"⑤

心体乃良知。"良知即是天植灵根，自生生不息；但着了私累，把此根戕贼蔽塞，不得发生耳。"良知先天自有，以善为养，"只要去人欲、存天理，方是功夫。静时念念去人欲、存天理，动时念念去人欲、存天理，不管宁静不宁静。"后天只须以天心为心，一旦于良知"复得他完完全全，无少亏欠"，则自然"鉴空衡平"，达至生命之初心而良知自现，"自不觉手舞足蹈，不知天地

---

① （明）王阳明：《传习录》，萧无陂注译，长江文艺出版社2015年版，第265页。

② （明）王阳明：《传习录》，萧无陂注译，长江文艺出版社2015年版，第144页。

③ （明）王阳明：《传习录》，萧无陂注译，长江文艺出版社2015年版，第57、36页。

④ 钱穆：《中国思想史》，九州出版社2011年版，第211页。

⑤ （明）王阳明：《传习录》，萧无陂注译，长江文艺出版社2015年版，第38页。

间更有何乐可代"。①

（二）王阳明人的自由全面发展基本特征

冯友兰曾言："人不满足于现实世界而追求超越现实世界，这是人内心深处的一种渴望"，中国人"在哲学里找到了超越现实世界的那个存在，也在哲学里表达和欣赏那个超越伦理道德的价值；在哲学生活中，他们体验了这些超越伦理道德的价值"。"根据中国哲学的传统，哲学的功能不是为了增进正面的知识（我所说的正面知识是指对客观事物的信息），而是为了提高人的心灵，超越现实世界，体验高于道德的价值。"②于《传习录》而言，"超越现实世界"的"价值"就是人的自由全面发展。其包括四个方面特征：

其一，主体性。在身与心关系方面，身乃心之形，心乃身之体。"这心之本体，原只是个天理。原无非礼。这个便是汝之真己。这个真己，是躯壳的主宰。若无真己，便无躯壳。真是有之即生，无之即死。汝若真为那个躯壳的己，必须用着这个真己。便须常常保守着这个真己的本体。戒慎不睹，恐惧不闻。惟恐亏损了他一些。"③心之本体为身之主宰，或言之，心体为生命之主体。人生之价值在于呵护培固先天本体之心。唯有如此，才能"成就心体"，进而实现人之为人的主体性价值，以真正地达到"我的地盘我做主"的自由人生。即"人只要成就自家心体，则用在其中。如养得心体，果有未发之中，自然有发而中节之和，自

---

① 参见（明）王阳明《传习录》，萧无陂注译，长江文艺出版社2015年版，第206、30、213、76、213页。

② 冯友兰：《中国哲学简史》，赵复三译，生活·读书·新知三联书店2009年版，第5页。

③ （明）王阳明：《传习录》，萧无陂注译，长江文艺出版社2015年版，第79页。

然无施不可"①。一方面,"成就自家心体"则生命之发用即为中正之行;另一方面,心体持守"未发之中"状态,行为自然切入"发而中节之和"。二者之双向作用即人的自由全面发展中的主体性呈现。

日前,市场机制的利益导向使诸多人的就业选择以利为上,人沦为追逐利益的工具,从而丧失其主体性地位。古人云:"正其谊不谋其利"。义利之间,以义为上。唯合宜才能培固人的主体性地位,从而实现全面发展的状态。即"人要随才成就,才是其所能为,如夔之乐,稷之种,是他资性合下便如此"。"随才成就"即"资性合下",这意味着,才因人而异,人只有唯才是举,方切入合其资性之径路。而"成就之者,亦只是要他心体纯乎天理。其运用处,皆从天理上发来,然后谓之才。到得纯乎天理处,亦能不器。使夔、稷易艺而为,当亦能之"。一旦后天之心回归先天,即"纯乎天理",其才之用即为"不器"。进而言之,"如'素富贵,行乎富贵,素患难,行乎患难',皆是不器,此惟养得心体正者能之"②。无论处于何种境地,只要"泽几至善",自可"践行天心",而达至心体之正,庶几而为自由全面发展之态矣!

其二,自觉性。人的自由全面发展作为完善的生命存在状态体现为"心"之自足、"理之灵处"③。心体之灵,先天本具,涵摄着大千世界相应信息,故心体就类似宇宙原发场域,"众理具而万事出。心外无理,心外无事"④。一切皆从心——"人心—天

---

① (明)王阳明:《传习录》,萧无陂注译,长江文艺出版社2015年版,第47页。

② (明)王阳明:《传习录》,萧无陂注译,长江文艺出版社2015年版,第47—48页。

③ (明)王阳明:《传习录》,萧无陂注译,长江文艺出版社2015年版,第75页。

④ (明)王阳明:《传习录》,萧无陂注译,长江文艺出版社2015年版,第33页。

心"——中来。囿于常人受世事所累，心体往往受到"戕贼蔽塞"①，然而原初心体"未尝不在""未尝不明"②。唯有通过"格物以致其知"，才能"不为私欲遮隔，充拓得尽，便完完是他本体，便与天地合德"③。在后天修为之中，化后天之伪而回归先天之性，合天地之德以成完善心体。

生于斯世，人之行为处事尽管多盲目性，但正是由此而至自觉性。在此意义上，人于盲目性的外在性活动中而渐次趋向内在的自觉性。于七情而言，"乐是心之本体"，或言之，心体之中自有乐，然常人"有之而不自知"，"而此乐又未尝不存，但一念开明，反身而诚，则即此而在矣"④。一旦内心省察，至诚无息，方知生命自足的妙境，即"良知是造化的精灵。这些精灵，生天生地，成鬼成帝，皆从此出，真是与物无对。人若复得他完完全全，无少亏欠，自不觉手舞足蹈，不知天地间更有何乐可代"⑤。万象本自灵明，于外在曰天、曰地，于人之内在曰心。天人无二，本自一体，自诚而明，方得道而知晓，万物虽异，然同源于心——天心、人心——境象之别，不外一体之心。圆月澄明，本自心光。心本何处？无外天心！

其三，身心和谐。所谓身心和谐即正心，"心本不易动，惟止至善之久，而性定则心亦不动。凡非礼之来，见如不见，闻如未闻。不必却之，自不能入"。先天之心本自清净默然，唯修习至善

---

① （明）王阳明：《传习录》，萧无陂注译，长江文艺出版社2015年版，第206页。

② （明）王阳明：《传习录》，萧无陂注译，长江文艺出版社2015年版，第129页。

③ （明）王阳明：《传习录》，萧无陂注译，长江文艺出版社2015年版，第75页。

④ （明）王阳明：《传习录》，萧无陂注译，长江文艺出版社2015年版，第143页。

⑤ （明）王阳明：《传习录》，萧无陂注译，长江文艺出版社2015年版，第213页。

之功久，而遂定性而复归天心，故非礼不能入，此"非屏聪黜明、强制其心也"①。此为"尽心、知性、知天，是生知安行事"之情状，② 亦如阳明先生"居夷三载，处困养静，精一之功，固已超入圣域，粹然大中至正之归矣"③。身处困，而心养静，精诚所至自然入于身心和谐、身正心中之态。此心"如明镜然。全体莹彻，略无纤尘染着"。"全体廓然，纯是天理。方可谓之喜怒哀乐未发之中。方是天下之大本。"④ 平和之际见大中，大中之处即大本。由是，即使"于凡忿懥等件，只是个物来顺应，不要着一分意思，便心体廓然大公，得其本体之正了。且如出外见人相斗，其不是的，我心亦怒。然虽怒，却此心廓然，不曾动些子气"⑤。心相静时，即使鉴照万物，亦自明。故情之发处，心体不曾真动。

《论语》中曾点气象同样表征了身心和谐之体状。曾点不同于其他三子（子路、冉有、公西华），于此，王阳明认为，"三子是有意必，有意必便偏着一边，能此未必能彼；曾点这意思却无意必，便是'素其位而行，不愿乎其外'、'素夷狄，行乎夷狄，素患难，行乎患难，无入而不自得'矣。三子所谓'汝器也'，曾点便有不器意"⑥。此正体现了曾点心安理得、怡然自乐的身心和谐之境。

其四，天人一体。在中国传统哲学中，人与天地是不可分割的

---

① （清）刘沅：《槐轩全书》（1），巴蜀书社2006年版，第34页。
② （明）王阳明：《传习录》，萧无陂注译，长江文艺出版社2015年版，第10页。
③ （明）王阳明：《传习录》，萧无陂注译，长江文艺出版社2015年版，第1页。
④ （明）王阳明：《传习录》，萧无陂注译，长江文艺出版社2015年版，第52页。
⑤ （明）王阳明：《传习录》，萧无陂注译，长江文艺出版社2015年版，第200—201页。
⑥ （明）王阳明：《传习录》，萧无陂注译，长江文艺出版社2015年版，第30页。

一个整体。就人与天地宇宙的关系而言，人的自由全面发展意味着，二者的存在与发展互为条件，并呈现为相互共生的良性关系状态。《传习录》正是在此环节为人的自由全面发展点明了关键：良知将人与天地万物贯通。"人的良知，就是草木瓦石的良知。若草木瓦石无人的良知，不可以为草木瓦石矣。岂惟草木瓦石为然？天地无人的良知，亦不可为天地矣。"人、天地乃至万物，体相不一而同良知。究其实，"盖天地万物，与人原是一体，其发窍之最精处，是人心一点灵明，风雨露雷，日月星辰，禽兽草木，山川土石，与人原只一体。故五谷禽兽之类，皆可以养人；药石之类，皆可以疗疾：只为同此一气，故能相通耳"[1]。"灵明"非属人，非属天；亦属人，亦属天。人、天以及万物皆归于一体之"灵明"，从而相异而会通。

由此，天人之间搭建起了息息相通之即时性的"灵明"脉动。天人同心、万物同理，"道通天地有形外，思入风云变态中"。一定程度上，道之所以通，思之所以入，正是鉴于人天风雨、日月山川之共同本具的"良知""灵明"。荀子之"人最为天下贵"，并非将人置于其他物相之上，而主要强调了人之于其他物相的价值与意义——己立立人、己达达人，推己及人、推人及物，即由成己到成人，再到成物之相互共生共荣的和谐胜景。故"夫人者，天地之心，天地万物，本吾一体者也"[2]。

（三）王阳明人的自由全面发展之涵育

《传习录》以心的体认与建构，奠基了实现人的生命大美之

---

[1] （明）王阳明：《传习录》，萧无陂注译，长江文艺出版社2015年版，第218页。

[2] （明）王阳明：《传习录》，萧无陂注译，长江文艺出版社2015年版，第162页。

路。故有学者将阳明心本立场称为"阳明心学美学'本体论'"①，心体洞明乃人自由全面发展的基点。为此，阳明本体的建构过程也是通向人的自由全面发展之路。

其一，制心一处，反躬自省。"心即道，道即天，知心则知道、知天。"人心即天心，人道亦天道。"诸君要实见此道，须从自己心上体认，不假外求始得。"② 万物皆良知，而人心为其要。惟人心体空灵明澈，方与万物心心相印，进而相通。"心即理也。天下又有心外之事、心外之理乎？"③ 故"须于心体上用功，凡明不得，行不去，须反在自心上体当，即可通。盖《四书》、《五经》，不过说这心体，这心体即所谓道，心体明即是道明，更无二：此是为学头脑处"④。

先天之道心时常被后天之人心遮蔽。做人之功夫须时刻以克己之功扫除、廓清后天之障蔽，"格者，正也。正其不正，以归于正也"。格物之功，就是"去其心之不正，以全其本体之正"。日复一日，年复一年，念兹在兹。"此心无私欲之蔽，即是天理，不须外面添一分。"方寸之间即天理，"只在此心去人欲、存天理上用功便是"。所以，"吾辈今日用功，只是要为善之心真切。此心真切，见善即迁，有过即改，方是真切工夫。如此则人欲日消，天理日明"。⑤

其二，致其良知，修道复性。不断走向自由全面发展的过程，

---

① 潘立勇：《阳明心学美学的心本立场及其再评价》，《中原文化研究》2016年第2期。
② (明) 王阳明：《传习录》，萧无陂注译，长江文艺出版社2015年版，第47页。
③ (明) 王阳明：《传习录》，萧无陂注译，长江文艺出版社2015年版，第5页。
④ (明) 王阳明：《传习录》，萧无陂注译，长江文艺出版社2015年版，第32页。
⑤ 参见 (明) 王阳明《传习录》，萧无陂注译，长江文艺出版社2015年版，第55、13、5、60页。

也就是不断回归生命之初心的过程。子曰:"人能弘道,非道弘人。"(《论语卫·灵公》)人以道立,道以人弘。"人能修道,然后能不违于道,以复其性之本体。"修道以复性,此中,"戒慎恐惧便是修道的工夫。中和便是复其性之本体。如《易》所谓'穷理尽性,以至于命'。中和位育,便是尽性至命"①。修道之功,即于日用行常之间、意识萌动之际,戒慎省察,以渐次趋近"喜怒哀乐之未发谓之中,发而皆中节谓之和"(《中庸》)之境况,进而实现此心安处即为天地之状,"天地位焉,万物育焉"(《中庸》)终将成为人之心体之注脚,是心是天。当然,"必欲此心纯乎天理,而无一毫人欲之私,非防于未萌之先而克于方萌之际不能也。防于未萌之先而克于方萌之际,此正《中庸》'戒慎恐惧'、《大学》'致知格物'之功,舍此之外,无别功矣"②。

修道复性即守护良知。《易经·系辞》:"言行,君子之枢机;枢机之发,荣辱之主也。"知行本一,一念发动处便是行。"尔那一点良知,是尔自家底准则。尔意念着处,他是便知是,非便知非,更瞒他一些不得。尔只不要欺他,实实落落依着他做去,善便存,恶便去。他这里何等稳当快乐!此便是'格物'的真诀,'致知'的实功。"③

其三,素位而行,即为实修。"君子之学终身只是'集义'一事。义者,宜也,心得其宜之谓义。"以义而为,持守如一。如是,"君子之酬酢万变,当行则行,当止则止,当生则生,当死则死,斟酌调停,无非是致其真知,以求自慊而已。故'君子素其

---

① (明)王阳明:《传习录》,萧无陂注译,长江文艺出版社2015年版,第83页。
② (明)王阳明:《传习录》,萧无陂注译,长江文艺出版社2015年版,第136页。
③ (明)王阳明:《传习录》,萧无陂注译,长江文艺出版社2015年版,第188页。

位而行','思不出其位'"①。不离日用行常内,直造先天未画前。素位而行即历事练心,于行住坐卧中体悟大道,格其非心,以求得本初之良知。

故"人须在事上磨炼做功夫,乃有益"②。持灵明之心,为当为之事。"诸君只要常常怀个'遁世无闷,不见是而无闷'之心,依此良知忍耐做去,不管人非笑,不管人毁谤,不管人荣辱,任他功夫有进有退,我只是这致良知的主宰不息,久久自然有得力处,一切外事亦自能不动。"③

(四) 王阳明人的自由全面发展思想的启示

阳明心学是"实践哲学"④。为此,寓于其中的人的自由全面发展思想具有现实价值与意义。在阳明学,心、良知即天理,"夫心之本体,即天理也,天理之昭明灵觉,所谓良知也"⑤。阳明心学以心为本体,并将之上升为天理的高度,从而完成了对人我一己之心的扩充与超越,由小到大,由私到公。"天地万物,俱在我良知的发用流行中",人之良知即天地万物之良知,故良知之发用即天地,即万物,故"心者,天地万物之主也。"⑥为此,心之本体、天理、良知成为贯通天地万物的"主体精神"与"公共的主

---

① (明)王阳明:《传习录》,萧无陂注译,长江文艺出版社2015年版,第149页。

② (明)王阳明:《传习录》,萧无陂注译,长江文艺出版社2015年版,第187页。

③ (明)王阳明:《传习录》,萧无陂注译,长江文艺出版社2015年版,第205页。

④ 董平:《澄清阳明心学研究中的三个问题》,《山东省社会主义学院学报》2017年第5期。

⑤ (明)王守仁:《王阳明全集》(上),吴光等编校,上海古籍出版社1992年版,第190页。

⑥ (明)王守仁:《王阳明全集》(上),吴光等编校,上海古籍出版社1992年版,第106、214页。

体"①。在此，心之本体意义，并非意味着心乃万物之本源、原发之点，也并非万物离开心即不存在，而是通过建立心与外物之关联强调了人之于万事、万物、众理的价值与意义，② 即人须"为天地立心，为生民立命"，人作为天地宇宙之主体必须承担起与生俱来、符合天地之道的义务与责任。这于时下尤为重要。

首先，不忘初心，回归人之为人的完美状态。《大学问》有言："天命之性，粹然至善，其灵昭不昧者，此其至善之发见，是乃明德之本体，而所谓良知也。"③ 人之为人，其本体之性至善至美、灵昭不昧。就中华文化而言，人之生存的价值和意义乃在于"求其放心"（《孟子·告子上》）、回复本性。如此，方得以体会生命之美。子曰："学而时习之，不亦说乎？"（《论语·学而》）朱子释之曰："人性皆善，而觉有先后，后觉者必效先觉之所为，乃可以明善而复其初也。"程子曰："时复思绎，浃洽于中，则说也。"又曰："学者，将以行之也。时习之，则所学者在我，故说。"④ 此正道出了人之明道、行道、乐道的生命审美体验。王阳明在《为善最乐文》说："若夫君子之为善，则仰不愧，俯不怍，明无人非，幽无鬼责，优优荡荡，心逸日休，宗族称其孝，乡党称其弟，言而人莫不信，行而人莫不悦。所谓无入而不自得也，亦何乐如之！"⑤

阳明心学以追求道德人生的审美体验为基本意蕴，"无入而不自得"之"乐"是其人生理想境界的"最高范畴"。⑥ 由是，阳明以自身的生命体验亲证了人的本然之美。这于当下社会具有借鉴

---

① 李承贵：《阳明心学的精神》，《哲学动态》2017年第4期。
② 杨国荣：《心学之思》，生活·读书·新知三联书店1997年版，第97页。
③ 张祥浩：《王守仁评传》，南京大学出版社2006年版，第348页。
④ 参见（宋）朱熹集注《论语·大学·中庸》，上海古籍出版社2013年版，第17页。
⑤ 张祥浩：《王守仁评传》，南京大学出版社2006年版，第113页。
⑥ 潘立勇：《如何从本体工夫论切入阳明心学美学研究》，《吉林大学社会科学学报》2015年第6期。

意义。时人步履匆匆，把灵魂丢在了后面。此等"行尸走肉"何以能领略、体验生命之美呢？何况当"利以养其体"成为一部分人的唯一选择时，又何以能"义以养其心"？

故先贤如是曰："天之生人也，使之生义与利。利以养其体，义以养其心。心不得义，不能乐；体不得利，不能安。义者，心之养也；利者，体之养也。体莫贵于心，故养莫重于义。义之养生人大于利矣。""夫人有义者，虽贫能自乐也。而大无义者，虽富莫能自存。"① 先人之音，犹在耳畔，今当省察。

其次，牢记天命，实现我材有用的积极势态。《中庸》："天命之谓性，率性之谓道，修道之谓教。""人物各循其性之自然，则其日用事物之间，莫不各有当行之路，是则所谓道也。"② 人、物与生俱来自然承载着天地之所赋予的独一无二的先天本质、内在本性，其生命展示过程则是应"天命"而发、为"天性"而作。就人之为人的价值而言，这不仅仅是人的义务与责任，有利于发挥自身的优势与特长，更是天命使然。这要求：不违天、不逆命、不悖性，从而上达天道，下契地道，中合人道。

《传习录》一再强调"复其心之本体""致良知""至善之性"等，这既预示了个体之超越于个体之上以回归天理，进而达致"灵昭不昧""廓然大公"集体人格的美好壮丽的人生图式，而且以此逻辑，也必然开启了生命个体全新审视自身的最佳途径。这意味着，一旦个体生命与天理、良知联系在一起，那么，生命个体的价值、意义势必"喻于义"（《论语·里仁》）。

天生我材必有用。就理论而言，市场机制以其趋利导向客观上形成了"人尽其才，物尽其用"的人力、物力资源配置方式。如果说时代为每个个体的发展提供了良好的机会与平台（此为客观

---

① （西汉）董仲舒：《春秋繁露》，张世亮、钟肇鹏、周桂钿译注，中华书局2012年版，第330—331页。

② （宋）朱熹集注：《论语·大学·中庸》，上海古籍出版社2013年版，第269页。

条件），那么，心智洞明的生命个体将以理性的选择走上实现自身价值的正途（此为主观条件）。

第三，物我齐一，构建和合共生的良性生态。天地人物，与我一体。"人者，天地之心也；民者，对己之称也；曰民焉，则三才之道举矣。是故亲吾之父，而天下之父子莫不亲矣；亲吾之兄以及人之兄，而天下之兄弟莫不亲矣。君臣也，夫妇也，朋友也，推而至于鸟兽草木也，而皆有以亲之，无非求尽吾心焉以自明其明德也。是之谓明明德于天下，是之谓家齐国治天下平。"① 显然，在价值与意义世界，人是主体。人的主体价值乃在于通过完善自身而使其他人、物等客观存在呈现完美状态，也就是在成己的基础上成人以及成物。由是，"功夫不离本体，本体原无内外"②。

人处于天地万有之伦理关系中。"世之君子惟务致其良知，则自能公是非，同好恶，视人犹己，视国犹家，而以天地万物为一体，求天下无治，不可得矣。"③ 由是，各得其所、各乐其性的和合生态将自成。

---

① （明）王守仁：《王阳明全集》（上），吴光等编校，上海古籍出版社1992年版，第251页。

② （明）王阳明：《传习录》，萧无陂注译，长江文艺出版社2015年版，第187页。

③ （明）王阳明：《传习录》，萧无陂注译，长江文艺出版社2015年版，第162页。

中篇　经典内涵

马克思是现实主义者。

这意味着，马克思主义以唯物史观为认识论和方法论，无论对资本主义的批判，还是对当时条件下人的异化的审视，都是基于现实的社会实践关系领域展开的。

因此，就人的全面发展而言，绝非想象中的"全面"，亦非观念中的"发展"，而是寓于现实的生产过程之中的全面与发展。在此意义上，人的发展的全面性自然与社会生产联系在一起。脱离开社会生产实践，人的全面发展即成为无源之水无本之木。

马克思同时又是理想主义者。

马克思以悲世悯人之心，无情抨击了资本主义拜物教及其导致的各种关系的紧张，进而谱绘了未来理想社会形态以及人的发展取向。其中，鉴于以唯物史观方法论为指导，故对未来理想社会的预期与人的发展状态的设定均具有鲜明的科学性。

马克思是完美主义者。

这样说的意思是，马克思作为现实主义者与理想主义者的统一，在对历史当下批判反思之际又同时科学地铺设了通向理想的路径。故其理论重点并非对资本主义及其相关关系范畴的单方面之破，而是在于对理想社会与人之价值取向的科学之立。

可以断言，马克思主义经典作家基于现实的人的劳动及其关系，同时从人类社会整体发展历程予以考量，全面客观地揭示了物质生产与人的劳动，从而阐明了人的全面发展的基本内涵。

五　马克思主义经典理论关于人的全面发展思想

如果说自从有了人类社会，就开始了人的发展，那么，自从进入文明时代，人类也就启动了探寻人的全面发展的心路历程。古今中外，众多哲人先贤对人的存在与发展问题进行了广泛的思考，其中，最具代表性和科学性的当属马克思主义经典理论对于人的全面发展问题的探讨。一定意义上，经典理论关于人的全面发展思路就是我们当前探讨人的全面发展问题的基本点：一方面，它是研究人的全面发展的理论原点；另一方面，它所揭示的人的全面发展的价值取向又为进一步探究提供了方向。为此，梳理经典理论关于人的全面发展理论成为继续研究这一问题的基本环节。

（一）经典理论关于人的全面发展的现实基点

马克思主义经典作家提出人的全面发展理论与其创立唯物史观是同步的。在《德意志意识形态》中，马克思和恩格斯针对费尔巴哈、鲍威尔、施蒂纳等人脱离现实而谈论抽象的人的情况，明确地表示，人的全面发展存在客观前提，这一客观前提应该到物质生产活动领域内去寻找。鉴于此，马克思和恩格斯指出，人总是处于一定生产力与生产关系发展阶段上的个人，生产力与生产关系之间的辩证法构成了物质生产内在的客观辩证法。马克思和恩格斯通过对这一内在辩证法的揭示，阐明了人的全面发展的动因及其基本特征。一定意义上，马克思和恩格斯在寻找人的全面发展的客观前提过程中发现了唯物史观，同时，唯物史观的发现进一步论证了人的全面发展的必然性及其基本特征。这正是马克思的人的全面发展理论与唯物史观的内在联系所在。①

为此，研究人的全面发展理论必然与唯物史观联系在一起。同时，辩证唯物主义也是马克思主义认识世界的基本方法论原则。就社会历史领域而言，唯物辩证法作为考察方法"从现实的前提出发，它一刻也不离开这种前提。它的前提是人，但不是处在某种虚幻的离群索居和固定不变状态中的人，而是处在现实的、可以通过经验观察到的、在一定条件下进行的发展过程中的人"②。经典作家的意思显然是，"现实的前提"包括两个要素：一是现实的人，这是社会环境中的主体因素；二是社会关系，这构成了社会主体活动的空间维度。马克思正是将理论研究的着眼点锁定于现实的人及其赖以生存与发展的社会关系之上，才发现了其种种弊端。这成为马克思探讨人的全面发展的现实基点。

1. 现实的人：经典作家关于人的全面发展的主体范畴

马克思主义当属西方文化范畴。西方文化对人的关注与认识早已有之，至近代以来大致形成了两种认识思路：人的主观化认识和人的客观化认识。③ 人的主观化认识大体涵盖柏拉图的"理念

---

① 马克思主义关于人的全面发展理论与唯物史观是相互衍生的。马克思在创立唯物史观的过程中，提出了人的全面发展理论。在马克思主义整个理论体系中，人的全面发展理论绝不仅仅是一个具体的学科即"人学"的原理，而是一个凝聚着马克思的唯物史观思想的精华，统驭着马克思一系列理论观点的核心理论。《德意志意识形态》是唯物史观这"第一个伟大发现"确立的标志。这篇著作清晰地反映了人的全面发展理论与唯物史观的内在联系。参见陈学明《马克思的人的全面发展理论与当代人的生活取向》，《复旦学报》（社会科学版）2000年第2期。

② 《马克思恩格斯选集》第1卷，人民出版社1995年版，第73页。

③ 引述相关内容参见钟明华、李萍等《马克思主义人学视域中的现代人生问题》，人民出版社2006年版，第3—6页。

人"、笛卡尔主义的"知识人"和存在主义的"孤独的人"等三个方面。柏拉图主义认为人之于事物而产生的相关理念，比如美丑、善恶等，是人的内在灵性先天本有的，并且将永恒存在。为此，柏拉图主义把作为主观性的"理念"视为人之先验性本质，从而"理念人"就构成了柏拉图主义境域中的人或认识人的首要条件。如此对于人的认识最严重之不足就在于把变化的视为虚妄与荒诞，进而由此否定现世人生的价值与意义。而笛卡尔认为，知识就是理性，而理性的本质就是自我意识，人的一切活动都受到自我意识的规定和制约。故如果需要认识人，首要性条件即须认识"自我意识"，这意味着人的全部与本质只是人的自我意识。在此意义上，"我思故我在"构成了哲学和认识人的基本原则。如果说对自我意识的强调与重视可以将自我与上帝之间拉开距离进而形成差异，但这自然又将人之为人的现实生活基础抽离，从而使人处于毫无物质根基的境况中，最终呈现为近似虚化乃至虚无情态。存在主义者萨特则将人视为"现在进行时"，即尚未完成状态，处于永不停息的创造过程。因而人之为人就在于自身之创造，并且在创造过程中获得或赋予自身的生命本质，故人即自我主导下的生命主体。同时，人又是孤立的单体之存在。由是，"孤独的人"乃存在主义对人的认识的基本着眼点。当然，不能否认，对人的如是定位虽然在某种程度上对生命个体为自身积极进取有所助益，但其中缺憾同样显而易见，即"孤独的人"忽视乃至否认人的社会性，进而将人置入抽象场域之中。

　　人的客观化认识则主要涉及政治人、经济人以及费尔巴哈的"自然人"三者。自亚里士多德提出"人天生是一种政治动物"作为"政治人"的先声始，马基雅维里、霍布斯、洛克、卢梭等人都从不同的角度表达了类似的观念。"政治人"将人的政治本性的假设与人的本质等同起来，由此进而认为人之本性即恶。其弊在于忽视人的社会或人文属性，而直接将人的自然性视为人的属性。亚当·斯密在人性方面的基本观点锁定于"经济人"。如民间俗语

"无利不起早",同样,亚当·斯密认为,谋求利益是人们从事经济乃至其他社会活动的直接出发点。就此而言,利益最大化、自利原则和功利原则构成了"经济人"最基本的假设。在三者之中,人的客观化的典型体现者当属费尔巴哈的"自然人"观念,他认为,一方面人属于自然界的组成部分,另一方面自然性即其本质;人既是自然界的创造物,同时又是自然界的创造者。当然,相对于黑格尔的"思辨的人",费尔巴哈的"自然人"观念确实形成了某种超越,但囿于其对实践活动(将其视为追名逐利)之拒斥,导致人与世界、自然的割裂与分离,从而使"自然人"脱离了社会活动的多彩性与现实生活的物质性。

显然,无论人的主观化还是客观化认识,其不足在于将人的真实性锁定于某种抽象之"在",从而将人从现实的物质生活抽离出来,成为与此在现实物质世界相对的"彼在镜像"。以如是之出发点研究人,必然导致对人的理解的抽象化与虚无化。

经典作家在人的认识方面实现了对历史的超越与突破。正如在《德意志意识形态》中指出的:"全部人类历史的第一个前提无疑是有生命的个人的存在。"[1] 这就鲜明地体现了经典作家关于社会历史观的首要条件,进而构成了马克思主义在人的研究方面的现实出发点。如果说"有生命的个人"还不足以表明人的社会性乃至现实性,那么,下列判断将人与社会物质条件统一在一起从而将人的现实性鲜明突显出来,即"这是一些现实的个人,是他们的活动和他们的物质生活条件,包括他们已有的和由他们自己的活动创造出来的物质生活条件"[2]。

显然,在经典作家看来,"现实的人"之鲜明规定性就在于,其绝不是观念的反映、认识的影像以及思维的呈现,而是立足于现实物质生产领域从事劳动活动的实践者,"现实的人"处于物质

---

[1] 《马克思恩格斯选集》第1卷,人民出版社1995年版,第67页。
[2] 《马克思恩格斯选集》第1卷,人民出版社1995年版,第67页。

性社会关系和社会发展进程之中，即"这里所说的个人不是他们自己或别人想象中的那种个人，而是现实中的个人，也就是说，这些个人是从事活动的，进行物质生产的，因而是在一定的物质的、不受他们任意支配的界限、前提和条件下活动着的"①。

具体生动、形象鲜活的物质生产过程与现实的个人密切联系在一起。其间，人们在生产中"如果不以一定方式结合起来共同活动和互相交换其活动，便不能进行生产。为了进行生产，人们便发生一定的联系和关系；只有在这些社会联系和社会关系的范围内，才会有他们对自然界的关系，才会有生产"②。就此而言，现实的物质生产过程必然涉及两重关系：一是人与自然之间的关系，也就是生产力范畴；二是人与人之间的关系，当属生产关系领域。前者体现了生产过程的内容，换言之，人与自然之间的物质、能量以及信息的交换关系构成了社会存在与发展的基础，体现着现实生产过程的内在规定性；后者则体现了生产过程的形式，也就是说，人与人之间的相互关系实际上是生产过程的外在表现。其中，内容决定着形式。有什么样的生产力，就存在什么样的生产关系。

这意味着，就人的生存与发展皆源于自然而言，人与自然之间的关系是人类存续面临的最基本问题。人类发展与自然关系的状况直接影响与制约着人与人之间的社会关系状况，从人类社会发展历史来看，随着人类与自然之间关系的不断发展，人与人之间的相互关系也随之优化，进而也促进了人自身各个方面的发展。而人类发展与自然之间的关系过程就是人类付诸实践的活动。其间，"人创造环境，同样环境也创造人"③。这既是人通过实践活动改造客观环境的过程，也是改造主观条件的过程，即推进个人发

---

① 《马克思恩格斯选集》第1卷，人民出版社1995年版，第71—72页。
② 《马克思恩格斯全集》第6卷，人民出版社1961年版，第486页。
③ 《马克思恩格斯全集》第3卷，人民出版社1960年版，第43页。

展的过程。因此，现实的个人作为关系存在物在发展与自然之间的关系的过程中，不断开拓着人与自然之间的交换空间、丰富着交换方式、提高着交换效率、优化着人与人之间的相互关系。此中，个人既保持着某种状态的稳定性，也同时进行着自我超越与完善，即渐进式发展。其中，人既是静态的，也是动态的；既是给定的，又是自我创造的。换言之，现实的个人既是受历史状况和自然条件制约的行为主体，也是自我生成与创造的行为主体。这正是其社会性的外在表现，即"人的本质不是单个人所固有的抽象物，在其现实性上，它是一切社会关系的总和"①。

　　人是自然性与社会性的统一。就根本意义而言，人是以自然性为基础，以社会性展示的生命现象。自然性体现了人的一般性存在，而社会性则表明了人的生动、具体、现实性存在。一定意义上，自然性作为物质范畴体现了人的感性和客体性，社会性则体现了人的理性和主体性。

　　人不同于其他生物。其他生物物种作为生命现象只能在适应自然的前提下求得自身种群的存在，充其量这既是感性存在，也是客体存在；而人则不同，人不仅仅是物质存在，更是精神存在，并且人类拥有其他物种不曾具有的优势——社会性，人类借助社会关系将人从自然性中提升出来，从而变物质性为精神性，进而人文理性，即从客体存在转变为主体存在。

　　人既是发展的，也是多样的。主体之间对立统一的社会关系在两个方面发生着作用：对立性体现了主体之间的外在区别，这表现为主体的多样性维度；统一性则体现了主体之间的内在联系，这表现为主体的发展性维度。主体人在社会关系之中形成了发展性与多样性的统一。

　　故主体的社会性以两种方式在现实社会关系中展现：

---

　　① 《马克思恩格斯选集》第1卷，人民出版社1995年版，第56页。

社会性—统一性—互动性—发展性

社会性—对立性—互补性—多样性

就宏观层面而言，社会就是一个整体系统。其中的各个组织乃至个人作为其中的一分子，每时每刻都在与外界进行着信息与能量的交换。这意味着，在统一的社会关系氛围中，各行为主体之间的互动关系——彼此取他人之长补自身之短，在相互吸收对方有利于自身成长的因素的过程中实现了其发展。

就微观层面而言，社会还是一个包含着不同主体的整体系统。一定程度上，这构成了呈现某种对立关系的主体世界。其间，各个行为主体通过自然必然性过程协调彼此相互关系以发挥自身独特的价值与作用，由此促成了各主体之间相得益彰、互为存在的关系模式。这体现了社会主体的多样性。

无论社会主体的发展性还是其多样性，均立足于社会现实实践领域之中。就此而言，作为社会主体的人既不同于脱离了物质生产活动的感性的人，也不同于把人设想成为单一性的人性存在。二者的共同缺陷在于，将人看作是游离于现实社会发展过程之外的抽象存在，从而也就将人视为想象中的意识虚构。

经典作家研究的不是抽象的、孤立的人，并且经典作家也反对抽象的、普遍的人性的存在，反对把人的本质"理解为一种内在的、无声的、把许多个人自然地联系起来的普遍性"[1]。为此，经典作家以"现实的人"为社会实践以及相关范畴的逻辑起点，不但与一切旧哲学划清了界限，而且也开启了人类思想史上人学研究的新思路。正是在此意义上，恩格斯明确把马克思主义学说称为"关于现实的人及其历史发展的科学"[2]。故这一学说正是以现

---

[1] 《马克思恩格斯选集》第1卷，人民出版社1995年版，第56页。

[2] 《马克思恩格斯选集》第4卷，人民出版社1995年版，第241页。

实的人为起点的合乎逻辑的展开。①

首先，现实的人构成了经典理论人学研究的现实的逻辑起点。"现实的人"既不是浸润在黑格尔"绝对精神"领域中的人类个体，也不是费尔巴哈关于人的那种抽象的"类"的概念，而是处于现实的关系和历史领域的具有鲜活生命和主体特性的生动之人。鉴于此，经典作家以批判的视角审视了人的现实生活过程，揭示了个人在现实的生存环境之中不断发展和解放的历史过程。经典作家以"现实的人"为考察社会现实的逻辑起点，摆脱了以往人学研究大都立足于抽象概念的缺陷，从而使人的生存、发展以及解放获得了现实的基础。

其次，现实的人还构成了经典作家人学研究范畴的逻辑起点。"现实的人"作为经典作家人学的基本范畴贯穿于其他人学范畴的始终，其他范畴都是这一范畴的逻辑展开。如人的本质、人的异化以及人的全面发展，等等。可以说，脱离开"现实的人"，其人学就不可能建立起完整的科学范畴体系，更谈不上认识和促进人的全面发展了。

总之，现实的人构成了经典作家人学研究的现实与逻辑原点，更是关于人的全面发展的主体指向。

2. 现实状况：经典作家关于人的全面发展的客观范畴

"各个人的出发点总是他们自己，不过当然是处于既有的历史条件和关系范围之内的自己，而不是玄想家们所理解的'纯粹的'个人。"② 经典作家对现实的人的关注当然也不能无视其生存的环境。实际上，正是经典作家对现实的人及其所在社会关系状况的审视，同时在对整个人类社会发展历程进行了思考的基础上，科学地预见了人与社会发展的方向。

---

① 钟明华、李萍等：《马克思主义人学视域中的现代人生问题》，人民出版社2006年版，第7—8页。

② 《马克思恩格斯选集》第1卷，人民出版社1995年版，第119页。

五 马克思主义经典理论关于人的全面发展思想

批判资本主义建立理想社会是马克思主义的基本价值观。而这均与一个命题息息相关：人的存在和发展状况。这意味着，无论对资本主义的批判还是对理想社会的期盼，其基本点都归结为人的方面。不同之处是：前者泯灭了人性进而使其客体化，后者则张扬了人性并使其趋向自由自觉的状态，即实现人的主体化。

资本主义条件下人的客体化也就是人的物化，这表现在两个方面：一是生产过程，二是交换过程。就生产过程而言，人的物化体现在两个领域，即物质生产领域和精神生产领域。

在物质生产领域，人被固定在特定的劳动领域和职业范围内。如果把社会看作一个有机整体，其中的每一个体就是相对固定于各自位置上的一个要件。就机器大工业而言，人只能是大机器生产线上准确地发挥着专门职能作用的一个特殊的器官，成为一定的机构或机器的肢体和附属物。一定意义上，"由于劳动被分割，人也被分割了。为了训练某种单一的活动，其他一切肉体的和精神的能力都成了牺牲品。人的这种畸形发展和分工齐头并进，分工在工场手工业中达到了最高的发展。工场手工业把一种手艺分成各种局部操作，把每种操作分给个别工人，作为终生的职业，从而使他一生束缚于一定的局部职能和一定的工具之上"①。为此，"工场手工业把工人变成畸形物，它压抑工人的多种多样的生产志趣和生产才能，人为地培植工人片面的技巧"②。此时，人只能获得片面的适合资本需要特性的发展。总之，"在资本主义体系内部，一切提高劳动生产力的方法都是靠牺牲工人个人来实现的"，使工人畸形发展，从而"使劳动失去内容"。③

在精神生产领域，即使奴役和剥削劳动者的统治阶级本身也是片面发展的。即"精神空虚的资产者为他自己的资本和利润欲所

---

① 《马克思恩格斯选集》第 3 卷，人民出版社 1995 年版，第 642 页。
② 《资本论》第 1 卷，人民出版社 1975 年版，第 399 页。
③ 《资本论》第 1 卷，人民出版社 1975 年版，第 707—708 页。

奴役；律师为他的僵化的法律观念所奴役"。总之，"一切'有教养的等级'都为各式各样的地方局限性和片面性所奴役，为他们自己的肉体上和精神上的近视所奴役，为他们的由于受专门教育和终身束缚于这一专门技能本身而造成的畸形发展所奴役"。① 显然，在私有制条件下，不仅体力劳动者因受旧式分工的奴役而片面发展，即使剥削阶级也因旧式分工和各式各样的局限性而遭受奴役，受着他们终身束缚于专门技能而造成的畸形发展所奴役，受着他们的剥削意识、自私心理所奴役。

就交换过程而言，交换关系反映的是人与人之间的关系，但在资本主义条件下，人的关系也表现为物的关系，物成为人们之间发生交换关系的中介与载体。因此，人的关系转换成为物的关系。这种关系源于现实的物质领域进而衍射到社会生活的各个方面，即"我们彼此进行交谈时所用的唯一可以了解的语言，是我们的彼此发生关系的物品。我们不懂得人的语言了，而且它已经无效了"，故"我们彼此同人的本质相异化已经到了这种程度，以致这种本质的直接语言在我们看来成了对人类尊严的侮辱，相反，物的价值的异化语言倒成了完全符合于理所当然的、自信的和自我认可的人类尊严的东西"。② 所有这一切皆源于一个基本的事实："商品像资本主义生产方式的一切范畴一样，表现一种在物的外壳掩盖下的人与人之间的关系。生产者使他们的不同种类的劳动作为一般人类劳动互相发生关系，是通过使他们的产品作为商品互相发生关系；没有物这种中介，他们便不能这样做。这样一来，人的关系便表现为物的关系了。"③

马克思曾在《1844年经济学哲学手稿》中对人的异化问题做

---

① 《马克思恩格斯全集》第20卷，人民出版社1971年版，第317页。
② 《马克思恩格斯全集》第42卷，人民出版社1979年版，第36页。
③ 《马克思恩格斯全集》第16卷，人民出版社1964年版，第277页。

了深刻的揭示。① 在此马克思借用了"异化劳动"概念表达了人的物化这一客观事实。这是马克思与作为资产阶级代表的英国古典政治经济学家的区别所在。他们只是看到了劳动的积极方面，而没有看到其消极方面，无视资本主义导致的非人化的后果。马克思则与之相反，他在肯定劳动伟大作用的同时，提出了异化劳动的观点，从而揭示了资本主义条件下人的客体化本质。

一定程度上，人就是他的劳动。这并非逻辑上的思路转换，而是基于客观现实的理性判断。也就是说，劳动是怎么样的，人就是怎么样的。人与劳动在社会实践过程中达成了一致。

异化劳动是资本主义条件下的基本事实。鉴于劳动与人之间的统一，异化劳动导致了人的主体地位的丧失，从而使人呈现为客体化，即人的工具化或物化。于此，马克思指出："劳动创造了美，但是使工人变成畸形。劳动用机器代替了手工劳动，但是使一部分工人回到野蛮的劳动，并使另一部分工人变成机器。劳动生产了智慧，但是给工人生产了愚钝和痴呆。"②

马克思主要从以下两个方面对人的异化进行了论证：

首先，劳动产品对人的奴役。在资本主义社会中，劳动者生产的财富越多，他自己就越贫穷。即"劳动为富人生产了奇迹般的东西，但是为工人生产了赤贫。劳动创造了宫殿，但是给工人创

---

① 一个流行的观点是，只是在《德意志意识形态》中马克思才成为"真正的马克思"，而此前的著作则因其存在"伦理—人道的动机"和"道德上的愤慨情绪"而被视为是"不成熟"的。实际上，以《德意志意识形态》为界，马克思思想中发生的深刻变化是同一个马克思在两个领域即哲学与科学之间的转变，而非"两个马克思"之间即所谓"前马克思"向马克思的转变。这种错误认识发生的原因就在于人们只是看到了这两个时期之间的区别，而没有看到它们之间的联系：哲学是科学的基础。哲学是抽象的思辨，科学是具体的实证。哲学在于追求"至善"，科学之目的则为"求达"。换言之，哲学提供的是目标，科学提供的是达此目标的方法和道路。就此而言，科学与哲学的确存在不同。由此所产生的"两个马克思"的感觉也是自然的，但自然的并非意味着就是正确的。参见杨筱刚《马克思主义："硬核"及其剥取——当代社会主义的自我意识》，人民出版社2006年版，第8—9页。

② 《马克思恩格斯全集》第42卷，人民出版社1979年版，第93页。

造了贫民窟"①。劳动的实现即"工人在他的产品中的外化,不仅意味着他的劳动成为对象,成为外部的存在,而且意味着他的劳动作为一种异己的东西不依赖于他而在他之外存在,并成为同他对立的独立力量;意味着他给予对象的生命作为敌对的和异己的东西同他相对抗"②。这说明,劳动所生产的对象,即劳动产品,作为一种异己的存在物,作为不依赖于生产者的力量,同劳动者相对立。不仅如此,劳动者创造的商品越多,他自己越是变成廉价的商品,也就是说,人就成为自己创造物的工具。如马克思所言:工人"创造价值越多,他自己越没有价值、越低贱;工人的产品越完美,工人自己越畸形;工人创造的对象越文明,工人自己越野蛮;劳动越有力量,工人越无力;劳动越机巧,工人越愚钝,越成为自然界的奴隶"③。显然,一方面,工人的劳动产品与工人自身相背离,即劳动的对象化同时也就是劳动产品的异己化;另一方面,工人劳动的社会后果表现为统治、束缚工人的社会力量,演变成奴役劳动的社会自然界。④ 为此,"劳动的这种实现表现为工人的失去现实性,对象化表现为对象的丧失和被对象奴役,占有表现为异化、外化"⑤。

---

① 《马克思恩格斯全集》第42卷,人民出版社1979年版,第93页。
② 《马克思恩格斯全集》第42卷,人民出版社1979年版,第91—92页。
③ 《马克思恩格斯全集》第42卷,人民出版社1979年版,第92—93页。
④ 如前所述,"自然界"包括三个方面,即天然自然界、社会自然界与人的自身自然界。在人类社会初期,囿于主客观条件,天然自然界无疑构成了外在于人的首要认识和实践对象。鉴于各方面条件所限,一定意义上,人在天然自然界面前的活动状态尚不能达到左右逢源、游刃有余的程度。这意味着,天然自然界作为初期人类的实践客体自然包含了某种主体的色彩,从而人类自身却展现了某种客体性品质,即受自然界所左右。人类发展到文明社会尤其进入资本主义阶段后,一定意义上,社会关系作为人类劳动组织方式成为人类认识与实践的对象。马克思说,资本不是物,而是一种社会关系。资本作为一种社会关系在尚未完成其历史使命之前,它必然呈现为奴役人的物质力量。就此而言,以私有制为基础的资本主义制度下的资本就成了奴役劳动的第二自然界,即社会自然界。
⑤ 《马克思恩格斯全集》第42卷,人民出版社1979年版,第91页。

其次,劳动本身对人的奴役。劳动是人区别于动物的根本特点,是实现人的生命存在的活动方式,即人通过劳动活动的对象化实现自身的价值与意义,进而达到对个体生命本身的改造与完善。正如马克思对黑格尔的断言:黑格尔的《现象学》及其最后成果的伟大之处在于,他把人的自我产生视为劳动的过程,因而,"他抓住了劳动的本质,把对象性的人、现实的因而是真正的人理解为他自己的劳动的结果"①。这说明,劳动本是双向的互动过程:人在实现劳动的对象化即对劳动客体进行改造的同时也推进着主体人的自身发展,二者作为同一过程的两个方面是统一的。但在资本主义异化劳动前提下,劳动者从事劳动不是肯定自己,而是否定自己;劳动者自己的体力与智力的支出,变成了一种与自己相对立的力量;劳动者劳动付出越大,越是制造出压迫自己的力量。因此,劳动者在劳动中并不感到幸福,而是感到不幸,并不是自由地发挥自己的物质力量和精神力量,而是使自己的肉体受到折磨,精神受到摧残。劳动者在他不劳动时才感到自在,而劳动时则身心交瘁。由于劳动是满足劳动以外的其他各种需要,即作为谋生手段,因而只要肉体的强制或其他强制一旦停止,人们就会像逃避瘟疫那样逃避劳动。结果就导致这样一种现象:人在实现自己的动物机能——吃、喝、繁殖时,才觉得自己是自由活动,而在实现人的机能时,却觉得自己不过是某种物而已。

显而易见,在异化劳动中,"活动就是受动;力量就是虚弱;生殖就是去势;工人自己的体力和智力,他个人的生命(因为,生命如果不是活动,又是什么呢?),就是不依赖于他、不属于他、转过来反对他自身的活动"②。可见,劳动本应该是自我主动、积极地创造与活动实现过程,在资本主义条件下却转变成了统治与压制人的外在力量,从而劳动过程由主动变为被动,劳动者则由

---

① 《马克思恩格斯全集》第 42 卷,人民出版社 1979 年版,第 163 页。
② 《马克思恩格斯全集》第 42 卷,人民出版社 1979 年版,第 95 页。

主体转变为客体，由人变为了物。

异化劳动所导致的人的物化同时意味着：就人的活动内容而言，人同其类本质相对立；就人的活动形式而言，在社会关系方面产生了人与人之间的对立。

首先，异化劳动导致人同其类本质相对立。人是类存在物。作为类存在物，其全部特性、种的类特性就在于生命活动的性质，而人的类特性就是自由自觉的活动。因此，人通过实践活动改造自然界，创造一个对象世界，即人作为有意识的类存在物的自我确证。但是，在异化劳动条件下，本来作为人类生存基础和劳动对象的自然界与人异化了，从而作为人的本质的生产活动变成了与人相对立的本质，成了压制劳动者的外在力量，变成维持个人生存的手段。

一般而言，人能够自觉地进行生产实践，这是人相对于其他动物所具有的独特之处。但在异化劳动条件下，人丧失了自己的类本质，降低为动物，即降低为以生产为维持肉体生存的手段。从而"人的类本质——无论是自然界，还是人的精神的、类的能力——变成人的异己的本质，变成维持他的个人生存的手段。异化劳动使人自己的身体，以及在他之外的自然界，他的精神本质，他的人的本质同人相异化"[①]。

其次，异化劳动导致了人与人之间的对立。根据马克思主义基本观点，人同自身的任何关系，只有通过人同其他人的关系才能得到体现和说明。异化劳动的任何表现，不可能离开人与人之间的关系。无论劳动产品对劳动者的奴役，还是劳动活动与劳动者的对立，只能从人的社会关系中找到原委。为此，马克思指出："劳动和劳动产品所归属的那个异己的存在物，劳动为之服务和劳动产品供其享受的那个存在物，只能是人本身。""如果劳动产品不属于工人，并作为一种异己的力量同工人相对立，那么，这只

---

① 《马克思恩格斯全集》第42卷，人民出版社1979年版，第97页。

能是由于产品属于工人之外的另一个人。如果工人的活动对他本身来说是一种痛苦，那么，这种活动就必然给另一个人带来享受和欢乐。不是神也不是自然界，只有人本身才能成为统治人的异己力量。"① 借此，人与劳动活动以及劳动产品的关系演变为人与人之间的关系，这就是资本主义社会的阶级关系，即无产阶级同资产阶级的对立。无产阶级与资产阶级的对立构成了异化劳动的核心内容。②

综上所述，异化劳动对人的影响体现在两个方面：就人与自然界之间的关系而言，人的劳动活动成为维持自身生命的工具与手段。从表层来看，这是人的片面发展，而从深层来看，则是人的主体性的丧失，即主体客体化了。"只要分工还不是出于自愿，而是自然形成的，那么人本身的活动对人来说就成为一种异己的、同他对立的力量，这种力量压迫着人，而不是人驾驭这种力量。"③

就人与社会之间的关系而言，产生了人与人之间关系的对立，也就是两大阶级的对立，即体力劳动与脑力劳动的对立，或物质劳动与精神劳动的对立。其中，体力劳动成了被统治者的专利，而脑力劳动作为"劳动的智力，在许多人那里消失，而在个别人那里扩大了范围。工场手工业的分工使劳动过程的智力作为别人的财产和统治工人的力量而同工人相对立。这个分离的过程从协作开始，在工场手工业中得到发展，在大工业中完成，大工业使科学作为一种独立的生产能力而同劳动分开，并使它为资本服务"④。为此，"分工不仅使精神活动和物质活动、享受和劳动、生产和消费由不同的个人来分担这种情况成为可能，而且成为现实"⑤。这意味着，体力劳动与脑力劳动的对立源于分工。经典作

---

① 《马克思恩格斯全集》第42卷，人民出版社1979年版，第99页。
② 《陈先达文集》第2卷，中国人民大学出版社2006年版，第208页。
③ 《马克思恩格斯选集》第1卷，人民出版社1995年版，第85页。
④ 《马克思恩格斯全集》第16卷，人民出版社1964年版，第314页。
⑤ 《马克思恩格斯选集》第1卷，人民出版社1995年版，第83页。

家断言:"分工起初只是性行为方面的分工,后来是由于天赋(例如体力)、需要、偶然性等等才自发地或'自然形成'分工。分工只是从物质劳动和精神劳动分离的时候起才真正成为分工。"①

显然,无论是前者还是后者,产生的原因均归结为同一社会现象——分工。因而,消灭分工、实现人的全面发展就具有了内在一致性。②

在人的异化状态下,人不成其为人、世界不成其为人的世界。基于此,经典作家根据社会发展规律为人类发展设定了一个宏大目标,并对其合理性与必然性进行了充分的论证。一定程度上,理想社会的价值与意义既不在于它使劳动者成为社会的主人,也不在于它使社会在物质财富的分配和享用方面达到了最大程度的平等,而在于它通过扬弃人的异化从而使人真正成为自由而全面发展的人。

人的片面发展和受压迫的现实状况,构成了经典作家关于人的全面发展思想的现实基点。

(二) 经典理论关于人的全面发展的基本内容

人的全面发展思想构成了马克思主义理论体系的核心规定性。在《1844年经济学哲学手稿》《德意志意识形态》《经济学手稿》以及《资本论》等鸿篇巨制中,人的全面发展的思想贯穿始终。在不同的历史阶段和不同的文献中,尽管经典作家对人的全面发展思想的认识存在着些许差异,但人的全面发展作为人类发展的价值理想,乃是经典作家一生都在坚守的逻辑思路。

1. 人的全面发展的经典阐释

从1843年到1890年的近半个世纪,马克思和恩格斯先后提出

---

① 《马克思恩格斯选集》第1卷,人民出版社1995年版,第82页。
② 荣长海:《论社会分工的经济和社会意义》,《天津师大学报》1998年第4期。

了一系列关于人的全面发展的观点：在《1844年经济学哲学手稿》中，马克思指出："一个种的全部特性、种的类特性就在于生命活动的性质，而人的类特性恰恰就是自由的自觉的活动。""人以一种全面的方式，也就是说，作为一个完整的人，占有自己的全面的本质。"① 在1846年的《德意志意识形态》中，马克思和恩格斯指出："个人的全面发展，只有到了外部世界对个人才能的实际发展所起的推动作用为个人本身所驾驭的时候，才不再是理想、职责等等，这也正是共产主义者所向往的。"② 之后，他们在1848年的《共产党宣言》中指出："代替那存在着阶级和阶级对立的资产阶级旧社会的，将是这样一个联合体，在那里，每个人的自由发展是一切人的自由发展的条件。"③ 在《经济学手稿（1857—1858年)》中，马克思指出："建立在个人全面发展和他们共同的社会生产能力成为他们的社会财富这一基础上的自由个性，是第三个阶段。"④

其他相关性阐述还有：人的"全部才能的自由发展""社会关系允许他均匀地发展全部的特性""任何人的职责、使命、任务就是全面地发展自己的一切能力，其中也包括思维的能力""个人的独创的和自由的发展"⑤ 以及 "人类全部力量的全面发展"⑥；"个性的比较高度的发展"⑦；"个人生产力的全面的、普遍的发展"⑧；"每个人的全面而自由的发展"⑨；等等。

---

① 《马克思恩格斯全集》第42卷，人民出版社1979年版，第96、123页。
② 《马克思恩格斯全集》第3卷，人民出版社1960年版，第330页。
③ 《马克思恩格斯选集》第1卷，人民出版社1995年版，第294页。
④ 《马克思恩格斯全集》第46卷（上），人民出版社1979年版，第104页。
⑤ 《马克思恩格斯全集》第3卷，人民出版社1960年版，第248、295、330、516页。
⑥ 《马克思恩格斯全集》第46卷（上），人民出版社1979年版，第486页。
⑦ 《马克思恩格斯全集》第26卷（第2册），人民出版社1973年版，第125页。
⑧ 《马克思恩格斯全集》第46卷（上），人民出版社1979年版，第520页。
⑨ 《资本论》第1卷，人民出版社1975年版，第649页。

关于人的全面发展的经典阐释应是马克思在《资本论》中的表述①："自由王国只是在由必需和外在目的规定要做的劳动终止的地方才开始；因而按照事物的本性来说，它存在于真正物质生产领域的彼岸。象野蛮人为了满足自己的需要，为了维持和再生产自己的生命，必须与自然进行斗争一样，文明人也必须这样做；而且在一切社会形态中，在一切可能的生产方式中，他都必须这样做。这个自然必然性的王国会随着人的发展而扩大，因为需要会扩大；但是，满足这种需要的生产力同时也会扩大。这个领域内的自由只能是：社会化的人，联合起来的生产者，将合理地调节他们和自然之间的物质变换，把它置于他们的共同控制之下，而不让它作为盲目的力量来统治自己；靠消耗最小的力量，在最无愧于和最适合于他们的人类本性的条件下来进行这种物质变换。但是不管怎样，这个领域始终是一个必然王国。在这个必然王国的彼岸，作为目的本身的人类能力的发展，真正的自由王国，就开始了。但是，这个自由王国只有建立在必然王国的基础上，才能繁荣起来。工作日的缩短是根本条件。"② 这里，马克思从自由的视角说明了人的全面发展的内涵。

显然，人的全面发展包括两个领域：物质生产领域与非物质生产领域。物质生产领域就是物质劳动或物质活动领域，非物质生产领域就是精神劳动或精神活动领域。物质劳动活动和精神劳动活动一起构成了人的全面发展的内容。两相比较，物质劳动活动在人的全面发展中居于基础性地位，而精神劳动活动是人的全面发展的方向与归宿。但无论是前者，还是后者，概而言之，人的

---

① 这些思想主要体现在由恩格斯根据马克思写于 1864—1865 年的手稿整理而成的《资本论》第 3 卷中。此后，马克思没有再回到这一问题上来。故这些思想可以看作马克思关于此问题的最后考虑。这意味着，此时的观点代表了马克思关于人的全面发展思想的成熟表达。参见王南湜《马克思的自由观及其当代意义》，《现代哲学》2004 年第 2 期。

② 《马克思恩格斯全集》第 25 卷，人民出版社 1974 年版，第 926—927 页。

全面发展始终与劳动活动联系在一起。换言之，劳动活动构成了人的全面发展的核心内容。

就物质生产领域而言，这始终是个"必然王国"。其间，"社会化的人，联合起来的生产者，将合理地调节他们和自然之间的物质变换，把它置于他们的共同控制之下，而不让它作为盲目的力量来统治自己"。这意味着，在"必然王国"领域，人的全面发展的尺度就是：实现人力资源与自然资源之间的优化组合与配置。这包括两层含义：一是就社会整体而言，人类社会存在与发展的过程就是在动态演进中不断实现着优化状态。这说明，人类社会作为"普遍的劳动体系"[①]与系统有机体，不同劳动部门之间在社会分工协作方面客观上形成了科学的比例关系，即社会总劳动及其资源在不同生产领域之间达到了合理分配。正如马克思所言："在资本主义生产方式消灭以后，但社会生产依然存在的情况下，价值决定仍会在下述意义上起支配作用：劳动时间的调节和社会劳动在各类不同生产之间的分配"[②]，以"均衡地分配生产力"[③]，从而实现社会资源在不同部门之间的优化配置。二是就微观个体而言，各个劳动者在处理与自然之间物质变换关系时所形成的双向结合最佳状态，即不同劳动者的分工状况。就可能性而言，个体分工所形成的劳动组织形式存在着诸多选择，而在物质生产领域，其中的最佳分工状态就是按劳动能力分配工作岗位，从而实现"人尽其才、物尽其用"。总之，"必然王国"的永恒存在和不断扩大的客观事实与个体生命有限性之间的矛盾决定了劳动分工的优化组合局面只能通过人的劳动活动方式的相对稳定性实现。这同时意味着人的全面发展的有限性，即劳动活动方式的有限性。

---

① 《马克思恩格斯全集》第 46 卷（上），人民出版社 1979 年版，第 392 页。
② 《马克思恩格斯全集》第 25 卷，人民出版社 1974 年版，第 963 页。
③ 《马克思恩格斯全集》第 46 卷（下），人民出版社 1980 年版，第 298 页。

就精神生产领域而言，即在"自由王国"，人的劳动活动具有以下特点："（1）劳动具有社会性；（2）劳动具有科学性，同时又是一般的劳动，是这样的人的紧张活动，这种人不是用一定方式刻板训练出来的自然力，而是一个主体，这种主体不是以纯粹自然的、自然形成的形式出现在生产过程中，而是作为支配一切自然力的那种活动出现在生产过程中。"①

所谓"劳动具有社会性"，即劳动形式，是指在生产力整体发展的基础上，个体的劳动同时取得了社会劳动的形式，换言之，劳动既是个人的又是社会的。这包括两个方面：就劳动方式而言，人类劳动活动从物质层面转向了精神层面，即精神劳动活动可通过无限复制以为任何社会成员所共享，从而实现了"每个人的自由发展是一切人的自由发展的条件"②；就劳动目的而言，人处理与自身的关系，即追求精神生活成为人们的一般选择。其间，社会劳动分工将达到这样的状态：分工体系相对完善（人与自然、社会以及自身等全面领域的拓展），从而劳动方式在横向层面呈现为多样性——即不同劳动分工所涉及的领域越来越广，在纵向层面呈现为层次性——即某一劳动环节精细化程度愈来愈高。由此，多种多样的劳动分工方式之间联系紧密、价值互补、地位平等。

于此，英国学者菲利普·布朗、休·劳德认为，在以集体智力为基础的社会里，经济、社会和政治领域之间的传统差别业已土崩瓦解。不仅如此，各种劳动活动乃至人们在失业、照料孩子或老人等过程中，每一种生存方式都是必要的。正是借助于这些被看作是非生产性的劳动活动方式的存在（这一时期往往是学习阶段），人们才会变得更有生产能力。就此而言，虽然他们没有直接从事有酬工作，但是通过照料孩子或者做些义务劳动，他们也会

---

① 《马克思恩格斯全集》第 46 卷（下），人民出版社 1980 年版，第 113 页。
② 《马克思恩格斯选集》第 1 卷，人民出版社 1995 年版，第 294 页。

为集体智力的开发作出贡献。①

这意味着，任何种类劳动都具有同等的重要性，即"在这些劳动中，任何一种劳动都不再是支配一切的劳动。所以，最一般的抽象总只是产生在最丰富的具体发展的地方，在那里，一种东西为许多东西所共有，为一切所共有。这样一来，它就不再只是在特殊形式上才能加以思考了"。其间，"个人很容易从一种劳动转到另一种劳动，一定种类的劳动对他们说来是偶然的，因而是无差别的。这里，劳动不仅在范畴上，而且在现实中都成了创造财富一般的手段，它不再是在一种特殊性上同个人结合在一起的规定了"。②

所谓"劳动具有科学性"，是指劳动内容，即主体劳动的活动性或自由自觉性。鉴于社会生产力的整体发展，社会成员从物质生产领域解放出来而投入到精神劳动活动中，即"每个人都有充分的闲暇时间从历史上遗留下来的文化——科学、艺术、交际方式等等——中间承受一切真正有价值的东西"③。为此，劳动主体作为"丰富的个性"，"无论在生产上和消费上都是全面的，因而个性的劳动也不再表现为劳动，而表现为活动本身的充分发展，在那种情况下，直接形式的自然必然性消失了"。④

一旦人的劳动活动表现为社会性与科学性的统一，劳动活动将成为人的生命存在需要：不但是物质方面的需要，更是精神方面的需要。换言之，一定意义上，人的劳动活动的目的不是劳动活动本身，而是以物质性的劳动活动为载体体验精神生活内容。这意味着，劳动活动方式本身已不再重要，由此决定了人的劳动活动或者人的全面发展的自由性与多样性。

---

① 参见［英］菲利普·布朗、休·劳德《资本主义与社会进步：经济全球化及人类社会未来》，刘榜离、张潮译，中国社会科学出版社2006年版，第14页。
② 《马克思恩格斯全集》第46卷（上），人民出版社1979年版，第42页。
③ 《马克思恩格斯全集》第18卷，人民出版社1964年版，第246页。
④ 《马克思恩格斯全集》第46卷（上），人民出版社1979年版，第287页。

实际上，物质劳动活动与精神劳动活动不是简单的对立，而是有机统一体。二者统一在劳动活动过程中。这体现为两个方面：就基本层面而言，无论物质劳动领域人的发展的有限性还是精神劳动领域人的发展的自由性，二者都反映了人的劳动活动的主体性；就逻辑层面而言，社会发展的客观事实是，直接的物质生产领域的劳动投入（时间与人力资源）逐渐下降。这意味着，一旦这个量达到某种程度，物质劳动与精神劳动的交互作用必然推动二者的内涵发生微妙的变化，即物质劳动也呈现出精神活动的品格，精神活动也具有了物质劳动的属性。那么，人的劳动活动表现就达到"按照美的规律来建造"①的状态。换言之，就逻辑取向而言，人的自由全面发展的状态就是劳动活动的艺术化，或者说，生产艺术化在这里都成了全面而自由活动的典范，②就此而言，劳动活动"成为吸引人的劳动，成为个人的自我实现"③，由此，劳动"本身成了生活的第一需要"④。

劳动是什么？马克思认为："劳动首先是人和自然之间的过程，是人以自身的活动来引起、调整和控制人和自然之间的物质变换的过程。"⑤显然，劳动处理的是人与自然之间的一种关系，

---

① 《马克思恩格斯全集》第42卷，人民出版社1979年版，第97页。
② 全面自由发展作为人的劳动活动方式，马克思主义经典作家多次通过正反两个方面从艺术化角度进行描述，如"由于分工，艺术天才完全集中在个别人身上，因而广大群众的艺术天才受到压抑"，《马克思恩格斯全集》第3卷，人民出版社1960年版，第460页；"由于这种工业革命……使每个人都有充分的闲暇时间从历史上遗留下来的文化——科学、艺术、交际方式等等——中间承受一切真正有价值的东西"，《马克思恩格斯全集》第18卷，人民出版社1964年版，第246页；"劳动创造了美"，《马克思恩格斯全集》第42卷，人民出版社1979年版，第93页；"真正自由的劳动，例如作曲，同时也是非常严肃，极其紧张的事情"，《马克思恩格斯全集》第46卷（下），人民出版社1980年版，第113页；等等。显然，在马克思主义经典作家那里，人的全面发展的艺术化特征是其一以贯之的基本观点。
③ 《马克思恩格斯全集》第46卷（下），人民出版社1980年版，第113页。
④ 《马克思恩格斯选集》第3卷，人民出版社1995年版，第305页。
⑤ 《马克思恩格斯全集》第23卷，人民出版社1972年版，第201—202页。

即主客体关系。有论者认为,主客体关系视角构成了理解马克思关于人的全面发展思想的基本切入点,① 这是很有见地的。确切而言,随着社会发展,对"自然"的理解也需要从本来意义上的自然界(天然自然界)向人类社会与人类自身拓展。② 正是在此意义上,人的自由全面发展才得以可能。就逻辑而言,只有当人以处理与自身的关系方式处理与自然以及社会关系的时候,换言之,当人处理与自然以及社会的关系同时意味着处理与自身关系的情况下,人的全面发展也就不再是纯粹的理想。

于此,马克思认为:"只有当对象对人说来成为人的对象或者说成为对象性的人的时候,人才不致在自己的对象里面丧失自身。只有当对象对人说来成为社会的对象,人本身对自己说来成为社会的存在物,而社会在这个对象中对人说来成为本质的时候,这种情况才是可能的。""随着对象性的现实在社会中对人说来到处成为人的本质力量的现实,成为人的现实,因而成为人自己的本质力量的现实,一切对象对他说来也就成为他自身的对象化,成为确证和实现他的个性的对象,成为他的对象,而这就是说,对象成了他自身。"③ 这恰恰折射了人的全面发展的价值取向。

2. 人的全面发展的逻辑取向

综观马克思主义经典作家对人的发展思想的阐释,马克思在人

---

① 张培英、钟扬、苗德才:《马克思关于人的全面发展思想的当代启示——一个主客体关系的视角》,《河北大学学报》(哲学社会科学版)2006年第2期。

② 余金成教授认为,人与自然界的关系是最基本的主客体关系,不仅如此,社会乃至人自身也因具有客体性质而成为自然界。因此,天然自然界、社会自然界和自身自然界构成了一般人类劳动的共同劳动对象。这种广义自然界之所以得以存在,其前提在于人与自身的关系:人因具有意识能力而把自身对象化,从而在自身客观存之之外形成一个自身的主观存在。人正是通过自身的主观存在审视自然界与社会,并借助自身活动创造了自然环境和社会环境。为此,在人与自身的主客体关系的前提下,形成了人与社会、人与自然界的主客体关系。参见余金成《劳动论纲》,天津社会科学院出版社1995年版,第6页。

③ 《马克思恩格斯全集》第42卷,人民出版社1979年版,第125页。

的全面发展问题上始终秉持一个基本的逻辑取向,即人的劳动活动的艺术化倾向。这意味着,主客体之间在精神层面形成了完美的统一。具体体现在:①

首先,人与自然之间的统一。就实质而言,人与自然之间的关系既是对立的又是统一的,这构成了人与自然之间相互关系的自然必然性。从对立性来说,这表现在两个方面:其一,人作为物质存在物,为了维持自身生命体的生存必须同自然界进行物质变换,从而人的生命活动要受这种物质变换方式的制约;其二,人作为意识存在物,内在地具有活动目的性和创造性,从而要求实现自主性的自由自觉的活动。就统一性而言,人的存在和发展只能在与自然的物质交互活动过程中得以完成。受主客观条件的制约,在不同的历史时期,人与自然之间关系的主要方面表现不同。在以往的历史阶段,人与自然之间的对立性为显性状态。这意味着,人同自然之间的物质变换常常受两方面制约:就形式而言,劳动主要作为谋生的手段体现着外在性;就内容而言,人的劳动作为生产过程的主要承担者呈现着片面性。由此造成了人的劳动不能同人的自主性创造机能相一致,即人与自然不能实现统一。而在人的全面而自由发展状态下,随着劳动过程由谋生性劳动向自由性活动的转变,人的存在方式也就相应地实现着由生产劳动向劳动活动的转变,人的需要也就完成了由物质层面向精神层面的转变。其间,人和自然达到了全面统一:物质变换过程同时就是自我实现与创造过程,是物质活动与精神活动的统一,对象化成了自我确证,人在改造外部自然中创造着自己的形象,实现着自身的主体意志。"正是在改造对象世界中,人才真正地证明自己是类存在物。这种生产是人的能动的类生活。通过这种生产,自然界才表现为他的作品和他的现实。因此,劳动的对象是人的类生活的对象化:人不仅像在意识中那样理智地复现自己,而且能

---

① 相关内容参见顾乃忠《人的全面发展的基本内涵》,《学海》1994年第4期。

动地、现实地复现自己，从而在他所创造的世界中直观自身。"① 正如马克斯·克普莱所言："人们不只是编篮子、用笛子吹乐曲和造桌子：篮子成了人的一部分，人就是乐曲，在造桌子的行动中，所造的不是桌子，而是人自己。"②

人不仅在对象化的过程中，而且在对"产品的感性的占有"的过程中实现着人与物的统一。在人同劳动对象的关系上，且不说在各种阶级社会中，两者处于对立、异化的关系，即使在生产者占有自己劳动产品的情况下，产品对人也带有某种外在性。换言之，当人的全面发展只是一种理想的时候，产品对于人来说只是一种消极的被拥有、被享用的关系。客观而言，任何一个对象，当人们对它不能感知、没有能力实际使用它的时候，实际上它并不是属人的；相反，只有当人积极地占有它、消费它的时候，它才成为属人的东西。音乐只有对于有音乐感的耳朵来说才有意义；矿物只有对于有矿物学知识的头脑来说，才能发现它的美和特性。在全面发展的人身上，一切属人的感觉和特性都将由潜在状态变为显性状态、由人的外在性转化为人的本质，即随着人的能力的全面自由发展，人将成为具有深刻感受力的、全面的人，他们将把对物的消极的片面的拥有变成积极的全面的占有，并且在对物的积极的全面的占有中体现着人与物的统一。其间，既是主体客体化的过程，又是客体主体化过程。

其次，人与社会之间的统一。人是社会存在物。自从人猿相揖别，人类就以群体、社会的形式存在着，并成为一种永恒。其间，无论是最初以血缘关系为特征的原始时期，还是后来以人身占有以及人身依附关系为特征的自然经济阶段，人们都是以某种对立实现着社会性的统一，而商品经济条件下的价值存在更是凸显了人与人之间的社会关系差别。总之，就矛盾的主要方面而言，个

---

① 《马克思恩格斯全集》第42卷，人民出版社1979年版，第97页。
② 转引自顾乃忠《人的全面发展的基本内涵》，《学海》1994年第4期。

人始终受到外界环境——既有自然的也有社会的——的制约与支配，不能自觉地驾驭社会生产和社会生活过程。在人的全面而自由发展条件下，人的自身发展成为人们从事社会活动包括生产活动的目的。人自身既是个体性的，同时也是社会性的。此时，社会的财富由自然方面转为社会方面，由物质层面转向了精神层面，即精神层面的智力由于具有可复制性并且不会造成收益递减而为每个社会主体所共享，进而使精神层面的智力财富在实现着共享的同时完成着共创。从而，"你中有我，我中有你"成为现实。这意味着，以信息智力资源为基础的社会生活，内在地成为人的类的生活，人类内在地结成一体。社会生活的交往与互动使"每个人的自由发展是一切人的自由发展的条件"的社会环境成为现实。其中，个人不仅摆脱了直接的人的依赖关系，从各种直接的身份限定中解放出来，而且摆脱了对物的依赖关系，实现了对自身生活的支配，从而每个人在主体意义上达到了人与社会的全面统一。

最后，人的身与心之间的统一。人是物质存在与精神存在的统一，这同时意味着，人也是物质需求与精神需求的统一，以及体力劳动与脑力劳动的统一。在人类社会之初，体力劳动与脑力劳动、物质需要与精神需要朴素地结合在一起。然而，在社会生产力整体发展而又发展不充分的条件下，本来统一在个体身上的两种劳动形式以某种自然必然性被社会劳动分工体系所代替：体力劳动者与脑力劳动者的对立由此而生，从而使社会成员——无论是整体还是个体——的身与心一直处于分裂状态，"劳心者治人，劳力者治于人"（《孟子·滕文公上》）就是体脑对立的典型写照。人在劳动过程中被分割得支离破碎，变得更加片面和畸形。这是因为，物质需求的基础性地位与落后的生产力的客观现实使社会将大部分资源（时间、人力等）投入到了物质生产领域，而只有极少数人获得了精神生产的条件。问题的解决同问题的产生一样都蕴含在社会之中。伴随着社会发展，人从直接的物质生产领域解放出来。而"直接的物质生产过程本身也就摆脱了贫困和对抗性的形式",从而生产即活动,"个性得到自由发展",与此相适应,"个人会在艺术、科学等等方面得到发展"。此时,财富的尺度"是可以自由支配的时间"。在自由时间中,人们就真正获得了全面发展的条件,即"所有自由时间都是供自由发展的时间",或"使个人得到充分发展的时间"。① 这意味着,生产力的发展给人们在精神领域的发展提供了现实条件,同时物质领域内的活动方式也成为人们的生活需要。为此,人们在物质活动与精神活动方面达成统一:物质活动具有了精神活动的品格;精神活动兼具了物质活动的属性。

总之,人的全面发展的理想状态就是一种高度的艺术精神体验活动。其间,主体对客体的关系摆脱了功利态度,在全新意义上实现了物我统一的某种超然。此时,社会主体达至其最高与本质的目的,即人的能力全面而自由的发展。这是人类全面自由发展的美好愿景。当现实条件尚未具备情况下,人们借助于艺术活动表达着生命活动的自由,其中,主体借助于物质形式而表达着精神内容,通过精神活动反映着主体要求。具体言之,物质因其具象性而表现为稳定性,就人的存在而言,即人的发展的有限性;精神因其抽象性而体现为活跃性,就人的存在而言,即人的发展的无限性。换言之,在艺术这一精神活动领域,人以某种自由自在的主体意识实现着自我能力展现,可谓"天马行空,任意驰骋"。可以说,现实的艺术活动是人对于其最高目的与本质的一种主观实现,借此,人类弥补了实践活动的有限性乃至非主体性。为此,艺术活动给人展现了一种其能力无限与自由发展的某种图景,它映射了人类未来阶段能力发展图式并有助于引导人类自觉去趋近这一前景。通过艺术活动,人得以使自身在其他领域中未

---

① 《马克思恩格斯全集》第 46 卷(下),人民出版社 1980 年版,第 218—219、222、139、225 页。

得到发展的能力得到某种象征性实现，借助于这种象征性实现，也就补偿了人的发展的片面性，从而在某种程度上抵近了人的发展的全面性。①

（三）人的全面发展的基本内涵

何谓人的全面发展？综观学界的思索与考证，可以看出这同样是一个仁者见仁、智者见智的问题。今天这不应是一个难题，但是它所暗含的逻辑，却是不分时代、不分民族、不分地域、亘古不变地存在于每个人之中：人在很多情形下难以确证自身、看清自己。"当事者迷"即意味着现实对自身的信息屏蔽，此正可谓"不识庐山真面目，只缘身在此山中"的哲理悖论的内在意蕴。于是，在对人的全面发展问题的追问中，又一个"斯芬克斯之谜"出现了。但我们不应该因此而对问题能否解决产生怀疑，毕竟对问题的设问就意味着开启了解决问题之门。

1. 学界对人的全面发展界定的三种视角

第一，全面发展与自由发展关系论，即以人的全面发展与自由发展的关系作为切入点。② 笔者认为，人的全面发展与人的自由发展的相互关系不只是对立的，更是统一的，换言之，二者不是不同的两个事物，而是同一个事物的两个方面。一定意义上，自由发展就是人的发展质的维度，这体现着人的活动性质与状态；而全面发展就是人的发展量的维度，这体现着人的活动空间与范围。二者相互映射、相互说明。

第二，全方位涵盖论，即力图将人的存在关系状态的所有方面都纳入人的全面发展的范畴，唯恐有所疏漏。如人的全面发展是其素质、能力、才能、潜能、社会关系、自由个性、人的需要等

---

① 参见王南湜《马克思的自由观及其当代意义》，《现代哲学》2004年第2期。
② 具体相关观点前已陈述，故在此不再赘述。

方面内容的全面发展。① 这固然有其合理性。但一方面，人的全面发展内容的丰富性使对它进行全方位的界定几近不可能，且也无须如此，因为其各因素间的客观联系意味着，抓住其主要矛盾即把握了其基本内涵；另一方面，人的全面发展不是抽象的。因为人及其存在环境都不是抽象的，为此，人的全面发展与其存在样态紧密联系在一起。故人的活动的具体性也就规制了人的全面发展的实现程度与表现方式。因此，纯粹地泛泛罗列人的全面发展所涵盖的方方面面无异于将人的存在与其现实关系作了人为剥离，同时也忽视了人的主体之间的个性差异，从而使得对人的全面发展的探讨由于其宽泛抽象性而冲淡了研究的意义。

第三，全面能力体系论，即以马克思关于人类社会发展的三大形态为标准，将人的全面发展内涵界定为第二大阶段形成的普遍的物质变换，以及在此基础上形成的包括物质关系和其他社会关系（如政治关系、法律关系、伦理关系、文化关系等）在内的全面的、丰富的联系，需求的全面性与能力的全面性。② 其实，将人的全面发展在能力方面的表现等同于第二大社会形态中的"全面的能力的体系"也是偏颇的。进而言之，全面的能力的体系是从社会整体角度来说的，指的是社会劳动分工体系的丰富性与全面性，即由于社会分工之间的联系才构成了整体意义上的多样的或全面的能力体系。其中，每一个个体的发展状态还是以某种片面性存在的。③ 当然，马克思认为这同样体现了历史的进步。由此，马克思才明确指出，留恋那种原始的丰富是可笑的。④

---

① 郝立新、王为民：《把握社会主义现代化建设的本质　促进人的全面发展》，《马克思主义研究》2003年第2期。

② 马德普：《正确理解马克思的人的全面发展思想》，《社会主义研究》1997年第6期。

③ 余金成：《马克思"两大发展"与现实社会主义——中国社会主义基础理论研究》，天津社会科学院出版社2000年版，第49页。

④ 《马克思恩格斯全集》第46卷（上），人民出版社1979年版，第109页。

上述关于人的全面发展的界定尽管有所不同,但其共通之处为:一是尚囿于马克思主义经典论述而没能继续深入;二是有脱离现实的社会关系之嫌。某种程度上,无论前者还是后者都走入了理论研究的误区:生动的人的世界受到了语言符号的遮蔽,理论探讨的目的由服务现实变成了逻辑的演绎。

2. 人的全面发展研究的方法论①

人是具体的、生动的,人的存在环境也是现实的。为此,研究人的全面发展须从具体的人出发并与其赖以生存的现实环境联系起来。当然,这并不意味着否认理论探讨与逻辑论证的作用,相反,理论探究与逻辑演绎的目的在于着眼现实。换言之,理论追踪与逻辑推演在客观现实之中得到统一。

客观而言,人的全面发展涉及的是人的存在状态。一定意义上,这属于存在论,而非认识论或知识论问题。为此,探究人的全面发展的意义不在于追问人的全面发展的内容是什么,而在于审视人的全面发展本身。也就是说,只有将"什么是人的全面发展"这一意识层面问题转换为"如何实现人的全面发展"这一现实的生存实在论问题,才有实际价值与意义。就此而言,对人的全面发展问题探究的着眼点不是静态层面上的全面发展的人的存在状态,而是如何才能达到人的全面发展这一境界与层次,这里侧重的是对过程的把握,也就是从动态角度捕捉人的全面发展的实现。

相反,从认识论或知识论视角来看,对"什么是人的全面发展"问题的解答无非就是把生动的人的全面发展丰富性、整体性的状态作零散性、割裂性的处理,表面上是对"全面性"的解答,实际在一定意义上落入了形而上的境地。这不但不能真正理解人的生存状况,反而会遮蔽人之现实生存的意义。同时,对人的全

---

① 参见张文喜《马克思论"大写的人"》,社会科学文献出版社 2004 年版,第 84—89 页。

面发展做明确而完整的界定，也就暗含了一个预置的前提，即人的全面发展存在一个相对固定的统一模式。诚然，人是一种类存在物，然而，人更是一种个体存在物。或者说，类存在物只有寓于个体之上才具有某种实在意义。就此而言，个体是人之最根本、最真实的存在形态。人的全面发展归根结底只能在人类个体之中得以生成。人的个体性的鲜明特点就是其特殊性，即个性，这乃是人与人之间的差异性。由此决定了不可能存在一个统一的人的全面发展模式。当然，承认人的个体差异性并不意味着否认个性中一般的主体内容为每个人所共有。正是基于此，全面发展的人才具有了客观性尺度。如同马克思所认为的：在个体性中存在着一种主体感性体现其本质力量的能力，即"只作为天资而存在的那种能力"①，"这种能力是一种个人才能的发展"②。但是，鉴于个体之间的能力的特殊性，纵然对于同一职业，不同的个体也将由于自身特有的禀赋而彼此相见所长。于此，马克思以画家为例证："即使在一定的社会关系里每一个都能成为出色的画家，但是决不排斥每一个人也成为独创的画家的可能性"③。马克思的意思显然是，人的发展是个性中各类一般的能力的发展，但这些能力在每个个体现实中的表现形式、发挥程度则不可限定为一个统一的模式。因而，不应该从一种绝对的人性价值标准、超社会的纯哲学本体论层次对"人的全面发展"做先验的界定。较为客观的思路是，对关于人生意义——人的全面发展问题——的探究，只能归结于"人的感性活动"，即改变现实世界的实践。进而言之，之所以只能从实践角度去体悟、观省人的全面发展状况，而不能明确地、抽象地界定"什么是人的全面发展"，这不仅因为认识源于实践，而且更是因为实践是复原与激活人之生命状态的源泉——在

---

① 《马克思恩格斯全集》第 3 卷，人民出版社 1960 年版，第 347 页。
② 《马克思恩格斯全集》第 46 卷（下），人民出版社 1980 年版，第 225 页。
③ 《马克思恩格斯全集》第 3 卷，人民出版社 1960 年版，第 460 页。

那里，人才能展示其生存与发展。

3. 人的全面发展的实质

人的全面发展是现实的，而不是言说的。换言之，人的全面发展是生动的体现，而不是抽象的符号表达。但这并不是说，不需要从理论层面探究人的全面发展的内涵。因为尽管对人的全面发展的思考采取的是逻辑的形式，然而其中的内容却是源于现实的物质生产领域。就此而言，"人"依然是"现实的人"，"全面"依然是"主客体关系状态的全面"，"发展"依然是"现实关系的发展"。这意味着，对人的全面发展的理论表达就是人的现实存在的逻辑体现，就是以抽象的形式反映的人的现实发展状态的具体内容。

就此而言，理论的也是现实的。从可分的意义上，现实包括三个维度，包括现实的源头，即历史层面的现实；现实的未来，即逻辑层面的现实；当下的现实。当下的现实也就是一般意义上的现实，它构成了联结历史与逻辑的中间环节。

人的全面发展作为前后相继的发展过程经历了从历史层面的现实向当下现实的转换，并为向逻辑层面的现实转换提供着条件。其中，历史层面的现实就是人的全面发展的历史维度，逻辑层面的现实就是其逻辑维度，而当下的现实就是人的全面发展的空间维度。

对人的全面发展内涵的审视和界定应与其前后相继的发展过程相统一，否则，无论是脱离现实层面谈论人的全面发展还是割裂人的全面发展过程的连续性对其进行探究，都无异于对人的全面发展的主观切割，进而导致抽象表达。

因而，为客观理解人的全面发展的含义，有必要体悟一下当年马克思关于人的全面发展思想提出的基本立意。

马克思是一个现实主义者。正是对现实的关注，马克思深切感受到两大基本事实：一是人的片面发展，二是脑力劳动与体力劳动的对立。而这两种情况都源于同一个前提，即社会分工。

马克思还是一个完美主义者。为此，他将消灭人的片面发展状况、消除体力劳动与脑力劳动之间的对立作为自身理论研究的基本出发点，并使之与理想社会联系在一起。

马克思在《资本论》中区分了两种分工："单就劳动本身来说，可以把社会生产分为农业、工业等大类，叫做一般的分工；把这些生产大类分为种和亚种，叫做特殊的分工；把工厂内部的分工，叫做个别的分工。"① 马克思把前两种分工称作"社会内部的分工"，后一种称作"工场内部的分工"，并认为它们"尽管有许多相似点和联系，但二者不仅有程度上的差别，而且有本质的区别"②。学界一般把前者简称为"社会分工"，把后者简称为"劳动分工"。一般而言，只要有劳动过程存在，就必然有劳动分工，因而这种分工是与劳动始终相伴随的客观现象，即只要有人类劳动，就必然存在劳动分工。社会分工则不同，它并不是在所有社会形态都存在，而是有一个产生、发展和消灭的过程，并且对经济社会生活产生广泛的影响。③

其表现之一就是对个人发展的影响，即人的片面发展。客观而言，"在一切国家和一切政治制度中都有职业划分，即社会劳动的分工"④。随着社会分工的发展，人们的职业划分也进一步细化，同时，又由于人们的生产越来越专门化、技术化，职业对人的限制也越来越强。对此，马克思指出："现代社会内部分工的特点，在于它产生了特长和专业，同时也产生职业的痴呆。"⑤ 也就是说，"分工使工人越来越片面化和从属化"⑥。无独有偶，德国学者罗伯

---

① 《马克思恩格斯全集》第 23 卷，人民出版社 1972 年版，第 389 页。
② 《马克思恩格斯全集》第 23 卷，人民出版社 1972 年版，第 392 页。
③ 荣长海：《论社会分工的经济和社会意义》，《天津师大学报》1998 年第 4 期。
④ 《马克思恩格斯全集》第 47 卷，人民出版社 1979 年版，第 334 页。
⑤ 《马克思恩格斯选集》第 1 卷，人民出版社 1995 年版，第 169 页。
⑥ 《马克思恩格斯全集》第 42 卷，人民出版社 1979 年版，第 53 页。

特·库尔茨在《资本主义黑皮书——自由市场经济的终曲》(上)一书中也表达了如下观点:"第二次工业革命的关键特征是把操作机器设备的劳动力'合理化'或者近于变成机器人"①。可见,社会分工的发展加剧了职业的划分,而职业的限制又必然导致个人发展的片面性。

其表现之二就是阶级对立,即体脑两种劳动的分离。马克思和恩格斯认为:"分工起初只是性行为方面的分工,后来是由于天赋(例如体力)、需要、偶然性等等才自发地或'自然形成'分工。分工只是从物质劳动和精神劳动分离的时候起才真正成为分工。"②而"分工的规律就是阶级划分的基础"③。正是"从第一次社会大分工中,也就产生了第一次社会大分裂,分裂为两个阶级:主人和奴隶、剥削者和被剥削者"④。而到资本主义社会阶段,这种体力劳动与脑力劳动对立更是达到了相当严重的程度。

如果说人的片面发展是社会分工对人造成的发展局限性,那么体力劳动与脑力劳动的对立则是社会分工在人的片面发展上的极端典型的表现,也就是说,即使脑力劳动者也是片面发展的。对此,恩格斯认为,压迫其他阶级的阶级同样是不自由的。⑤

由是,马克思主义经典作家指出:"迄今为止的一切革命始终没有触动活动的性质,始终不过是按另外的方式分配这种活动,不过是在另一些人中间重新分配劳动,而共产主义革命则针对活动迄今具有的性质,消灭劳动,并消灭任何阶级的统治以及这些阶级本身"⑥。

---

① [德] 罗伯特·库尔茨:《资本主义黑皮书——自由市场经济的终曲》(上),钱敏汝、张崇智、李文红、王钟欣、赵倩、姚燕、缪雨露译,社会科学文献出版社2003年版,第6页。
② 《马克思恩格斯选集》第1卷,人民出版社1995年版,第82页。
③ 《马克思恩格斯选集》第3卷,人民出版社1995年版,第756页。
④ 《马克思恩格斯选集》第4卷,人民出版社1995年版,第161页。
⑤ 《马克思恩格斯全集》第4卷,人民出版社1958年版,第410页。
⑥ 《马克思恩格斯选集》第1卷,人民出版社1995年版,第90—91页。

一旦消灭了分工，那么，"迫使个人奴隶般地服从分工的情形已经消失，从而脑力劳动和体力劳动的对立也随之消失"，同时，随着个人的全面发展，"真正人的生存条件"也就开始了。① 而具备了真正的人的生存条件，真正的人的生存状态也就实现了。什么是真正的人的生存状态呢？

作为区别于其他生物的生命现象，人的劳动活动的基本取向就在于通过不断地对自然界的认识与改造以及对社会关系的优化以实现对当下生命活动状态的超越与提升，从而在越来越大的程度上达到自身生命活动的自由。所以真正的人的生存状态就是自由自觉的生命活动。

在经典作家的理论视域中，私有制、社会分工以及体力劳动与脑力劳动之间的对立恰恰阻碍了人的生命活动自由自觉性的实现。而三者属于同一范畴，即私有制以及体力劳动与脑力劳动的对立皆源于社会分工。为此，消灭分工构成了经典作家的基本思路。

分工消灭的条件是什么？"只有交往和生产力已经发展到这样普遍的程度，以致私有制和分工变成了它们的桎梏的时候，分工才会消灭。" 而"私有制和分工的消灭同时也就是个人在现代生产力和世界交往所建立的基础上的联合"。②

这意味着，社会分工的消灭、脑力劳动与体力劳动对立的消失与"个人在现代生产力和世界交往所建立的基础上的联合"——即人的全面发展——是一致的。如果说人的片面发展有悖于人的生命活动状态，那么，人的全面发展则是人的自由自觉的生命活动的本质要求。

鉴于此，笔者认为，人的全面发展作为理想、目标与过程的统一，其价值实质就在于实现人的生命活动的自由。

当然，如果将人的全面发展的内涵界定于这等层次未免粗陋与

---

① 《马克思恩格斯选集》第 3 卷，人民出版社 1995 年版，第 305、757 页。
② 《马克思恩格斯全集》第 3 卷，人民出版社 1960 年版，第 516 页。

浅薄，毕竟人的全面发展是一个亘古弥新、历史久远的话题。正是基于此，对其定义就不能草率从事，而应该通过审慎地考察以作出明断。

这同时要求，判断何谓人的全面发展应首先审视人的全面发展的主客体范畴。

六 马克思主义经典理论关于人的全面发展的主客体维度

人的全面发展是一个过程。这意味着，探寻当下人的发展问题不应忽视其历史状况，即历史维度。个中原委在于：其一，历史是根基、前提，它构成了人的存在和发展的先在因素，回顾历史是为了更好地审视现实；其二，现实是纷繁复杂的，就人的全面发展而言，一定意义上，近距离观察无异于雾里看花，往往由于影响因素太多而容易造成误判。为此，前推一步审视之，即将人的发展置入人类历史宏大背景之中，则有可能更准确地把握人的发展的关键性环节。当然，对历史维度的考察同样牵涉到现实，也同样映射到逻辑，毕竟"历史—现实—逻辑"三者之间没有绝对意义上的界限。本部分深入考察马克思主义经典理论关于人的全面发展的历史之维，以捕捉与人的全面发展相关因素。

（一）人类社会演进历程中人的全面发展的基本规定性

人的全面发展不是一蹴而就的，要经过一个由量的积累到质的飞跃的实现过程。质的飞跃固然精彩，量的积累也同样辉煌。如果将理想社会人的发展状态视作完全意义上的全面发展，那么，自出现人类以来，其间各个历史时期都是人的全面发展的必经阶段。换言之，整个人类社会演进历程就是人的全面发展渐进实现、日趋提高与完善的过程。

人的全面发展与人的社会存在紧密联系在一起。人作为物质存在为了维持自身生命就必须谋取相应的生活资料。为此，人与自然之间的物质与能量变换构成了人之生命活动的永恒必然性，进而言之，人之生命的意义和价值只有在此基础上才能得以彰显与实现。就此而言，人的全面发展也只有在人与自然的物质交换过程中方能得到理解。这意味着，探讨人的全面发展同样应该从人类生存的基本环节入手。马克思和恩格斯指出："一切人类生存的第一个前提，也就是一切历史的第一个前提，这个前提是：人们为了能够'创造历史'，必须能够生活。但是为了生活，首先就需要吃喝住穿以及其他一些东西。因此第一个历史活动就是生产满足这些需要的资料，即生产物质生活本身，而且这是这样的历史活动，一切历史的一种基本条件，人们单是为了能够生活就必须每日每时去完成它，现在和几千年前都是这样。……任何历史观的第一件事情就是必须注意上述基本事实的全部意义和全部范围，并给予应有的重视。"① 这就是说，人类物质生产活动过程既是人的存在和发展的基础，更是人的生命活动的表现方式。为此，物质生产活动构成了认识人类存在和发展的切入点和方法论。

说到物质生产活动就必然要谈到劳动。② 谈到劳动当然也就是

---

① 《马克思恩格斯选集》第1卷，人民出版社1995年版，第78—79页。
② 诸多学者从劳动出发来认识经济、社会乃至人的发展。如陈学明认为："马克思对异化劳动的批判以及对劳动对人生意义的阐述贯穿于他的全部一生的理论研究和斗争实践之中。《资本论》当然是论资本，但是论资本的实质就是论劳动，即论异化劳动和雇佣劳动。"参见陈学明《永远的马克思》，人民出版社2006年版，第29页。常卫国从劳动视角对马克思恩格斯理论观点进行了阐释，明确指出：劳动观是马克思"两个伟大发现"的基石。鉴于此，唯物辩证法是"劳动辩证法"；唯物主义历史观是"劳动历史观"；剩余价值论是"劳动政治经济学"；科学社会主义是"劳动世界观"；科学社会主义的伟大目标是"劳动的解放"。总之，马克思、恩格斯就是通过阐明劳动的规律，运用劳动的基本观点来认识历史、认识人类、认识世界的。他们所共同创立的科学社会主义就是用劳动的观点来认识现实世界的理论，也是人类历史上唯一用劳动的观点来认识现实世界的理论。劳动是科学社会主义的第一观点，甚至在根本意义上可以说，全部科学社会主义就是围绕着劳动这一轴心而建立

谈论人，一定意义上，人就是他的劳动。就此而言，人的全面发展与人的劳动活动联系在一起。肖恩·塞耶斯也认为："社会生产劳动是人类必不可少的活动，并且至少是人类可能通向自我发展和完善的主要途径。"[①]为此，认识人的全面发展需要从审视劳动入手。

1. 人类历史与逻辑视域中的劳动范畴

劳动即劳动力与劳动关系。劳动力是人类劳动过程中表现出来的能力，既包括人力也包括物力，即人的体力、智力及其相应外化所形成的物质形态与精神形态的生产资料，也就是生产工具系统。劳动关系就是人们在劳动过程中所形成的关系，这是一种人与人之间的分工关系。其中，劳动力决定劳动关系。劳动力状况决定着劳动分工的深度、广度以及不同分工之间彼此置换的自由度。

人类社会历史就是人的劳动能力的发展史。于此，马克思主义经典作家认为："人们的社会历史始终只是他们的个体发展的历史"[②]，或"个人本身力量发展的历史"，而"他们的力量就是生产力"。[③]马克思以"人的生产能力"为尺度，对人类发展历程作了如下概括："人的依赖关系（起初完全是自然发生的），是最初的社会形态，在这种形态下，人的生产能力只是在狭窄的范围内和

（接上页）起来的。为此，可以将科学社会主义称为"劳动论"。参见常卫国《劳动论：〈马克思恩格斯全集〉探义》，辽宁人民出版社2005年版，第47—60页。刘永佶等诸位学人在指出唯物史观的局限的基础上，也提出了"劳动历史观"范畴。参见刘永佶等《劳动历史观》，中国经济出版社2004年版。还有董崇山也围绕劳动展开，论证了社会主义的各个方面。参见董崇山《劳动社会主义论纲》，经济科学出版社2004年版。余金成教授则以劳动力与劳动关系为逻辑，论证了中国社会主义建立的必然性以及中国特色社会主义选择市场经济的必然性。参见余金成《社会主义的东方实践：解读马克思主义基础理论的现代形态》，上海三联书店2005年版。

① [英]肖恩·塞耶斯：《马克思主义与人性》，冯颜利译，东方出版社2008年版，第47页。
② 《马克思恩格斯选集》第4卷，人民出版社1995年版，第532页。
③ 《马克思恩格斯选集》第1卷，人民出版社1995年版，第124、128页。

孤立的地点上发展着。以物的依赖性为基础的人的独立性，是第二大形态，在这种形态下，才形成普遍的社会物质变换，全面的关系，多方面的需求以及全面的能力的体系。建立在个人全面发展和他们共同的社会生产能力成为他们的社会财富这一基础上的自由个性，是第三个阶段。"①

显然，马克思认为，就生产能力而言，人类生产能力在社会发展过程中依次呈现出三种不同的规定性。与之相一致，形成了人类三大社会形态。社会形态也就是社会关系。马克思说："为了进行生产，人们相互之间便发生一定的联系和关系；只有在这些社会联系和社会关系的范围内，才会有他们对自然界的影响，才会有生产。"② 由此可见，社会关系的基础是生产关系，而生产关系的基础是分工关系，即本来意义上的劳动关系。

按照马克思的思路，在人类发展过程中，劳动（或分工）关系随着劳动力的发展而改变自身的内在规定性。其中，人类劳动力经历三个发展阶段，与之相对应，劳动关系也依次表现出三种不同的层次或状态：

第一，早期低水平基础上的全面能力时期。在初期社会形态阶段，"单个显得比较全面，那正是因为他还没有造成自己丰富的关系，并且还没有使这种关系作为独立于他自身之外的社会权力和社会关系同他自己相对立"③。换言之，由于人只能"在狭窄的范围内和孤立的地点上"发展着，人的实践活动空间的狭隘性与社会关系的封闭性也就决定了其所需的一切生活资料皆源于个体（或个体组织）自身。为此，一定意义上，人的劳动能力也就表现出某种"全面性"。这种能力的"全面"不仅表现在人类个体方面，也表现在其整体方面。当然，对于这种"全面"，"无论个人

---

① 《马克思恩格斯全集》第46卷（上），人民出版社1979年版，第104页。
② 《马克思恩格斯选集》第1卷，人民出版社1995年版，第344页。
③ 《马克思恩格斯全集》第46卷（上），人民出版社1979年版，第109页。

还是社会，都不能想象会有自由而充分的发展"①，因而，这种"全面"实际上意味着，源于社会生产力整体发展水平的低下，客观上造成了人的劳动分工具有某种随机性。确切而言，这一时期还不能称之为分工，因为其中每个个体成员都存在着进行任何一种劳动活动的潜在可能性。为此，各个社会主体在能力方面才形成了"原始的丰富"②。

在简单的物质生产劳动中，个人的体力和脑力以及全部的感觉能力都得到了全面的发展。自给自足的自然经济使个人之间缺乏交换，为了生存个人必须具备全面的生产能力，成为可以从事各种活动的"多面手"。在后来分化出来的手工业领域，在那里"每一个想当师傅的人都必须全盘掌握本行手艺"③。在精神生产领域，由于尚未明确的学科划分，那些脱离了物质生产劳动享有自由时间的人，通过社会教育和个人努力，也成为通晓各种知识的全才。马克思说："这里，在一定范围内可能有很大的发展。个人可能表现为伟大的人物。"④

一定意义上，人类所处的整个前商品经济时期都属于这个阶段。其间，无论是最初以血缘关系为特征的劳动分工，还是后来以人身依附关系为特征的强制性劳动，都是以体力形式支出为主的。尽管在奴隶制和农奴制经济关系中也存在着脑力劳动，但就社会主体而言，"劳动本身……作为生产的无机条件与其他自然物……是与牲畜并列的，或者是土地的附属物"⑤。就此而言，这个阶段人的劳动能力——主要为体力形式——基本处于不存在质的差别，只有量的不同基础上的同等化水平。这一时期人的劳动关系则表现为"人的依赖性"。

---

① 《马克思恩格斯全集》第46卷（上），人民出版社1979年版，第485页。
② 《马克思恩格斯全集》第46卷（上），人民出版社1979年版，第109页。
③ 《马克思恩格斯选集》第1卷，人民出版社1995年版，第107页。
④ 《马克思恩格斯全集》第46卷（上），人民出版社1979年版，第485页。
⑤ 《马克思恩格斯全集》第46卷（上），人民出版社1979年版，第488页。

第二，中期人的劳动能力分化时期。伴随着生产力发展，人类社会进入了商品经济时代，其鲜明的特征是，人类在劳动过程中形成了"普遍的社会物质变换，全面的关系，多方面的需求以及全面的能力的体系"①。这意味着，伴随着商品经济产生与发展，人类不断地在深度与广度上拓展着与自然、社会以及自身的关系，这表现为社会分工体系日益深化与细化。其中，就人类整体而言，表现为全面能力；而就个体而言，表现为片面能力。这种片面性同时意味着人的劳动能力的差异性，其明显体现就是体力劳动与脑力劳动分工的形成。

一定意义上，人类社会发展过程中所形成的各种分工关系都是与当时生产力发展水平相一致的某种最优。也就是说，受生产力因素的制约，社会只能为一部分人提供优先发展权利。如果承认这个结论则必然认可下述事实：分工是人类处理与自然界关系的最佳方式，因为"分工……是提高劳动生产力，在较短的劳动时间内完成同样的工作，从而缩短再生产劳动能力所必需的劳动时间和延长剩余劳动时间的有力手段"②。就此而言，人类个体劳动能力片面化就是社会发展到一定阶段的必然现象。

就可能性而言，劳动分工作为一个过程体现了劳动岗位选择方面的动态性；但就现实性而言，作为分工的必然结果而形成的劳动局面都具有某种静态性，这是劳动分工岗位所要求的能力水平与劳动者自身能力之间所达成的一致性，即这体现了社会发展的优化原理：对于社会整体而言，有利于社会发展与进步；对于人类个体而言，在"物的依赖性"时期，这是遵循"人尽其才"价值标准的必然结果。一定意义上，劳动分工所形成的静态局面一旦形成，则必然限制了人的发展空间，从而造成了劳动能力的片面性。

---

① 《马克思恩格斯全集》第46卷（上），人民出版社1979年版，第104页。
② 《马克思恩格斯全集》第47卷，人民出版社1979年版，第301页。

在这个时期，人的劳动是单一的，而人的需求则是多方面的。二者的交互作用进一步加剧了下述趋势，即"社会需要的体系越是成为多方面的，个人的生产越是成为单方面的，也就是说，社会分工越是发展，那么作为交换价值的产品的生产或作为交换价值的产品的性质就越有决定意义"①。因而，商品交换成为现实：一是每个人都向社会提供了自己的劳动产品；二是由此每个人都获得了占有他人产品的权利。

如果说商品交换与商品生产的意义在于从经济层面消解了早期人与人之间的人身依赖关系，那么，生产力的整体发展则从物质技术层面在一定程度上肯定了劳动者的主体地位，从而社会个体成员都可以根据自身的条件选择相应的劳动活动方式。因此，这一阶段劳动关系则表现为"人的独立性"。

第三，未来高水平全面能力时期。鉴于"个人全面发展和他们共同的社会生产能力成为他们的社会财富"，无论社会整体还是个体成员都具备了全面能力。文化人类学研究表明，"个人虽然只是群体中的一个部分，但在这一部分身上可能载有该群体所必需的全部信息，凭着这些信息即群体组织的'遗传密码'，以某些个人为起点常常就可以复制整个群体"②。这意味着，从理论上说，社会整体的信息量可以通过个体得以体现和说明，或者说，从某个个体身上就可以反映出整个社会的所有信息。

今天，信息化已成为社会发展的基本事实。信息化就意味着符号化，符号必然通过精神形式来传播与表达。鉴于此，人类个体之间劳动能力的同等或相近将会成为现实（人类社会发展的基本趋向就是：劳动方式由体力向脑力劳动转变，劳动工具由机械型向智力型发展。如果说机械型劳动工具的应用弥补了个体之间体

---

① 《马克思恩格斯全集》第 46 卷（下），人民出版社 1980 年版，第 468 页。
② 郭湛：《主体性哲学——人的存在及其意义》，云南人民出版社 2002 年版，第 99 页。

力劳动能力的差异,那么,就理论而言,智能型劳动工具的发明与运用有望在弥补个体智力差异方面发挥作用)①。这客观上为劳动分工的自由性提供了现实条件。因而,这一时期"任何人都没有特殊的活动范围,而是都可以在任何部门内发展……随自己的兴趣今天干这事,明天干那事"②。

个人能力和社会整体能力的一致性将以精神、信息方式呈现。这意味着,以智力资源为基础的社会生活,内在地成为人的类的生活,人类内在地结成一体。今天,信息技术发明使精神成果的共享成为可能,而智能型劳动工具的应用使其变为现实。在此基础上,社会生活的交往与互动为"每个人的自由发展是一切人的自由发展的条件"③提供了可能。其结果就是,个人不仅摆脱了直接的人的依赖关系,从各种直接的身份限定中解放出来,而且摆脱了对物的依赖关系,实现了对自身存在方式的支配,从而在劳动关系方面表现为"人的自由个性"。

综上所述,可以得出一个基本判断,即劳动能力的等同或趋近是人的全面发展的基础性条件。

2. 人类历史与逻辑视域中的劳动模式

人类社会发展是自然历史过程。综观人类社会演进与发展阶段,任何一种社会存在形态都有其必然性。这意味着,就理论而

---

① 一个显而易见的事实是:机械型(人的体力肢体的外化)生产工具的广泛应用弥补了个体劳动者之间的体力差异;至于智力方面,科技进步与发展趋势已为实现人与人之间的趋近或平等提供了条件:一是互联网信息技术的应用为人类的信息共享提供了物质支撑(一定意义上,智力方面的差别就是信息占有量上的差别);二是科学技术的进步将有望实现人机一体。这意味着,如同借助于体力肢体的外化机械工具弥补了个体之间的体力差别一样,模拟人类智力反应的智能装置系统将走进人的生活,甚至植入人的肌体之中。参见《植入芯片,塑造"超级大脑"?》,河北新闻网, https://hebei.hebnews.cn/2016-11/17/content_ 6069625.htm,2016 年 11 月 17 日,从而有望消除或弱化人的智力方面的差别。

② 《马克思恩格斯选集》第 1 卷,人民出版社 1995 年版,第 85 页。

③ 《马克思恩格斯选集》第 1 卷,人民出版社 1995 年版,第 294 页。

言，每个时期的劳动关系乃至社会关系都可以视为与特定的生产力发展水平相一致的社会发展状态的某种最优局面。①

由不同的劳动能力状况所决定，人类劳动关系状态依次表现为人的依赖性、人的独立性以及人的自由个性等三大阶段。这同时意味着，人类劳动模式相应地表现为：②

第一，早期的"人—人—自然界"模式。人与自然的关系是人类所要处理的基本关系，即"劳动作为使用价值的创造者，作为有用劳动，是不以一切社会形式为转移的人类生存条件，是人和自然之间的物质变换即人类生活得以实现的永恒的自然必然性"③。在人类社会初始阶段，尤其原始社会，人猿相揖别，谋得基本生活资料成为当时人类生活的中心。可想而知，"自然界起初是作为一种完全异己的、有无限威力的和不可制服的力量与人们对立的，人们同自然界的关系完全像动物同自然界的关系一样，人们就像牲畜一样慑服于自然界"④。显而易见，初期的人类在自然界面前的弱小在两个方面表现出来：就意识层面而言，囿于人类对自然认知方面的粗浅，自然界与人类之间必然形成了一道无形的屏障，这种几近无知的状态与意识盲区强化了自然界对于人的某种神秘，甚至使人由此而生成对自然界的恐惧心理；就物质层面而言，人的劳动能力（主要是自身的体力，而没有相应的体

---

① 就阶级社会而言，不同的阶级存在也是劳动分工的一种表现。人类社会发展的自然历史性质体现在：社会分工的客观性可以超越具体的生产关系的对立而表现为历史发展的进步。

② 一般而言，"人—人—自然界"和"人—工具—自然界"两种劳动模式既是共时性的，也是历时性的。就矛盾的主要方面而言，劳动模式的演变过程是由前者向后者的变迁。余金成：《劳动论纲》，天津社会科学院出版社1995年版，第12页。笔者认为，正是由于高科技生产工具的应用，最终使人从直接的物质生产领域解放出来，从而在人类发展的理想阶段，"人—人—自然界"劳动模式将有望形成。其中，无论是人还是自然界都不同于传统内涵。换言之，如果说人类初期人的存在带有鲜明的客体意义，那么，在理想社会，即使工具系统也呈现着某种主体性色彩。

③ 《马克思恩格斯全集》第23卷，人民出版社1972年版，第56页。

④ 《马克思恩格斯选集》第1卷，人民出版社1995年版，第81—82页。

力与智力工具）低下的现实进一步加剧了对自然界的畏惧。这直接导致了：人类在自然界面前尽管不至于时时刻刻都表现为诚惶诚恐的样子，但作为被自然界默许的生命现象，无论人们的主观意志如何顽强，在变幻莫测的大自然面前，人类的力量也相当孱弱。

可以说，人类所处的整个前商品经济时期基本都处于这种状态，尽管在奴隶社会与封建社会阶段也出现了一些生产工具，但相对于自然界而言，其作用也是微乎其微。因此，就人类劳动的主要方式而言，其间，人们必须通过相互合作——借助于"人的依赖性"这一强大的劳动关系以形成整体优势，才能维持个体乃至族类的生存进而推动社会整体发展。由此，"人—人—自然界"劳动模式形成了。

第二，中期"人—工具—自然界"模式。据上文可知，分工是社会发展过程中的必然现象。一定意义上，社会分工的产生就是劳动能力分化的现实表征。而体力和脑力劳动的形成则是劳动能力分化的鲜明体现。其间，阶级的出现就是社会体力劳动与脑力劳动分工的极端例证。

当然，简单地认为分工就是劳动能力分化的标志未免绝对化，因为在自然经济时期乃至前期阶段都有分工的存在。但从完全意义上讲，前商品经济时期的"分工"还不足以称为"分工"，实际上它只不过是生产发展到一定阶段"自发地或'自然形成'"的结果；而"分工只是从物质劳动和精神劳动分离的时候起才真正成为分工"，[1] 这在进入机器大工业尤其是微电子技术时代表现得尤为明显。

如上所述，分工的产生尤其是体力劳动与脑力劳动分工的形成是社会生产力发展的必然结果。这意味着，人类在处理与自然的关系当中，伴随着生产力的提高出现了剩余产品，客观上使一部

---

[1] 《马克思恩格斯选集》第1卷，人民出版社1995年版，第82页。

分劳动者从直接的物质生产领域游离出来而投入精神生产领域，从而以更加优化的整体劳动组合方式来面对自然界。

当然，历史不会忘记，阶级对立的过程中常常伴随的勾心斗角、刀光剑影乃至血雨腥风；历史也不会忘记，其中的统治阶级总是仰仗自己所处的优势地位对被统治阶级进行着经济上的剥削与政治上的压迫。为此，马克思才说，历史的进步就像可怕的异教神怪那样，只有用被杀害者的头颅做酒杯才能喝下甜美的酒浆。

社会总是偏爱其中的强势群体。私有制的出现意味着威胁族类的生存问题已经解决，在这种情况下，发展问题日益凸显。社会分工的产生客观上把有限的剩余产品集中到了一部分能力较强的社会成员手中。这就像生命系统一样，生命的精华常常集中在最有利于生命延续和发展的环节。唯有如此，才有助于整体的进步和发展。就此而言，这是生命现象中厚物种而薄个体在人类社会之中的必然表达与体现。

在传统意义上，通常将统治者等同于"不劳而获"的群体。实际上，这种判断失之偏颇。因为"单个人如果不在自己的头脑的支配下使自己的肌肉活动起来，就不能对自然发生作用。正如在自然机体中头和手组成一体一样，劳动过程把脑力劳动和体力劳动结合在一起了。后来他们分离开来，直到处于敌对的对立状态。产品从个体生产者的直接产品转化为社会产品，转化为总体工人即结合劳动人员的共同产品。总体工人的各个成员较直接地或者较间接地作用于劳动对象。因此，随着劳动过程本身的协作性质的发展，生产劳动和它的承担者即生产工人的概念也就必然扩大。为了从事生产劳动，现在不一定要亲自动手；只要成为总体工人的一个器官，完成他所属的某一种职能就够了"①。

就阶级社会而言，阶级关系就是一种劳动分工关系，其中的一部分劳动者沦为统治阶级的工具系统。一定意义上，人作为工具

---

① 《资本论》第 1 卷，人民出版社 1975 年版，第 555—556 页。

是与人类社会始终伴生的自然现象。人是社会的人，或者说人是处于一定劳动关系之中的人，劳动关系或社会关系是一种永恒的、强大的生产力。这不但在人类社会初期有着鲜明的体现，而且从人类演进的趋势看，劳动关系作为工具的意义将随着社会发展而日益彰显其价值。这是"工具"系统的含义之一。

"工具"系统的含义之二就是：器物层次上的生产资料。毋庸置疑，人是最强大的自然力，但人之为人更重要的意义还在于，人不仅能够支配自然力，人还能够改造自然力。其中人类社会演进过程中每一次社会关系的调整就是其客观结果的外在表现。不仅如此，人类在改造自然界的过程当中，鉴于自身条件限制，远远不能适应人类发展与自然界关系的需要。为此，人类在利用社会关系、改造社会关系以发展生产力的同时，也发展着相应的工具系统——从早期的体力肢体延伸而成的机械工具到当前的脑力外化而产生的智能系统。人类借助于工具系统极大地改变了人与自然之间的物质交换关系，在全新意义上优化了人类生存格局。为此，"人—工具—自然界"劳动模式初步形成了。

第三，未来"人—人—自然界"模式。如上所述，社会关系是与人类相伴生的生产力，并且是最具生命力的生产力。这意味着，只有人类结为一体而形成的社会才是有史以来最蔚为壮观、最具有革命意义的改造自然的社会高级发展形态。这也同时意味着，"人—工具—自然界"劳动模式向"人—人—自然界"劳动模式的演进，换言之，在人类发展的高级阶段，两种劳动模式将达成一致、合而为一。这需要一个条件，即劳动方式的智力化。科学技术的发展已为其提供了可能并将日益凸显着这一趋势。一方面，人类生存方式的网络化为人们信息互通与共享提供了保证，网络中的个体性同时也就意味着社会性；另一方面，生产工具的智能化日现端倪并有望在生产领域替代工具意义上的人的角色。如果说目前智能工具对劳动的替代只是存在于个别领域——劳动领域量的方面，那么，就逻辑而言，劳动工具的演化与发展趋势将是在更大程度甚至在质的方面取得突破，即几近在全方位意义上取代人的劳动。如果认可这一结论，那么，未来社会发展的趋势则是，人将从直接的劳动中解放出来，从而在人之为人的意义上实现自我。至此，人类将终结"史前史时期"，实现人的复归，使自身在自然界面前得以以真正意义上的人的存在方式展示个人。由此，高级层次的"人—人—自然界"劳动模式形成了。

（二）人类社会演进过程中人的全面发展的主客体视角

人是关系存在物。人的发展寓于现实的物质关系之中，其中最基本的关系就是人与自然之间的关系。人与自然在相互作用过程中实现着各自的演变与发展，双方互为对方存在与发展的尺度，即人从自然当中能够反观自身的发展水平，同样，自然也体现着人的发展状况并随着人的不断发展而进行着相应转换。一般说来，在相对意义上，可以视人为主体，自然为客体。人类社会演进过程中主体、客体演变及交互转换过程同时也就是人的全面发展过程。

1. 人类历史与逻辑视域中的客体转换

人的全面发展是在劳动活动过程中完成的，换言之，人类与自然界之间的物质交换过程同时也就是人的全面发展过程。一般而言，天然自然界、社会自然界与人自身自然界作为人类的劳动对象既是共时性的，也是历时性的。纵观人类历史与逻辑演进历程，一定意义上，人类劳动对象大体演变过程与趋势就是由天然自然界、社会自然界向人自身自然界的过渡。这个转换过程同时也就是人的全面发展过程。

第一，人类社会初始时期主要劳动对象——天然自然界。人与天然自然界之间的物质与能量变换是人类生活最基本的实践关系，而这在人类初期阶段则更为关键。一定程度上，低下的生产力发展水平使谋得维持人们基本生活需要的物质资料成为全部劳动活动的中心。为此，恩斯特·卡西尔认为："人类知识的最初阶段，百分之一百只对付外在世界。就人的一切当下需要和实际利趣而言，人依赖于他的物质环境。如果不经常去适应周遭世界的情状的话，他根本不可能生存。"① 因而人类早期所面对的主要矛盾就是人与自然界之间的关系。这客观上使人们将着眼点放到了改造天然自然界上面，从而还无暇顾及自身以及身处其中的生产劳动关系领域。当然，如果说其间人们由于发展阶段的落后而不可能将生活的着眼点转向自身，那么，人们之间的社会关系问题因温饱需要的基础性与直接现实性也同样位居其次，即人们之间的相互关系呈现出某种自然共生局面。一般来说，生存于当时的社会中，"个人会有一种被埋没在他或她所属的团体中的倾向，而且这种倾向具有一种强烈的、明显的趋势"②。由此决定了，即使在社会关系方面确实需要某些社会管理与协调，其中所需的管理成本也微乎其微。此时人们之间相互关系的协调与维持一般是通过情感体验与意识观念认同完成的。③

第二，人类社会中期阶段主要劳动对象——社会自然界。社会自然界就是人们的劳动关系领域，即劳动分工关系。"在人类学家所研究的许多社会中，都有按照性别和年龄进行的劳动分工。每个社会无论其技术多么原始、多么简单，都会分配给男女老少不同的工作任务。从某种意义上说，根据性别和年龄进行的劳动分

---

① ［德］恩斯特·卡西尔：《论人：人类文化哲学导论》，刘述先译，广西师范大学出版社2006年版，第5页。
② ［英］A. R. 拉德克里夫－布朗：《原始社会结构与功能》，丁国勇译，九州出版社2007年版，第25页。
③ A. R. 拉德克里夫－布朗认为，当时社会结构稳定的基础就是世系群的团结。团结的实现源于其中的个体对群体的情感认同。这常常借助于某些仪式来实现。如在祖先崇拜仪式中，通过对祖先的缅怀，其中的个体对世系群的过去、现在和将来形成了情感体认，从而使众多个体在此过程中达成了高度统一。参见［英］A. R. 拉德克里夫－布朗《原始社会结构与功能》，丁国勇译，九州出版社2007年版，第357页。

工是一种普遍存在的劳动专业化形式。"①

可见，分工是社会发展过程中永恒存在的社会现象。一定意义上，劳动分工的产生就是劳动能力差异的现实表征，而体力和脑力劳动的分离则是劳动能力分化的鲜明体现。如果说人类社会初期劳动分工作为一种自然现象其社会功能还不能彰显，那么，随着人类进入到文明时代产生了脑力劳动与体力劳动分工之后，其在经济社会发展中的积极作用就日渐明朗起来。

这是问题的一个方面。另一方面是，社会分工的自然必然性往往与其中的强势群体对其毫无顾忌的过度使用联系在一起，由此导致了社会关系的紧张。

社会分工必然产生商品经济。或者说，"社会分工是商品经济的基础"②。随着商品经济出现，也就导致了私有制和阶级的产生。

对此，恩格斯指出："马克思在《资本论》中再清楚不过地证明……商品生产达到一定的发展程度，就转变为资本主义的生产；……即使我们排除任何掠夺、任何暴力行为和任何欺骗的可能性，即使假定一切私有财产起初都基于占有者自己的劳动，而且在往后的全部进程中，都只是相等的价值和相等的价值进行交换，那么，在生产和交换的进一步发展中也必然要产生现代资本主义的生产方式，出现生产资料和生活资料被一个人数很少的阶级所垄断，而另一个构成人口绝大多数的阶级被降低到没有财产的无产者的地位……"③ 马克思的意思显然是，在商品生产的最初阶段，劳动与占有权是一致的。这种占有权直接表现为对自己劳动产品的占有权。在此基础上所进行的商品交换也是劳动与劳动之间的平等交换。但商品经济的优胜劣汰机制，将逐步使劳动能力强的人拥有更多的占有权，而劳动能力弱的人则减少甚至丧失

---

① 马广海：《文化人类学》，山东大学出版社2003年版，第187页。
② 《列宁全集》第3卷，人民出版社1959年版，第17页。
③ 《马克思恩格斯选集》第3卷，人民出版社1995年版，第506页。

占有权。一旦前者把自己的占有权分解为消费资料占有权和生产资料占有权，并且使后一种占有权与雇佣劳动结合在一起，阶级剥削就产生了。

这就是商品经济运行产生的两大直接后果：政治方面，资产阶级与无产阶级对立成为现实；经济方面，贫富两极分化出现。而"这是一切以商品生产和商品交换为基础的社会的确定不移的规律"①。

商品经济的特征就是"对物的依赖性"。因而，追逐物质利益最大化成为"经济人"的自然选择。鉴于此，伴随着阶级阶层的产生，其中的劳动能力强者总是不失时机、想方设法地对能力弱者进行经济上的盘剥：历史上的有产者以及统治者最先发现了社会关系——阶级关系——就是生产财富的机器，他们利用自身所处的优势地位掌控着各种利益的分配，其基本原则就是"留给个人的多多益善，分给他人的适可而止"。利益成了人们倍加关注的对象，利益分配关系比例成为人们瞩目的"黄金分割点"——一旦偏离人们某种认可的尺度，那就距离制定新的游戏规则时日不远了。

利益关系是社会关系的核心问题。至此，通过协调利益关系来理顺社会分工关系成为人类面临的主要矛盾。其中典型的例证是，人类发展史上许多有名的思想家都是自阶级社会出现的，其基本观点都是以"治国平天下"而闻名的。

社会发展昭示着一个客观事实：整体生产力的发展使人类的温饱问题得以解决，从而人们生活的着眼点开始从天然自然界转移到社会自然界，即社会关系方面。换言之，人类为了以整体的优化态势处理与天然自然界的关系，就必须协调人与人之间的利益关系格局。这意味着，社会关系领域中的利益博弈成为人类生存发展的主要矛盾所在。人类社会生活过程中存在的问题（即使微

---

① 《马克思恩格斯全集》第19卷，人民出版社1963年版，第541页。

乎其微)——无论是经济领域还是政治领域——都有可能作用到社会关系方面而引发动荡局面,从而对社会发展产生影响。

概而言之,人类对社会关系的调整包括两种方式:一是积极调整,即自觉性的社会变革;一是消极调整,即自发性的阶级斗争。就前者而言,社会发展过程中每一次制度的制定、政策的出台都是对当时社会关系状态的微调;就后者而言,纵观人类社会历史,自从人类迈出了野蛮时代的屋檐而进入文明社会门槛,社会成员之间就与尔虞我诈、纷纷争争甚至刀光剑影纠缠在一起。在此意义上,马克思主义经典作家指出,原始社会以来的历史就是阶级斗争的历史,阶级斗争是阶级社会发展的直接动力。无论前者还是后者,二者都是人类发展过程的自然必然性在社会关系领域发生作用的客观体现。

与人类劳动对象由天然自然界向社会自然界的转换相一致,人们"日出而作,日落而息"这种怡然自得的生活样式也同时成为历史。人们身处宏大社会环境之中,人与天然自然界之间的关系采取了人与人之间的关系形式。社会关系类似于某种主宰唤醒着人们的自觉意识、协调着人们的分工岗位。其中,个体的意志既服从社会的整体意志,同时也代表了自身主体意识。尽管其间夹杂着"几多欢笑几多愁"——强者游刃有余而弱者无可奈何——的自然过程。

但由此依然不能否认这是历史进步。如果说阶级社会意味着文明时代的开端,那么,"文明"的含义尽管包罗万千,其中最靓丽的一抹色彩应是人的发展。追根究底,阶级关系就是社会关系,社会关系就是人的关系。如果撇开其中的感性成分,阶级关系的出现实际开启了人的发展新阶段。尽管其间存在着对大部分社会成员的漠视,剥夺了他们的各种权利,但人类整体却因此而得到以往几十万年所未能有过的物质文明和精神文明。事实说明,在没有这种分工的原始社会里,要使劳动生产率提高百分之一需要一万年,而有了脑体分工的铁器时代,每百年便可提高百分之四左右。①

马克思指出:"在人类,也象在动植物界一样,种族的利益总是要靠牺牲个体的利益来为自己开辟道路的,其所以会如此,是因为种族的利益同特殊个体的利益相一致,这些特殊个体的力量,他们的优越性,也就在这里。""因此,个性的比较高度的发展,只有以牺牲个人的历史过程为代价。"② 可见,阶级关系从整体上推动了人与自然之间的交换关系,从而在全新的意义上为人的全面发展——尽管首先表现为部分——提供了现实条件。

当前,社会自然界成为人们改造的主要劳动对象。现阶段,中国特色社会主义发展的基本事实是:市场经济的引入作为一股强大的外部力量在社会关系领域将人们强行定位。市场经济就是能力经济,它通过能力标准筛选着社会成员,其中的劳动能力强者由于得到市场的肯定自然胜出,并在经济与社会关系领域得到实现,而劳动能力弱者由于不能得到市场的偏爱而往往在人生价值舞台上败下阵来。市场经济内在的"马太效应"加剧着对社会成员的优胜劣汰。因此,伴随着市场经济的运行,中国社会的基本现状为:一是社会分层成为显性存在,二是下岗与再就业成为与市场伴生的自然现象。一定意义上,二者集聚成为社会关系的主要矛盾。基于此,构建社会主义和谐社会也就成为当时的现实课题。

第三,人类社会未来阶段主要劳动对象——人的自身自然界。人既是物质存在,也是精神存在,或者说人是以物质存在为载体而表现的精神存在。其中,物质存在是前提与基础,精神存在是发展倾向。当人的劳动对象由天然自然界经由社会自然界而转换到人的自身自然界的时候,人就在全新意义上得到了实现,即抵

---

① 参见陈小鸿《论人的自由全面发展》,人民出版社2004年版,第337页。
② 《马克思恩格斯全集》第26卷(第2册),人民出版社1973年版,第125页。

达了人的全面发展阶段。换言之，人类一旦将劳动改造的客体直接针对自身——生理与心理方面，人就摆脱了天然自然界与社会自然界的羁绊，进而在人之为人的意义上展示生命的意义与价值。

人类劳动对象由天然自然界、社会自然界向自身自然界转换的过程，同时就是人类自身地位凸显的过程，也就是人的主体性逐渐确立的过程。

2. 人类历史与逻辑视域中的主体转换

主体与客体之间密切相关。因此，谈到客体就必然牵连到主体。一方的存在是另一方存在的条件与前提。客观而言，二者的关系不是截然孤立的存在，恰恰相反，二者的互通与共融，使得在某些情况下很难确切地断言主体就是主体、客体就是客体。一定程度上，学界关于生产力范畴的主客体反思即源起于此。①

就理论而言，主体与客体二者结成了对立统一关系。其对立性表现在：主体就是人，即从事社会劳动活动的成员；客体就是物，即主体劳动活动所借以实现的工具系统以及其他劳动对象。其统一性表现在：在一定条件下，主体客体化以及客体主体化，即或者人从属于物或者物从属于人。为此，有论者认为，从一种积极的建设性的后现代科学的世界观或文化观来看，广义层面的主客体观更有意义。在这种思维中，"人类无一例外都是生态系统的一

---

① 随着人的全面发展理论的提出，学界对人的问题日益关注。其中，诸多论者从对生产力范畴的解读入手，指出传统生产力概念存在"见物不见人"或"重物轻人"之嫌。由此，在反思的基础上提出了人是生产力的主体。参见贺汉魂、皮修平《生产力概念的马克思主义人本分析》，《学术交流》2006 年第 1 期；崔永和、程秀波、杨仁忠《生产力：主体拥有和支配的能力》，《河南师范大学学报》（哲学社会科学版）1998 年第 1 期。不仅如此，更有学者从批判唯物史观的缺陷（认为其把人类社会的存在看作物质存在，从而否认了人的主体性）出发，提出了劳动历史观范畴，进而做出了历史的主体是劳动者的论断。参见刘永佶等《劳动历史观》，中国经济出版社 2004 年版，第 2—3 页。上述思路尽管表述各异，其共同点是对以下论题的思考：人是工具性的还是目的性的，或者说人是主体还是客体。笔者认为，这不能轻下结论。因为主体与客体的区分只能在历史发展过程中才能得以说明。

部分。万事万物都既是主体，又是客体，人类也不例外"①。

这个判断颇有道理。一般来说，主客体之间的变换关系表现在两个方面：一是自然层面，二是社会层面。就前者而言，马克思说："人直接地是自然存在物。人作为自然存在物，而且作为有生命的自然存在物，一方面具有自然力、生命力，是能动的自然存在物；这些力量作为天赋和才能、作为欲望存在于人身上；另一方面，人作为自然的、肉体的、感性的、对象性的存在物，和动植物一样，是受动的、受制约的和受限制的存在物，也就是说，他的欲望的对象是作为不依赖于他的对象而存在于他之外的"②。显然，人与物作为社会存在的组成部分当然属于一般意义上的物质体现。但作为物质存在，人与物又表现为不同的运动形式。两相比较，人表现为主观能动性，是动态的，物表现为客观的现实性，是静态的。而世界的物质统一性意味着，人的动态性须从属于物的静态性。这是超越了主客体关系之上的永恒必然性，它贯穿于人类社会发展的过程中——这说明了物质条件之于人的基础性、制约性，即人的主体地位的相对性。就此而言，"无论人类将会变得多么聪明、富有和强大，在广义的主客体坐标系中，人仍然毫无例外地处于物质世界普遍的相互作用之中"③。

当然，单方面强调客观物质性而忽视主观能动性的客观主义思路是错误的，同样只强调主观能动性而否认客观物质性的唯心主义也是危险的。客观主义将导致理论上的历史宿命论和实践上的无所作为，唯心主义将导致理论上的唯心史观和实践上的主观随意性。

---

① ［美］大卫·雷·格里芬：《后现代科学——科学魅力的再现》，马季方译，中央编译出版社1998年版，第152—153页；转引自郭湛《主体性哲学——人的存在及其意义》，云南人民出版社2002年版，第12页。

② 《马克思恩格斯全集》第42卷，人民出版社1979年版，第167页。

③ 郭湛：《主体性哲学——人的存在及其意义》，云南人民出版社2002年版，第14页。

就后者而言，社会层面就是人与人之间的社会关系方面，即人与人之间的社会关系方面的主客体关系。

客观地讲，主客体之间的对立性是从静态角度把握，因而是相对的；而统一性则是从动态角度着眼，因而是绝对的。就现实而言，社会发展永远是动态过程，这意味着，主客体之间完全存在着彼此的相互关系转换，即主体与客体自然呈现出相对的调式。

一般而言，主体客体化与客体主体化既是共时性的又是历时性的。纵观人类社会历史与逻辑演进历程，就劳动方式而言，是从体力劳动向脑力劳动，从物质劳动趋向精神劳动的过程；就人的发展状态而言，是从人的片面发展走向全面发展，从劳动走向活动的过程。而就主客体关系而言，是人的主体价值日益提升、客体色彩逐渐消解的过程，是由人从属于物趋向物从属于人的过程。

与人类历史与逻辑演进过程中的劳动模式相对应，主体嬗变过程大体经历了三个阶段。

第一，主体客体化阶段。这个阶段的劳动模式为"人—人—自然界"。其间，人通过利用与他人的关系发展与自然界的关系。社会关系是与人类相伴随的永恒的生产力：人之初，人类个体劳动能力的弱小客观上将社会关系置放到了"第一生产力"的位置；可以预期的是，人类整体生产力的发展与强大同样是基于"社会关系"之上的。一定程度上，当前作为"第一生产力"的科学技术同样是社会关系作用下的产物（尽管依然打着知识产权的标签）。

在原始社会时期，一定意义上，人们的劳动能力还没有超出动物界水平。正如奥地利心理学家、社会教育家阿德勒所言："整个动物界都显示出这样一个基本法则，这就是：一个物种的个体如果没有能力面对为自我保存而进行的生存斗争，则其成员就会通过群居生活而获得新的力量。……社会生活之成为必需，是因为靠着社会中的劳动分工，每一个体都使自己从属于群体，这样整个物种才得以继续存在。"① 为此，低下的劳动力状况客观上使整个群体紧密联系在一起。其间，个体之间的相互合作所形成的社会关系是当时人类所仅能利用的强大的生产力。这种合作状态客观上形成了这样一种关系：每个个体与其他个体构成了互为存在物，既为他人利用，也利用着他人。而个体对他人的劳动力的利用也只能是对他人物质力即体力的运用。个体之间的合作局面说明，每个人既是主体（为自我存在），每个人也是客体（为他人存在）。

初期人类发展状态颇似叔本华以散文的笔调所描绘的那样："春天来临时，树上的嫩叶不仅颜色相似，而且形状也一样；在生命的初始岁月，我们每个人都彼此相像、和睦谐调。"② 处于这一发展阶段的个人还是尚未在体力和智力上充分发展的主体，一定程度上，人与人之间还存在着相当大的同质性。不仅如此，人与自然也处于原始的、直接的、混沌的统一状态之中。确切言之，此时人类尚处于被动的生存阶段，只能顺应自然而不能改造自然。这意味着，自然界成为统治人的主体力量。

随着人类进入到文明社会，大部分社会成员的主体地位并没有得到根本好转，相反，其客体色彩则进一步强化。无论是以人身依附关系为特征的封建社会，还是以人身占有为基调的奴隶社会，大多数社会成员都处于被统治地位。如果说原始阶段的人还具有某种主体色彩，那么，进入文明时代之后，即使这一点点的主体意义也消失殆尽。这在以人身占有为特征的奴隶社会时期表现得尤为突出（奴隶被当作会说话的工具）。就此而言，大部分社会成员都作为工具意义而存在。

---

① ［奥］艾·阿德勒：《理解人性》，陈刚、陈旭译，贵州人民出版社1991年版，第11—12页。
② 《叔本华论说文集》，范进、柯锦华、秦典华、孟庆时译，商务印书馆1999年版，第205页。转引自郭湛《主体性哲学——人的存在及其意义》，云南人民出版社2002年版，第69页。

为此，这一阶段社会群体作为推动人类发展与进步的主体力量只能在客体层面展现，即主体客体化。其间，生产力落后所致的生产工具的缺位只能通过人来填充，从而人的意义在于弥补了物的价值。

第二，主客体双重变奏阶段。这个阶段的劳动模式为"人—工具—自然界"。这意味着，人们在与自然界进行着物质与能量交换的同时也在生产着相应的工具系统，当然，工具的产生首先是作为劳动对象出现的。工具系统诞生的序列是与人类劳动活动方式一致的，即生产工具首先作为替代人的体力劳动而出现，随着人的劳动方式由体力向脑力的转换，智力型劳动工具也相应地应运而生。工具系统的进化过程是个不断加速的过程。这既是人类整体劳动能力尤其是智力凝结的结果，也是人类在商品经济阶段追求物质利益最大化使然。总之，物质型与智力型生产工具在生产过程中的应用，一定程度上，改善了人与自然界之间的关系，从而使社会成员"不再是生产过程的主要当事者，而是站在生产过程的旁边"[①]。这说明，由于劳动过程中生产工具系统对人的替代，人从物质生产过程中日渐解放出来，从而人的主体意识开始萌动并在一定程度上得以实现，即人作为社会主体开始确立，"人的独立性"开始生成。

但事物运动都有其内在逻辑与两面性。生产工具在推动着人的主体性确立的同时也生成着人对工具系统的依附。于此，马克思指出："在机器体系中，物化劳动在劳动过程本身中与活劳动相对立而成为支配活劳动的力量"，"使活劳动从属于自己"[②]。由此造成了客体主体化、主体客体化的一面。这是主客体双重变奏的表现之一。

主客体双重变奏表现之二源于社会分工。社会分工与商品经济

[①] 《马克思恩格斯全集》第46卷（下），人民出版社1980年版，第218页。
[②] 《马克思恩格斯全集》第46卷（下），人民出版社1980年版，第209页。

是同一过程的两个方面：社会分工的意义在于以对个体之间劳动能力不同的认可而承认了人的独立地位；商品经济的作用则在于通过交换过程唤醒了人们之间的平等意识。在此过程中，也就自然而然地启动了确立人的主体性的脚步。

但商品经济是建立在对"物的依赖性"的基础上的。为此，追逐物质利益最大化成为"经济人"的必然选择。对物质利益的追逐客观上导致了以下后果：一是人的物化，二是人发展的片面化（源于分工的深化与细化）。无论哪一方面都属于人的客体化。

何况社会分工的典型事实——体力与脑力劳动的对立——客观上使大部分社会成员的主体意义尚不能完全彰显。

当然，肯定人的客体性质绝不是否认人的主体地位的存在与生成。如果说在人类社会初始形态阶段人的客体性较为突出，那么，在人类社会第二大形态阶段就开始了主客体双重变奏时期，即尽管人的客体成分依然存在，但主体意义日现端倪。社会的发展肯定将为人的主体地位的确立创造条件，即机器尤其是智力型工具系统在生产与生活过程中的广泛应用。

第三，主体地位确立阶段。这个阶段的劳动模式为"人—人—自然界"。鉴于生产力的高度发展，人类在物质生产领域的劳动投入（劳动力数量、时间）逐渐缩减，这为人的自由活动提供了可能；同时，体力与智力型劳动工具的应用一定程度上弥补了劳动者之间个体能力的差异，这为人的自由活动提供了物质保证。两方面运动的必然趋势就是人的自由活动空间日益扩大、活动方式逐渐增多。这同时意味着，人的主体地位真正确立。

一般而言，人与自然之间的关系贯穿了人类社会的全过程，但由于社会发展阶段的不同，"自然"指向的内涵也存在不同。概而言之，随着社会发展以及人的主体地位的确立，一定意义上，就侧重点而言，"自然"依次经过了天然自然界、社会自然界以及人身自然界三个阶段。这意味着，前商品经济时期，生产力的低下以及对物质需求的基础性造成了处理与天然自然界的物质交换关系构成了人类劳动的中心，从而主体以客体意义而存在；社会进入到商品经济阶段之后，生产力的发展使生活资料的产出对人类整体生存与发展不再构成威胁，从而使人类发展的侧重点转向了社会关系领域，即社会自然界。这种转换开启了人的主体意识的萌动，使人类开始由关注自然转向关注人类自身。这一则为人的主体地位初步生成提供了条件，二则劳动分工的事实又消解着人的主体意义；在未来理想社会，"个人全面发展和他们共同的社会生产能力成为他们的社会财富"，个体劳动活动获得全面发展。此时，人类活动的中心转向了自身自然界。这意味着，人以处理与自身的关系的方式处理与自然以及社会的关系，换言之，人处理与自然以及社会的关系同时意味着处理与自身的关系。显而易见，此阶段人的劳动方式活动化成为鲜明特征，即人、自然与社会之间的关系彼此统一、融为一体。此时，一定程度上，人的主体意义得以完全确立。

显然，人的主体地位须从主体与客体的相互关系中来界说。人的主体性是人作为活动主体的质的规定性，是在与客体相互作用中生成的生命活动的自觉性、自主性以及自由性。

人的主体性确立的过程也就是人的全面发展过程。

（三）人的全面发展的现代解读

历史已逝，未来可追。就人的全面发展而言，历史已经沉淀为某种凝重从而铸就成了昨日记忆，未来作为一种靓丽前景日渐凸显迷人的色彩。不仅如此，人的全面发展的历史状况与其逻辑取向同时定位了人的全面发展的现实坐标系。换言之，人的全面发展的现实规定性从其历史状况与逻辑表达中足以窥见一斑。也就是说，人的全面发展的历史维度与逻辑维度在现实语境当中得以激活，从而历史维度具有了现实意义，逻辑维度折射了内在价值。

人的全面发展寓于现实的物质条件之中。这主要涉及三重关系，即人与自然之间的关系、人与社会之间的关系以及人与自身之间的关系。其中，人与自然之间的关系是人的全面发展的基础性环节，人与社会之间的关系则是人的全面发展的外在性条件，而人与自身之间的关系则构成了人的全面发展的核心规定性。

从共时性的角度对人的全面发展进行探究也就意味着对其内涵的现代解读。

1. 人与自然之间关系意义上的人的全面发展

人与自然之间的关系是人类生存与发展的基础环节。为此，人的全面发展就是人与自然进行物质、能量与信息交换过程中的自由度。随着社会不断进步与发展，人类日益在深度与广度上拓展着与自然的关系，即劳动分工逐渐深化与细化。[①] 从理论上讲，人的全面发展就是人在各个领域、各种分工之间自由地从事相应的劳动活动。而在实践生活中，马克思说："人们每次都不是在他们关于人的理想所决定和所容许的范围之内，而是在现有的生产力所决定和所容许的范围之内取得自由的。"[②] 这意味着，人的全面发展只能在现实的物质关系领域得到说明。

这直接注解了人的全面发展的前提条件：现实的生产力发展水平。生产力是客观的，因而人的全面发展状况也是客观的。

---

① 通过消灭分工实现人的全面而自由发展是马克思关于理想社会的基本思路。但在马克思的观点中，对于分工并不是一概消灭。详细言之，马克思区别了两种性质不同的分工：第一类分工是社会劳动分成不同的劳动部门，第二类分工是生产某个商品时发生的分工。前者是政治经济学意义上的分工，后者是工艺学意义上的分工。马克思认为，通过消灭私有制并建立社会主义社会就可以消灭前者，至于后者，则不能消灭也不用消灭，因为在理想社会，随着劳动者从一种岗位自由转移到另一岗位，分工不再对人们具有限制作用。参见余金成《马克思"两大发现"与现实社会主义——中国社会主义基础理论研究》，天津社会科学院出版社2000年版，第58—59页。就此而言，分工作为一种客观现象是永恒存在的。换言之，分工又构成了人的全面发展的前提与条件。

② 《马克思恩格斯全集》第3卷，人民出版社1960年版，第507页。

六　马克思主义经典理论关于人的全面发展的主客体维度　169

人生活在双重世界之中：主观世界与客观世界。客观世界是具体的、有形的，其现实性决定了人的活动方式与范围的确定性；主观世界是抽象的、无形的，其活跃性则表达了人对活动方式与范围需求的无限性。前者决定了人的全面发展的相对性，后者则体现着其方向性。

就理论而言，随着科技进步、生产工具系统技术工艺水平的提高，人的全面发展作为方向与目标，日益显示着某种可能性；而就现实而言，社会与人的存在的客观性使人的发展在"全面"方面又呈现出相对性。

由此，二者构成了一对矛盾。矛盾的解决只能立足于社会实践。因为"个人的全面性不是想象的或设想的全面性，而是他的现实关系和观念关系的全面性"①。这意味着，人的全面发展的方向性与相对性的矛盾只能在现实中得以化解而达成统一，人的劳动活动方式的无限性作为过程与方向只能通过有限性得以实现。因此，人的全面而自由的发展总是具体的、历史的、确定的，即全面通过片面来实现，无限自由借助有限自由来表达。原因是：

就主体因素而言，人都是具体的、现实的个体存在。个体成员之间日益呈现出差异性，"即个人生来就极为不同，或者说，人人生而不同。即使所有的人都在极为相似的环境中长大，个人间差异的重要性亦不会因此而有所减小"②。社会由诸多个体组成，个体本身就意味着特殊性、差异性，换言之，社会成员个性的丰富性就是源于其差异性，并且社会的发展趋势就体现为对个性的张扬。正是在此意义上，未来社会才称为"自由个性"。就本质而言，个体之间的个性差异实际上就是物

---

①　《马克思恩格斯全集》第46卷（下），人民出版社1980年版，第36页。
②　[英]弗里德利希·冯·哈耶克：《自由秩序原理》（上），邓正来译，生活·读书·新知三联书店1997年版，第104页。

质方面构成的差异,① 其外在表现为个体之间的兴趣、爱好与特长的不同,这直接制约了人的全面发展的实现方式。因此,有学者提出现实的人永远以片面的发展状态存在着。② 或者说,人的全面发展恰恰是以其片面发展为条件的。③

就客观因素而言,首先,人的全面发展与现实的社会环境密切联系在一起。社会环境总是具体的,处于一定条件下和一定范围内,而不可能表现为一种漫无边际的虚无与抽象。因此,现实的社会状况不是指一般的社会物质方面,而是与特定的生命个体直接相关的现实条件——既包括生产力的技术层面,也包括生产关系状况,这直接决定了人的全面发展的确定性。换言之,具体的个

---

① 据英国《泰晤士报》报道,由美、英、中、法、德、日六国学者组成的研究小组"人类基因组工程"经过多年研究发现:人与人之间的基因并非先前所认为的那样有 99.9% 是相同的,实际上,人与人之间不同基因的比例占到了 0.3%。人与人之间基因的差异数量远比想象多得多。这意味着,每个人与生俱来就具有鲜明的个体性和特殊性。参见《最新研究发现人类基因差异比想象中大》,中国日报网,https://www.baidu.com/link?url=FU0rEKHRJfgGKnCuMyUs3sdRvkQ2mI9y1jJazCmIOqdcM1Zeht5X8la1FMU4dYbJPyI8Az0RPGdDfTjDu-w_MJSEI8ggAeZi0euxjSntyzm&wd=&eqid=e8a751ec00000df400000003660388ed,2006 年 11 月 24 日。

② 俞吾金:《"人的全面发展"问题之我见》,《探索与争鸣》2002 年第 8 期。

③ 美国学者查尔斯·霍顿·库利认为:"在现代生活中,许多人疑惑,从总体上说究竟是普遍性还是特殊性对个人影响更大呢?如果坚持事物的一方面,我们要不得出生活比以前更丰富的结论,要不得出人已经变成机器上一颗螺丝的结论。但是,我认为,这两种倾向不应是相互对立的,而是相互补充的,不会出现特殊性和普遍性的对立,至少从长远看,特殊性和普遍性相加,才能产生更丰富多彩的人生。我们这个时代新的社会秩序的突然发展产生了许多罪恶,一部分人屈从枯燥呆板的操作程序就是其中一斑。但我认为,健康的特殊性并非罪魁祸首。相反,它是解放运动的一部分。"毕竟,"在有组织的生活中,隔绝是行不通的,而正确的专业化不会导致隔绝。在专门知识和总体知识之间不像有的人所说的那样存在着分界线。不从与整体的关系出发,一个人怎么去获得更广泛的知识呢?难道一个学生熟悉了一门专业,他的总体知识就少了吗?难道他不是将已学会的知识当作窗口从中观察普遍的事物吗?"人是社会的人,而"社会的复杂在于它的组织形式,即由互相区别的部分形成的不断增强的联系。而现在人们必须既反映出联系又反映出区别,必须同时成为特点更明显的独立的人和胸怀世界的人"。参见 [美] 查尔斯·霍顿·库利《人类本性与社会秩序》,包凡一、王源译,华夏出版社 1999 年版,第 105—106 页。

人只能在自身现有的社会关系与条件下发展自身，而不可能超脱于个体生存的现实的生产活动之外去谋得发展的空间与机会。因此，人们的发展程度"是什么样的，这同他们的生产是一致的——既和他们生产什么一致，又和他们怎样生产一致。因而，个人是什么样的，这取决于他们进行生产的物质条件"①。这意味着，无论个人主观上如何打算在自身劳动活动的范围内尽可能地多方面发展个人的才能、获取更多的发展机会以及拓宽自身的发展空间，其实际发展状况只能是现实关系的产物。

同时，社会发展的客观趋势就是分工的深化与细化。这意味着，人类社会发展过程也就是人类实践领域不断地在深度和广度上日益拓展的过程。就理论而言，这是一个永恒发展的无限过程，体现着自然必然性。因此，实践领域的每一次拓展都意味着一个新劳动领域的出现、新职业门类的诞生。就特定时空而言，生命个体决不能将所有领域的劳动活动进行逐一尝试。这就必然决定了人的全面发展的相对性。

加之，当前社会发展的快节奏进一步增大了人成长为通才的难度。众所周知，在古代社会，无论东方还是西方都出现了类似百科全书式的人物。就人类社会演化过程而言，这只是一定历史阶段产生的文化现象。一定意义上，当时人类发展的初始性与缓慢性决定了社会存在尚处于某种"混沌统一"的状态，与其相一致，人类的智识也以一体化、全面性的形式为某些个体所秉持。而人类的实践活动领域在当前乃至今后发展的必然趋势就是在深度与广度上呈现加速度拓展，其结果就是专业分工日益深化与细化，其结果也就是知识的分化。因此，哈耶克在斯密"劳动分工"概念的基础上提出了"知识分工"的观点，形成了"分立的个人知识"的概念，即与特定的人相联系的"相关的知识"，或一种为不同的个人分散拥有的关于"特定时间和地点的知识"，也就是说，

---

① 《马克思恩格斯选集》第 1 卷，人民出版社 1995 年版，第 68 页。

"知识只会作为个人的知识而存在",① 即 "从整体上讲,任何一个个人对于所有其他社会成员所知道的绝大多数事情都处于一种无知的状态之中"②。此可谓 "隔行如隔山"。

其次,物质生产过程的永恒性决定了人的全面发展的确定性。马克思认为,人类的物质生产领域 "始终是一个必然王国"。换言之,"劳动过程……是人和自然之间的物质变换的一般条件,是人类生活的永恒的自然条件,因此,它不以人类生活的任何形式为转移,倒不如说,它是人类生活的一切社会形式所共有的"③。这意味着,在物质生产领域,人类不可能摆脱自然必然性的支配。人类实践过程不断将天然自然界纳入到人化自然界,也就是说,人类不断地开辟着新的实践领地,这自然呼唤着新的劳动能力、技能以及生产工艺。就可能性而言,这表现为一个无限发展的过程。无限的劳动活动方式只能通过有限的个体生命来完成,而社会整体的优化状态只能通过生命个体相对稳定的劳动分工格局来实现,由此决定了人的发展状况与程度只能表现为相对的全面性。

最后,社会生产活动张扬的是效率机制。也就是说,物质生产的基础性地位直接决定了人与自然之间的物质交换原则——劳动分工的比较优势,即劳动者在他所能从事的劳动岗位中必须选择一个最有利于发挥自身优势的工作,也就是形成专业分工。一般而言,劳动者所选择的能够发挥比较优势的工作通常是效率较高的工作,是最节省资源的工作。进而言之,劳动分工的比较优势原则体现了人与自然之间物质交换的优化模式:既便于发挥劳动者的自身潜力,又有助于人类社会整体的生存与发展。这意味着,由于各个劳动成员自身的兴趣、爱好、特长或者天赋的不同,劳

---

① [英] 弗里德利希·冯·哈耶克:《自由秩序原理》(上),邓正来译,生活·读书·新知三联书店1997年版,第22页。
② [英] F.A.冯·哈耶克:《个人主义与经济秩序》,邓正来译,生活·读书·新知三联书店2003年版,第21页。
③ 《马克思恩格斯全集》第23卷,人民出版社1972年版,第208—209页。

动分工比较优势的形成只能通过保持劳动分工的相对稳定性来实现。鉴于此，人的全面发展也是确定性的。

2. 人与社会之间关系意义上的人的全面发展

人与自然之间的关系是人的全面发展的物质内容，体现着人的劳动能力发展状况，它属于生产力范畴；人与社会之间的关系是人的全面发展的外在环节，体现着人与人之间的劳动关系或分工关系，它属于生产关系范畴。劳动关系"不是什么外部的东西；它们……是个人的自主活动的条件，并且是由这种自主活动产生出来的"[①]。其中，生产力决定着生产关系，即人们的劳动能力状况决定了不同的劳动分工之间的相互关系。在人的全面发展的视域中，这体现为不同的劳动分工之间彼此置换的自由度。

据马克思的三大社会形态理论，与人的劳动能力演变三个阶段相一致，人的社会关系的全面性或者说人们劳动分工彼此置换的自由度依次表现为以下三个层次。

一是与初期人类社会劳动分工的自然性相对应，各劳动分工彼此置换存在较大可能性。如上文所述，人类社会初始时期尤其对于原始社会而言，人类在处理与自然界的物质交换关系过程中唯一所能利用的生产力就是自身的体力。概而言之，仅仅从体力来说，人与人之间的差别在变幻莫测的大自然面前几乎可以忽略不计。这意味着，人们之间的劳动能力是近乎相同的。同时，在人们的劳动活动中，由于分工的概念尚未形成，因而人们的劳动关系或分工模式是自然的或自发形成的。一定意义上，"你能做的我也能做"就是当时的劳动理念。也就是说，不同的分工之间不存在绝对意义上的固定性。由此直接决定了不同劳动之间的转换存在较大的自由空间。

不同分工之间的自然转换同时意味着一个基本事实：人与人之间的社会关系或分工关系处于动态过程中。显然，人类社会初期

[①] 《马克思恩格斯选集》第 1 卷，人民出版社 1995 年版，第 123 页。

人们彼此之间存在这样的关系链：劳动能力相近——劳动分工自然置换——人与人之间丰富的社会关系。

二是与中期人类社会劳动分工的自觉性相对应，各劳动分工彼此置换的可能性较小。人类社会初始时期处于野蛮时代，面对颇显诡秘的自然界，人与人之间的劳动能力是近乎同等的。随着野蛮时代的终结，人类迈入了文明时代的门槛。一定程度上，文明时代是以个体劳动能力的分化为表征的。与前商品经济时期人们劳动分工的自然性不同，在商品经济条件下，人们的劳动分工表现为某种自觉——尽管往往通过自然必然性的形式来实现。其间，各社会主体在劳动岗位的选择方面都遵循着一个基本原则：实现价值最大化——无论是对自身，还是对社会。就此而言，"有一分热发一分光"正是市场经济张扬的逻辑。换言之，各社会主体都在市场经济的舞台上寻找着与自身能力相匹配的劳动岗位。一个显见的事实是，各个行为主体把市场当作战场，通过能力竞争表达着生命抗争——利益博弈的过程同时就是实现自身价值的过程。其结果就是形成"各得其所"的劳动分工格局。就宏观而言，各种劳动分工和岗位对劳动能力的要求与相应的劳动者达成了一致。这同时意味着，鉴于人们之间劳动能力的差异，各社会主体都具有他人不可替代的优势。这种"各有千秋"的劳动分工格局决定了彼此之间的劳动置换存在着一定的难度。为此，不同劳动分工之间的物质交换只能通过"价值"来实现。

不同劳动分工之间难以转换同时表达着一个基本事实：人与人之间的社会关系或劳动分工关系尚处于某种静态，具有相当的稳定性。其中，人们还不能完全游刃有余地进行劳动分工之间的相互转换，就像不能任意选择自身的劳动能力一样。此时，人们彼此之间存在这样的关系链：劳动能力差异—劳动分工难以置换—人与人之间狭隘的社会关系。

三是与未来人类社会劳动分工的自由性相对应，各劳动分工彼此置换具备了可行性。就理论而言，随着科技进步与社会发展，人们的劳动能力在未来理想社会有望达到大体相当的水平。如果说人类社会初期由于分工的不发达，人们劳动分工关系之间的相互置换表现为一种狭隘的丰富性，那么，未来人类社会将随着分工的深化与细化而在全新的意义上——整个社会劳动分工关系的全面性——实现人们劳动分工的置换。

这意味着，与人类社会初期的劳动分工关系不同，未来人类社会各劳动分工之间将在全方位的层次上实现自由置换，从而使人类发展状态抵达新的高度。其间，人们相互之间形成这样的关系链：劳动能力同等—劳动分工自由置换—人与人之间全面的社会关系。

实际上，不同劳动分工之间的相互置换不是绝对的。且不用说当前社会发展条件下各种劳动分工相互置换是不可能的，即使在人类社会初期劳动分工较为粗略的情况下也是如此。社会发展的必然趋势就是分工在横向与纵向两个层面日益拓展，从而分工在深度上逐渐细化、在广度上渐进扩展。这体现为劳动越来越呈现出专业化发展态势。就此而言，实现真正意义上的劳动分工之间的专业置换的可能性完全是微乎其微的。这同时意味着，未来人类劳动分工的专业化程度必然随着社会发展而不断提高，从而专业分隔更为显性化。

但认可这一结论并不能否认下述事实：在系统化的社会生活中，完全的专业分隔也是不可能的，实际上，一般专业化不会导致彼此之间信息的完全隔绝。也就是说，如果专业化属于点的话，那么，点都是基于面的前提之上的。毕竟，社会与个人之间是一种有机的关系，即其中的每一个生命个体都把全人类作为一个整体并且通过代际之间和社会的信息传承以吸收自身需要的养料，以提高专业水平、完善自身素质。正是在此意义上，恩斯特·卡西尔认为："生命在任何地方都是完满的，在最小的圈子之中和在最大的圈子之中都一样。每一个机体，甚至最低等的机体，也不只在一种模糊、含混的意义下适应于它的环境,且能与之完全契合。"① 今天,这一事实随着社会生活的信息化而日益明朗化。

如果社会意味着普遍性,那么,个体就意味着特殊性。实际上,社会是包含着特殊性的普遍性,个体是具有普遍性的特殊性。社会与个体二者的统一性意味着,社会发展将在未来某个阶段以彰显个体独特性的方式实现人与人之间的劳动分工关系或社会关系的普遍性或全面性。其实质就是不同的劳动分工关系之间的平等性。

至此可以说,人的全面发展在人与社会的关系方面的体现就是人们在劳动分工体系中形成的平等关系状态。

3. 人与自身之间关系意义上的人的全面发展

人是物质存在与精神存在的统一、身与心的统一。人与自身之间关系意义上的全面发展也就是人的身与心、物质劳动与精神劳动或者物质活动与精神体验两方面的协调发展。如上所述,人的全面发展寓于劳动过程中,物质劳动与精神活动不是割裂开来的两种独立的劳动方式,而是同一个劳动过程的不同方面。其中,物质劳动过程就是精神活动的载体与实现形式,而精神活动的过程就是物质劳动活动的中心内容。

精神活动与物质劳动二者的内在统一性当然不排除其有时以对立的形式来表现。正是在此意义上,马克思和恩格斯明确指出:"分工不仅使精神活动和物质活动、享受和劳动、生产和消费由不同的个人来分担这种情况成为可能,而且成为现实,而要使这三个因素彼此不发生矛盾,则只有再消灭分工。"② 这表明,社会的发展将原本一体的精神活动与物质活动强行分离,由此击碎了自然经济条件下人们田园诗般的恬静生活梦境。这当然是一种残酷,

---

① [德]恩斯特·卡西尔:《论人:人类文化哲学导论》,刘述先译,广西师范大学出版社 2006 年版,第 35 页。

② 《马克思恩格斯选集》第 1 卷,人民出版社 1995 年版,第 83 页。

一种对生命个体的残酷。但同时这也是一种进步，一种对人类整体意义上的进步。而更具有进步意蕴的则是，这开启了推动社会快速发展之门，从而为实现精神活动与物质活动的重新统一提供了条件：社会生产力的整体发展逐渐将人们从单纯处理与自然的关系之中解放出来，而有可能在其他方面重塑个人、发展自身。其表现就是自由时间的出现。

对此，马克思认为："自由时间——不论是闲暇时间还是从事较高级活动的时间——自然要把占有它的人变为另一主体，于是他作为这另一主体又加入直接生产过程。对于正在成长的人来说，这个直接生产过程就是训练，而对于头脑里具有积累起来的社会知识的成年人来说，这个过程就是［知识的］运用，实验科学，有物质创造力的和物化中的科学。对于这两种人来说，由于劳动要求实际动手和自由活动，就象在农业中那样，这个过程同时就是身体锻炼。"①

实际上，与其说一旦社会发展达到某个阶段，自由时间与劳动时间就不再是对立的关系，倒不如说自由时间与劳动时间本是密切结合在一起的。这说明，一则劳动方式是自由选择或自主选择的结果；二则劳动过程也是自我价值实现的过程，其中必然包含了积极的精神体验。这是自由时间处于隐性状态的表现。社会发展到一定阶段，自由时间显性化。自由时间与劳动时间之间的共融性也就更为明显了，其间，个体所进行的活动既是物质劳动也是精神劳动、既是劳动也是活动、既是享受也是创造。肖恩·塞耶斯以美国为例指出："在美国，平均每周的劳动时间，就从1850年的约70小时减少到1956年的41.5小时。由此产生的自由时间，……使现代休闲得以凸显。现代休闲也就不是被动和闲散的

---

① 《马克思恩格斯全集》第46卷（下），人民出版社1980年版，第225—226页。

时间，而是积极活动的领域和创造的领域。"①

这意味着，休闲只有在工作的环境中才有价值。纯粹的自由时间——与工作完全分离——与其说毫无价值，不如说已经背离了人的生存意义。为此，马克思说，"一个人'在通常的健康、体力、精神、技能、技巧的状况下'，也有从事一份正常的劳动和停止安逸的需求"②。

今天，劳动时间与自由时间相互融通已经成为不争的事实。如果说知识经济时代所导致的知识爆炸曾一度使知识量迅猛增加，从而使人们将自由时间投入到消费劳动中的话，那么，而今信息技术条件下信息浪潮的全球性涌动又呈现出一波未平一波又起的蔓延态势，这种连续不断的信息冲击波使终身学习成为必然。

一方面，自由时间具有了劳动时间的品格，即人们在自由时间内的发展同时也就是劳动能力的培养与运用。其间，人们通过学习各种科学文化知识、陶冶个人的精神、培养自己的兴趣、发展自己的能力丰富和完善自身，把自身变成新的主体。从劳动视角来看，这就是消费劳动阶段。一旦人与生产过程结合起来，其生产性自然而然体现出来。另一方面，劳动时间也具有了自由的性质，即劳动成了自由地发挥和发展人的才能的方式。此时，劳动也不再仅仅表现为劳动，而带有一定的活动成分。当然，一定程度上，劳动还带有某种外在目的的规定性，但外在目的性已失去了纯粹的外在必然性的表现，而呈现出主体自身的选择取向，即劳动成为以发展自身为目的的活动。

显然，从人与自身之间关系的意义上看，人的全面发展意味着个人较为全面地占有自己的本质，即生命活动的自由性。

---

① [英]肖恩·塞耶斯：《马克思主义与人性》，冯颜利译，东方出版社2008年版，第94页。

② 《马克思恩格斯全集》第46卷（下），人民出版社1980年版，第112页。

4. 人的全面发展的现代意蕴

社会是人类整体与个体的统一。就人的全面发展而言，整体的人与个体的人既有联系又有区别。

其区别表现在：整体意义上人的全面发展主要涉及以下三个方面：首先，从人与自然界之间的关系而言，人的全面发展意味着通过对天然自然界物质运动规律在深度上与广度上的更多把握，在人的劳动能力整体提升的基础上使人们的劳动活动领域越来越全面；其次，从人与社会之间的关系来说，人的全面发展就是指在人们劳动能力逐步提高的前提下，不同的劳动分工之间获得越来越大的相互置换的自由度，也就是所有社会成员在主体化的基础上形成越来越平等的社会关系；最后，从人与自身之间的关系而言，人的全面发展意味着人以一种全面的方式占有自己的本质，即人的生命活动获得越来越多的自由。

个体意义上人的全面发展主要表现在：首先，从人与自然界之间的关系来说，人的全面发展是指在自身劳动能力提高的前提下，获得较多发展自身潜能的机会；其次，就人与社会之间的关系而言，人的全面发展就是通过克服人的客体化倾向，以确立起人的主体性地位；最后，就人与自身之间的关系而言，人的全面发展就是实现人的生命活动的自由。

其联系为：整体的人的全面发展通过个体的人的全面发展来体现并表征着个体人的全面发展的方向，同时，个体的人的全面发展受整体的人的全面发展的影响与制约并为整体的人的全面发展创造条件。

人的全面发展最终体现在个体之中，整体层面的人的全面发展与个体层面人的全面发展的联系性使个体意义上的人的全面发展的三个方面大体对应于人的生命活动的自觉性、主体性以及自由性。

首先，人是类存在物。人不仅把自然界作为自己的对象，而且还把人自身、人与人之间的联系作为自己的对象。在人与人的关系中，个人通过他人意识到自己，意识到自己和他人同属于人类，意识到"类"的共同性。类意识、关系的共通性和自由自觉的生产实践活动构成了人的类属性的基本内容。人的类性是人类共同的人性，是舍去了人的个别特征的共性。马克思认为，人与动物不同。"动物和它的生命活动是直接统一的。……人则使自己的生命活动本身变成自己的意志和意识的对象。他的生命活动是有意识的。……有意识的生命活动把人同动物的生命活动直接区别开来。"为此，"人的类特性恰恰就是自由的自觉的活动"①。

"自由"相对于受到限制、强制而言，指人的活动的自主性和选择性，"自觉"相对于自发、盲目而言，指人的活动包含了目的性和计划性。总之，人的类特性就是自由性。

其次，人是社会存在物。与其他动物物种仅仅依赖局部的自然界而生存不同，人类必须在越来越深广的程度上依赖整个自然界才能更好地生存。而要做到这一点，就必须依赖人类群体的力量，即社会的力量。"社会不是由个人构成，而是表示这些个人彼此发生的那些联系和关系的总和。"② 人的生产劳动，就是在一定的社会关系中进行的劳动活动。"只有在社会中，自然界对人说来才是人与人联系的纽带，才是他为别人的存在和别人为他的存在，才是人的现实的生活要素；只有在社会中，自然界才是人自己的人的存在的基础。只有在社会中，人的自然的存在对他说来才是他的人的存在，而自然界对他说来才成为人。因此，社会是人同自然界的完成了的本质的统一"③。显然，只有在社会关系之中，借助于彼此之间的信息交流与互通，人才能成其为人，即通过与他人的交往实现对自我价值的定位与确证。

可以说，人类正是在与自然界发生物质交换的过程中发现了人

---

① 《马克思恩格斯全集》第42卷，人民出版社1979年版，第96页。
② 《马克思恩格斯全集》第46卷（上），人民出版社1979年版，第220页。
③ 《马克思恩格斯全集》第42卷，人民出版社1979年版，第122页。

与人之间的社会关系，并将之纳入到改造自然的生产力系统。这是人类发展过程中的一次飞跃。如果说"摩擦生火第一次使人支配了一种自然力，从而最终把人同动物界分开"①，那么，人类对社会关系的利用表明人类开始支配一种生命力——既包括物质层面更包括意识层面，从而使人在发展与自然界的关系方面呈现出自觉性。因此，自觉性就是人的社会性或群体性的外在表现。

最后，人是个体存在物。马克思对人的本质属性做了多层面的分析，而最后的落脚点是"现实的、有生命的个人"②。每一个现实的有生命的个体存在，都是一个特殊的不可重复的发展过程。马克思指出："人的本质是人的真正的社会联系，所以人在积极实现自己本质的过程中创造、生产人的社会联系、社会本质，而社会本质不是一种同单个人相对立的抽象的一般的力量，而是每一个单个人的本质，是他自己的活动，他自己的生活，他自己的享受，他自己的财富。因此，上面提到的真正的社会联系并不是由反思产生的，它是由于有了个人的需要和利己主义才出现的，也就是个人在积极实现其存在时的直接产物。"③

在《1844年经济学哲学手稿》中，马克思进一步指出："人是一个特殊的个体，并且正是他的特殊性使他成为一个个体，成为一个现实的、单个的社会存在物，同样地他也是总体、观念的总体、被思考和被感知的社会的主体的自为存在，正如他在现实中既作为社会存在的直观和现实享受而存在，又作为人的生命表现的总体而存在一样。"④ 作为"特殊的个体"，他是一个现实的具体存在。现实的有生命的个体，在自己的生活实践历程中，必然表现着"为我性"，即在既定的条件下，总是力图通过发挥主观能动作用，以突破原有的框架、改善自身的生存状况，从而确立

---

① 《马克思恩格斯选集》第3卷，人民出版社1995年版，第456页。
② 参见《马克思恩格斯选集》第1卷，人民出版社1995年版，第73页。
③ 《马克思恩格斯全集》第42卷，人民出版社1979年版，第24页。
④ 《马克思恩格斯全集》第42卷，人民出版社1979年版，第123页。

起自身的主体地位、展示自身的主体价值、实现自身的主体发展。由此可见，个体性的基本价值追求就是主体性。

如前所述，人的全面发展寓于劳动活动之中，因而，人的劳动能力水平构成了人的全面发展的基础性条件；同时，人类社会发展的过程就是由人的依赖性到人的独立性，进而实现其自由性的过程，其间，也是人的主体地位逐渐凸显日益确立的过程。就此而言，人的全面发展就是人在现实的社会实践过程中以劳动能力发展为基础，在对社会关系不断改善与优化的前提下，通过自觉性的生命活动在发展与自然界的关系方面逐渐确立起自身的主体性地位，并在越来越大的程度上实现着自身的自由。

社会主义市场经济为人的全面发展提供了现实环境。

下篇 实践推进

现实社会主义的出现超出了马克思主义经典作家的理论预期。

其一，马克思主义经典作家认为，社会主义应该率先在西方较为发展成熟的资本主义国家出现；其二，社会主义不应该实行商品经济。

事实相反。西方资本主义国家虽然曾经掀起过无产阶级革命，但并未对资本主义基本制度造成威胁，反而以某种外力推进了其在相应方面不断调整与优化，从而开启了发展的新阶段。而东方经济社会发展落后的民族却以后来居上的方式扛起来了社会主义的旗帜，在此后发展过程中，经由初期的一路凯歌，到发展整体态势的回落，最终使社会主义意识到经济社会发展乃自然历史过程，对于经济社会发展落后国家而言，商品经济具有自然必然性。

一定意义上，中国特色社会主义理论正是回应上述问题而形成。这同时意味着，如果说建立社会主义市场经济可以有效地推动经济快速发展，进而从整体上使社会主义迈上新台阶，那么，对市场经济的引入就不能停留在策略层次，而应将其视为社会主义的内在体制。

如是而论，化解一般市场机制的消极影响，提升其对经济社会乃至人的发展的积极推动作用，成为社会主义实践过程中需要面对的现实课题。

于此，作为自觉发展的中国特色社会主义，以对人类社会发展规律的把握，将社会主义建设与人的全面发展统一起来，相辅相成，在经济、政治特别是文化发展中逐渐强化着人的主体性、自觉性以及自由性，即不断完善着人的全面发展。

七　社会主义市场经济与人的全面发展

　　就人类整个演进过程而言，无论是人类的历史、现实，还是其逻辑，每一个阶段都可以看作人的全面发展的空间，整个人类演进过程体现了人的全面发展的连续性，而其中任何一个环节都是人的全面发展的一个阶段。前述相关内容对人的全面发展的逻辑与历史进行了探讨，下面结合中国特色社会主义实践探究人的全面发展的现实状况。

　　当年，马克思主义经典作家从理论角度预期了人的全面发展并将之与理想社会紧密联系在一起，这构成了人类发展的一面旗帜。今天，社会主义从现实层面将人的全面发展与社会发展过程统一起来。不能不说，这是人类社会发展史上一次极具浓重色彩、令人心动的画卷：她一改人的发展从属于社会发展的局面，凸显了人在经济社会发展中的主体地位。如果说社会主义为人的全面发展提供了制度保证，那么，社会主义市场经济则为人的全面发展提供了生机勃发的现实环境。在一定意义上，人的全面发展足以称为一次史无前例的"社会变迁"。马克思主义经典作家认为，一切社会变迁的终极原因，"应当到生产方式和交换方式的变更中去寻找"①。这意味着，社会的生产方式和交换方式——由计划经济到市场经济——的变更构成了人的全面发展的基本动因。正如社会主义制度的建立遵循了人类社会发展的历史必然性一样，人的全

---

①　《马克思恩格斯选集》第3卷，人民出版社1995年版，第741页。

面发展同样契合了社会主义市场经济机制作用的内在要求。①

由此可以得出一个基本判断：自觉发展的社会主义总是以遵循社会发展规律为先导，并将之适时地转化为社会实践——社会主义制度的建立是如此，市场经济体制的建立也是如此，人的全面发展的提出还是如此。这意味着，在市场经济条件下，人的全面发展的提出绝不是一种权宜之计，而是具有充足的理论根据与实践环境。换句话说，社会主义市场经济从理论与实践两个方面为人的全面发展提供了保证。然而，社会主义实践首先与计划经济结为一体，之后选择了市场经济。社会主义经济体制的转换绝不是随意的取舍，其中都具有必然性。②

（一）计划经济、市场经济与社会主义

社会主义与市场经济本属于两个时空范畴。这是说：就理论而言，在马克思主义经典作家关于未来社会的期许中，社会主义是建立在市场经济高度发达的资本主义之上的经济形态与社会制度。从时间维度看，市场经济与社会主义是前后相继发展的过程。也可以说，源于对理想社会的逻辑设定，马克思主义经典作家认为，社会主义天然地摒弃市场经济体制。就现实而言，社会主义制度是以对资本主义的超越而建立的，这种"后来居上"的发展定位自然就把优越性的历史标签天然地附着在社会主义制度上。由此形成了以计划经济为发展模式的社会主义与以自由竞争的市场经济为特点的资本主义两相对应的发展格局。

这样就客观地产生了两对矛盾：计划经济与市场经济、资本主

---

① 市场机制特别是社会主义市场机制发挥作用的过程遵循的基本尺度为"人尽其才，物尽其用"。故市场机制发挥效用的过程即人（或劳动能力）与劳动岗位达成一致的过程，此正是实现人的全面发展的基础性环节。

② 参见余金成《社会主义的东方实践：解读马克思主义基础理论的现代形态》，上海三联书店 2005 年版，第 134—137 页。

义与社会主义。起初，矛盾着的每一方以对他方的否定实现着对自身的肯定，各自也都力图通过彰显自身的优势来达到对他方的抨击与傲视。自社会主义产生以来，在人类历史发展过程中，无论是西方根深蒂固的自由主义，还是东方社会主义曾经唱响的"宁要社会主义的草，不要资本主义的苗"的"左"倾路线，都是这种偏执一端的客观体现。

然而，事物的发展总是遵循着内在必然性。这意味着，矛盾发展到一定阶段就必然发生向对立面转化的倾向和趋势。当然，这是一个渐进的、潜移默化的发展过程。其中，客观因素左右着主观因素，主观因素遵循着客观的要求。由此，社会发展的自然历史过程就在主体行动当中得到了最充分的实现。就计划经济与市场经济、社会主义与资本主义而言，自由竞争的市场经济逐渐吸收了计划经济的优势从而得到了发展与完善；而社会主义也察觉到了计划经济的不足与弱点，同时，更是领略了市场机制的光彩与魅力。于是，社会主义与市场经济在理论上具备了统一与结合的可能性。

市场经济与社会主义从纷纷争争到结合过程的完成历经了将近半个世纪的国际马拉松。这一切都和马克思主义经典作家的理论期许相关。

1. 马克思主义经典理论中的社会主义与商品经济

一个尽人皆知的事实是，马克思和恩格斯主张未来理想社会决不能利用商品经济作为发展方式，但承认商品经济曾在人类社会发展当中发挥了积极效应。

——生产力方面。商品经济恰似推动社会发展的加速器，它以魔幻般的力量不断地使人类与自然界之间的物质、能量交换的深度和广度迅速拓展，即使在资本主义初期也呈现出了宏大发展之势。对此，马克思和恩格斯在《共产党宣言》中作了形象的描述："资产阶级在它的不到一百年的阶级统治中所创造的生产力，比过去一切世代创造的全部生产力还要多，还要大。自然力的征服，机器的采用，化学在工业和农业中的应用，轮船的行驶，铁路的通行，电报的使用，整个整个大陆的开垦，河川的通航，仿佛用法术从地下呼唤出来的大量人口，——过去哪一个世纪料想到在社会劳动里蕴藏有这样的生产力呢？"①

市场经济之所以能够促进社会生产力的巨大发展，流行的观点认为，个中原因乃是市场机制以追求个人利益最大化为基本导向原则。实际上，这种判断也失之偏颇。一定意义上，个人利益最大化就意味着生产资料占有与消费的最大化，而其中的极端情况则势必造成资源浪费。为此，客观而言，市场经济对生产力的推动，究其实质乃源于其动力机制的作用，即通过充分实现人力资源与物力资源的最佳结合以保证"人尽其才，物尽其用"。换言之，市场机制的作用就在于实现各种资源的优化配置与组合。这才是市场经济推动生产力发展的根本动因。

——生产关系方面。生产关系就是劳动关系。较之自然经济——其鲜明特色为"鸡犬之声相闻，民至老死不相往来"，市场经济机制的作用机理就在于不断地打破人与人之间的交往壁垒和界限，将越来越多的自然性主体转变为社会主体，从而使人们相互之间形成了多种多样、丰富的联系，即"普遍的社会物质变换，全面的关系"②。

这意味着，就理论而言，市场机制的触角可以触及人类实践活动的各个领域与过程；就现实而言，市场机制所涵盖的范围与层次又是与人类发展需要、对自然的认识程度以及技术水平分不开的。而一旦某种劳动领域成为现实，也就自然地衍生了新的劳动关系。

实际上，人类劳动关系或者社会关系本身就是一种交换关系。其中，既包括人与自然界之间，也包括人与人之间的物质与信息

---

① 《马克思恩格斯选集》第1卷，人民出版社1995年版，第277页。
② 《马克思恩格斯全集》第46卷（上），人民出版社1979年版，第104页。

交换。交换关系的深度与广度体现着人类文明进步的程度。而市场经济就是推动交换关系发展的内驱力,其结果就是日益密切的社会关系渐次生成。对此,马克思指出:人"生产交换价值,生产一种产品,这种产品只有经过一定的社会过程,经过一定的形态变化才能成为对他本人有用的产品。因此,他已经是在某种联系中进行生产,即在只有经过某种历史过程才形成的生产条件和交往关系中进行生产,而这些条件和关系对他本人来说表现为自然的必然性。这样,个人生产的独立性,就由在分工上取得相应表现的社会依赖性来补充"①。显然,个人的劳动过程是个体性与社会性的统一,或者说,个体劳动的实现只有立足于丰富的劳动关系之中才能变为现实。这正是市场经济机制的作用机理,即通过开拓日益丰富的劳动领域的同时,建构着日益密切的劳动关系,从而将人类联结成一个整体,以此形成最优的处理与自然界之间物质交换的劳动关系格局。

当年,马克思和恩格斯在商品经济发展的初期就把握了人类社会发展的大势——今天全球化的端倪——世界历史的形成,即"资产阶级,由于开拓了世界市场,使一切国家的生产和消费都成为世界性的了。……过去那种地方的和民族的自给自足和闭关自守状态,被各民族的各方面的互相往来和各方面的互相依赖所代替了"。其中,"每个文明国家以及这些国家中的每一个人的需要的满足都依赖于整个世界"。这正是市场内驱力所导致的"世界交往"的形成。②

——人的发展方面。人的发展寓于市场经济机制演化过程中。与马克思主义的三大社会形态相对应,市场经济当属于第二大社会形态——"人的独立性"阶段,未来理想社会的产品经济属于第三大社会形态——人的"自由个性"阶段。人们"自由个性"

---

① 《马克思恩格斯全集》第 46 卷(下),人民出版社 1980 年版,第 466 页。
② 《马克思恩格斯选集》第 1 卷,人民出版社 1995 年版,第 276、114、86 页。

实现的前提是"个人全面发展和他们共同的社会生产能力成为他们的社会财富",而这又建立在第二社会形态阶段,即整个社会主体形成的"全面的能力的体系"基础上。①

市场经济以自身内在逻辑演绎、助推着社会主体。如果说"自由个性"是真正意义上的人的自由而又全面发展,那么,市场经济发展和完善的过程就是逐步趋近这一目标的过程;如果说在市场经济发展的过程中个人尚存在某种片面发展,那么,市场经济的高度完善的结果就是达到"个人的全面发展",这与"他们共同的社会生产能力"是高度统一的。抵达这一目标之日就是人的现代化实现之时,"在那里,每个人的自由发展是一切人的自由发展的条件"②。

这意味着,市场经济发展和完善的过程就是实现人从异化向"类本质"回归的过程,是从对"物的依赖性"向"自由个性"转化的过程,是从以物为中心的财富观向以"自由发展"为目的的财富观演变的过程,也就是人的自由全面发展过程。正如马克思所言:"如果抛掉狭隘的资产阶级形式,财富岂不正是在普遍交换中造成的个人的需要、才能、享用、生产力等等的普遍性吗?……财富岂不正是人的创造天赋的绝对发挥吗?"③

对于资本主义发轫时期的商品经济,尽管马克思从社会发展的整体角度肯定了其积极作用,但他同时深刻批判了商品经济的历史局限性。这直接导致了一个基本事实:之后一批著名的马克思主义理论宣传家、思想家都把商品经济同资本主义等同起来,进而把它与社会主义对立起来。即使列宁也是在特定的历史时期将商品经济作为发展经济的手段,而斯大林更是主张:"实现社会主义就要消灭商品生产,就要废除货币经济"④。

---

① 《马克思恩格斯全集》第46卷(上),人民出版社1979年版,第104页。
② 《马克思恩格斯选集》第1卷,人民出版社1995年版,第294页。
③ 《马克思恩格斯全集》第46卷(上),人民出版社1979年版,第486页。
④ 《斯大林全集》第1卷,人民出版社1953年版,第199页。

马克思是具有宏大理想情怀的人。他对商品经济的否定直接与其设定的理想社会目标——实现人与人之间的平等——联系在一起。

马克思又是立足社会现实的人。他看到了人与人之间的差别——尤其是劳动能力的差别，同时，马克思又认为这种差别乃其发展环境所致，非人自身主观条件所能左右，即"搬运夫和哲学家之间的原始差别要比家犬和猎犬之间的差别小得多，他们之间的鸿沟是分工掘成的"①。为此，通过淡化这种差别以保证人的社会平等成了马克思关于理想社会的基本构想。于此，马克思和恩格斯形象地指出："人们的头脑和智力的差别，根本不应引起胃和肉体需要的差别"，因此，必须用"按需分配"代替"按能力计报酬"，使"活动上，劳动上的差别不会引起在占有和消费方面的任何不平等，任何特权"。②

而商品经济的逻辑恰恰就是以认可人的劳动能力差别为前提，进而在利益机制与竞争机制作用下产生出社会分层和贫富分化。当年，圣西门主义者提出理想社会要"保证所有的人的天资得到最自由的发展"，应该实行"按能力计报酬，按功效定能力"。对此，马克思和恩格斯认为这一原则"以我们目前的制度为基础"，不可避免地"要求通常的社会阶级划分"。③换句话说，商品经济的运行机理就是优胜劣汰，从而使富者更富、贫者更贫。并且，商品经济条件下人们的逐利心理驱使其将过剩的消费资料转换为生产资料以获取利益最大化，从而阶级的产生成为必然。

这构成了经典作家否定社会主义社会运用商品经济作为发展方式的根本原因。

---

① 《马克思恩格斯全集》第 4 卷，人民出版社 1958 年版，第 160 页。
② 《马克思恩格斯全集》第 3 卷，人民出版社 1960 年版，第 637—638 页。
③ 《马克思恩格斯全集》第 3 卷，人民出版社 1960 年版，第 597—598 页。

2. 实践过程中的社会主义与计划经济

计划经济是作为克服商品经济的内在弊端而出现的。一般说来，商品经济的弊端主要包括两个方面：一是生产过程的无政府状态导致生产力的巨大破坏，这表现为资本主义经济危机；二是商品经济内在的优胜劣汰机制产生着两极分化，这体现为贫富之间的极端差距。

针对前者，即为了"制止资本主义生产下不可避免的经常的无政府状态和周期的痉挛现象"[1]，以消除私有制条件下的经济危机，马克思主义经典作家提出了公有制基础上的计划经济的主张。即"一旦社会占有了生产资料，商品生产就将被消除，而产品对生产者的统治也将随之消除。社会生产内部的无政府状态将为有计划的自觉的组织所代替"[2]。同时，在马克思看来，"要想得到和各种不同的需要量相适应的产品量，就要付出各种不同的和一定量的社会总劳动量。这种按一定比例分配社会劳动的必要性，决不可能被社会生产的一定形式所取消，而可能改变的只是它的表现方式，这是不言而喻的。自然规律是根本不能取消的。在不同的历史条件下能够发生变化的，只是这些规律借以实现的形式"[3]。显然，马克思认为计划经济就是体现上述自然规律的社会生产形式。

一旦用公有制取代私有制，所进行的生产将是真正的"社会的生产"。"在这种生产中，社会好象按照计划，根据为满足社会的各种需要所必需的程度和规模，来分配它的生产资料和生产力，因此每个生产领域都能分到为满足有关的需要所必需的那一份社会资本。"[4] 也就是说，社会就可以按照人们的需要有计划地安排生产。为此，计划经济构成了社会主义的鲜明特征。列宁进一步

---

[1] 《马克思恩格斯全集》第17卷，人民出版社1963年版，第362页。
[2] 《马克思恩格斯选集》第3卷，人民出版社1995年版，第633页。
[3] 《马克思恩格斯选集》第4卷，人民出版社1995年版，第580页。
[4] 《马克思恩格斯全集》第26卷（Ⅱ），人民出版社1973年版，第604页。

认为：“各个生产部门的一切计划都应当严密地协调一致，相互联系，共同组成一个我们迫切需要的统一的经济计划。”① 斯大林则明确断言：计划经济就是"指令性的计划"②。这样，马克思主义经典作家的理论预设与初期现实社会主义实践共同促成了一个基本判断：计划经济是解决社会资源合理配置的有效方式。

针对后者，马克思主张理想社会应以"按需分配"代替"按劳分配"——按劳动能力分配，以保证人的权利平等。但是，此后马克思逐渐深化了对于理想社会分配原则的认识。他意识到在进入真正意义上的理想社会之前，需经历"共产主义社会第一阶段"。其间，"在经济、道德和精神方面都还带着它脱胎出来的那个旧社会的痕迹"③。为此，就分配原则而言，还只能实行按劳分配。但此时的"劳"不是劳动能力，而是劳动时间。这就大大降低了由于劳动者之间的能力差别而导致的分配出现悬殊的可能性，从而在理论上建构了人与人之间的消费平等权利。但是，这种消费权利的平等实质上仍然是"资产阶级权利"，即"就它的内容来讲，它像一切权利一样是一种不平等的权利"④。社会主义者不应停留于此，必须创造条件，向共产主义高级阶段"按需分配"发展。

以上说明，在马克思主义经典作家的预设中，公有制、计划经济以及按劳分配成为社会主义的基本规定性。

社会主义理论具有巨大的现实感召力。十月革命成就了世界上第一个社会主义社会诞生，伴随着其经济社会的发展，"斯大林模式"日渐形成。其鲜明特征就是高度集中的计划经济体制。

经典理论渊源与现实社会主义实践的双重影响使中国初期社会主义建设也与计划经济联系在一起。计划经济成为传统社会主义

---

① 《列宁全集》第 40 卷，人民出版社 1986 年版，第 152 页。
② 《斯大林全集》第 10 卷，人民出版社 1954 年版，第 280 页。
③ 《马克思恩格斯选集》第 3 卷，人民出版社 1995 年版，第 304、305 页。
④ 《马克思恩格斯选集》第 3 卷，人民出版社 1995 年版，第 305 页。

建设的基本手段和方式。

客观而言,计划经济天然地与政治因素结合在一起。如果说商品经济的运行依靠的是经济发展的内在因素,那么,计划经济的运作则凭借的是外在的政治权力。计划经济与政治权力的天然一体性在初期社会主义建设过程中体现得淋漓尽致,即经济运行政治化。从新中国的成立到"三大改造"的完成,仅用了七年时间就建立了社会主义制度:通过"三大改造",将原有的五种经济成分转变为单一的社会主义公有制;确立了公有制的基础地位,实行"按劳分配"制度;实施高度集中的计划经济体制。

社会主义建设实践表明:现实社会主义由于跨越了经典理论中社会主义的物质前提,而导致了其先天的发育不足。然而,历史既然选择了社会主义,就体现了社会主体的价值取向。这正是毛泽东建设社会主义的初衷:通过对生产关系的变革促进生产力的发展。社会主义"三大改造"之所以能在短期内完成,其原因正在于此。而后,社会主义建设的初期成就客观上给毛泽东注入了极大自信力。在毛泽东看来,建成社会主义、进入共产主义已成为指日可待的事情了。为此,社会主义走到了"一大二公三纯"的境地,商品经济被当作资本主义的特质加以排斥,高度集权的计划经济体制日益强化。

应该说,计划经济与政治权力之间的胶着和统一也是当时以自然经济占主导地位的社会经济发展的使然。自然经济本身就对政治权威充满依恋。在当时落后的生产力条件下,人们还"不能代表自己,一定要别人来代表他们。他们的代表一定要同时是他们的主宰,是高高站在他们上面的权威,是不受限制的政府权力,这种权力保护他们不受其他阶级侵犯,并从上面赐给他们雨水和阳光"[①]。因此,一则计划经济体制迎合了当时落后的经济社会发展要求,二则有利于集中有限的人财物等各种社会资源进行大规

---

① 《马克思恩格斯选集》第1卷,人民出版社1995年版,第678页。

模的经济建设。但经济社会发展到一定阶段，由"小农的政治影响"而导致的"行政权支配社会"①的计划管理体制也就自然而然地显现出其内在弊端。

但不可否认，社会主义在最初实施计划经济过程中确实取得了成功。无论是中国，还是苏联，通过发挥计划经济在经济建设中有效配置资源的效用，大大加快了工业化发展速度，在较短的时间内改变了落后面貌。其中，具有典型对比意义的是，当西方资本主义世界正在遭遇1929—1933年的经济危机时，苏联经过1917—1941年（其中应除去4年战争时间）的发展，经济地位跃居欧洲第一、世界第二，社会主义呈现出"风景这边独好"的春意盎然态势。以经济增量为标准，第一个五年计划取得了巨大成绩。国民收入年平均增长率为8.9%（按不变价格计算），农业和工业产量的增长每年分别约为3.8%和18.7%。相对于人口2.4%的年增长率，人均生产增长6.5%。第一个五年计划的显著特征是"明显的加速度"。因此，与其他刚刚独立的国家相比，中国经济取得的成功"值得称赞"。②

事实说明，计划经济方式的成功，只能与社会主义社会特定发展历史阶段相联系。这意味着，一旦社会发展抵达某一时期，高度集中的计划经济就难以有效地发挥作用了。其结果就是：就社会整体而言，生产力不能得到快速发展；就社会个体而言，个人价值不能得到较好实现。这是社会主义把目光转向市场经济的基本原因。

实际上，计划经济对社会生产力的束缚与对人的发展形成的羁绊均源于一点，即无视个人之间的主体性差异，甚至将人看作同一的客体存在。这直接压抑了人的劳动活动积极性。换言之，传

---

① 《马克思恩格斯选集》第1卷，人民出版社1995年版，第678页。
② 参见［美］麦克法夸尔、［美］费正清编《剑桥中华人民共和国史》（上卷，革命的中国的兴起：1949—1965），谢亮生、杨品泉、黄沫、张书生、马晓光、胡志宏、思炜译，中国社会科学出版社1990年版，第141页。

统社会主义建设模式的失误，一定意义上，就是无视劳动者之间的能力差异所致。着眼当前，社会主义市场经济之所以展示出蓬勃生机，就在于对劳动能力差别的认可，曾经的"效率优先"分配原则就是有力例证，而生产要素按贡献参与分配更是对强势劳动能力者的一种激励（在存在商品货币关系条件下，按生产要素分配是按劳动能力分配的必然结果①）。

如上所述，计划经济天然地与政治权力结合在一起。这意味着，经济运行方式的政治化必然反映到整个社会经济领域。其中，无论公有制还是按劳分配实际上都成了计划经济的衍生物。就按劳分配而言，"劳"原本并不是一个常量，而具有相当大的弹性空间——对不同的个体而言，劳动量是不同的，但在计划经济条件下，按劳分配也沾染了固化的色彩。其表现就是，传统社会主义在消费资料分配上，虽然坚持按劳分配原则，但同时又"限制资产阶级权利"。②

如果说当年马克思通过对"劳"的内涵的限定而认可了按劳分配原则，从而在理论上保证了尽可能将人们在消费资料分配方面的差距降到最低限度，那么，初期社会主义建设则以否认个体之间劳动能力的差别而将消费资料分配的平等付诸现实。

事物总是在悖论中存在。对一个方面的选择也就同时意味着在另一个方面付出代价。

就现实而言，人们对生活资料的依赖决定了获取物质利益是人们劳动活动的基本动力。正是在此意义上，马克思才说："人们奋斗所争取的一切，都同他们的利益有关。"③ 换言之，追求物质利益构成了人们从事创造历史活动的基本动因。正是人们对物质利

---

① 在存在商品货币关系条件下，按生产要素分配是按劳动能力分配的必然结果。详细论证参见白立强、孟士坤《何谓按劳分配中的"资产阶级权利"——兼与宋朝龙博士商榷》，《信阳师范学院学报》（哲学社会科学版）2007 年第 1 期。
② 参见陈明显《晚年毛泽东》，江西人民出版社 1998 年版，第 576 页。
③ 《马克思恩格斯全集》第 1 卷，人民出版社 1956 年版，第 82 页。

益的追求，才促进了经济社会发展和生产力水平的提高。为此，割断人们的生产活动与其物质利益之间的联系，必然削弱其积极性、主动性和创造性。为此，邓小平指出："为国家创造财富多，个人的收入就应该多一些……不讲多劳多得，不重视物质利益，对少数先进分子可以，对广大群众不行，一段时间可以，长期不行。"① 原因是："人们借以进行生产、消费和交换的经济形式是暂时的和历史性的形式。随着新的生产力的获得，人们便改变自己的生产方式，而随着生产方式的改变，他们便改变所有不过是这一特定生产方式的必然关系的经济关系。"②

这意味着，计划经济以及相应的分配原则作为激励劳动的方式只能与特定的历史条件相适应，一旦生产力发展到一定阶段，不同社会个体尤其其中的劳动能力强者必然要求获得更大的物质利益。然而，计划经济使社会个体内在的利益要求被否定，从而直接削弱了其劳动积极性。不仅如此，就社会发展是一个自然历史过程而言，优胜劣汰的自然选择功能被一种反淘汰机制所取代。因此，一定意义上，计划经济以一种外在的主观意志的形式否定了经济社会发展的内在动力机制。其结果就是，社会整体生产力得不到发展，个体主体性不能实现。

历史是一面镜子，它能折射出实践领域的缺憾。初期社会主义计划经济发展方式的不足，为中国社会主义从新的角度作出选择与调整提供了充分的社会心理基础。

3. 社会主义对市场经济的选择

社会主义选择市场经济，首要原因就是它的效率机制。但是，与市场效率机制相伴随的显性效应——优胜劣汰、两极分化——表现得异常迅猛，这正是马克思主义经典作家拒斥采用商品市场方式建设理想社会的直接原因。

---

① 《邓小平文选》第2卷，人民出版社1994年版，第146页。
② 《马克思恩格斯选集》第4卷，人民出版社1995年版，第533页。

也就是说，把社会主义与市场经济联系在一起，在马克思和恩格斯的理论视域中是不存在的。而在列宁建设社会主义的过程当中，也仅仅是在特定阶段（从苏维埃政权建立到西方发达国家取得社会主义革命成功）并通过特定方式——"新经济政策"来认可商品市场经济的必要性。尽管斯大林和毛泽东在社会主义建设实践过程中存在诸多差别，但有一点是共同的：在指令性计划占支配地位的前提下，允许有限的商品市场经济存在。

与社会主义相反，资本主义生产方式自始即以市场经济为基础。

事实说明，作为调控资源配置的手段，无论纯粹的市场经济还是计划经济，二者都存在着力所不及的调配盲区。因此，它们在推动经济发展过程中都伴随着这样或那样的问题。但二者历经的路径是不同的：计划经济是由盛到衰，市场经济是由衰到盛。

社会主义与资本主义社会发展过程对此作了有力的注解。

就计划经济而言，作为与市场方式相对应的资源调配方式，虽然能够克服由于生产无政府状态而导致的经济发展的无序与资源浪费的弊端，但其自身的内在缺陷也比较明显。

就空间维度而言，生产与消费表现为静态性。也就是说，在一定情况下，社会的生产与消费是一个常量，具有稳定性。其间，计划经济可以较好地通过把握相关信息以发挥配置资源的作用。初期社会主义建设实践的成功就是鲜明的例证。实际上，生产与消费的静态局面不是绝对的，或者说，静态局面常常是通过动态过程完成的。为此，社会的生产与消费又是一个变量。不仅如此，社会生产部门的多样性客观上要求不同门类之间在资源的配置方面达到恰当的比例，以实现生产与需求的平衡。这意味着，为了实现生产过程，就需要对所有的生产门类做到全方位的信息了解。这客观上增大了计划调控的成本。同时，信息反馈的客观性是通过主观性采集完成的，这常常导致信息的片面性，即使能够对信息做到客观反映，也不能排除信息的失效，毕竟从信息的捕捉到根据信息制定计划、实施计划需要一个过程。鉴于此，信息需求的即时性、准确性与实际信息传递之间总是存在着不一致，致使生产与消费之间以及各生产部门之间在产销环节发生扭曲，即一面是供非所求、一面是供不应求。这是计划经济的弊病之一。

就时间维度而言，生产与消费表现为动态性。或者说，生产与消费完全是在质的方面不断提升、在量的方面不断扩展的过程。这意味着：一方面，生产部门将日渐扩大、门类将日益增多，消费领域中人们的需求也呈现出多样化与个性化趋势，要准确地把握它们就需要不断地增设管理部门，其结果就是行政机构将日渐臃肿。且不论其间对生产与消费部门信息的把握已非易事，即使协调各个行政部门机构之间的信息处理与落实就成了一大问题。这直接宣告了计划经济的不可行性。另一方面，就生产与消费之间的关系而言，社会发展的趋势是消费引导生产。也就是说，人们的需求是生产的动力与方向，而需求永远是一个动态过程。计划经济为了实施生产，不得不首先预设一个需求的目标，从而将动态化的需求作静态化的处理。其结果不但不是消费引导需求，反而是生产决定着需求。生产与消费之间的关系错位直接导致了生产失去活力与动力，从而这个过程既不利于生产的发展，也无益于人们消费需求的实现。这是计划经济的又一弊端。

与计划经济形成对照的是，市场经济在当代已经发生了诸多变化，作为一种经济体制已臻成熟。

首先，资本主义市场经济在发展过程中，逐渐从传统的"自由放任"模式演变为现代的"国家干预"模式。这表现在两个方面：一是从微观方面看，各个生产部门在商品经营及其预期目标上趋于长远化；二是从宏观方面看，国家通过制定相关法规与政策使经济运行趋于稳定化。两相统一、交互作用的结果就是，不仅保持了市场对经济运行信号反映的灵敏性，而且还提高了反映的准确性。一定意义上，这打通了传统市场经济条件下不同部门之间经济信息的屏蔽现象，从而在信息传递与共享过程中实现了不同企业之间的生产与需求链接。就此而言，市场经济客观上将计划手段纳入其中，有效地发挥了市场在经济运行过程中进退自由的发展活力。

实际上，对于发达资本主义国家的经济运行状态，根本就不存在一个完全纯粹的自由市场经济体制。尽管西方理论主流倡导自由主义，但根本不存在主张取消政府与法律的学术观点；尽管在理论上有过种种的前提假设，但在实践中却从来没有发生过，而且今后也不会出现。①

时至今日，市场机制在调控资源方面是较为有效的经济运行方式。当然，得出这样的判断并不意味着否认它的某些缺陷。事实上，任何事物都具有二重性。但就经济发展机制而言，市场方式是当前能够发现的最好的经济形式，即它的代价甚微而实效颇高。换句话说，无论与传统市场经济——其弊病是经济危机——比较，还是与计划经济——其弊端是效率低下——比较，现代市场经济都显示了二者不曾拥有的优势。即使现代市场经济也有自身内在弱点，如经济领域的"滞胀"局面，但这仍然不能否认其整体上的优势所在。这意味着，传统市场经济对生产力的破坏与浪费在现代市场经济之中得到了最大程度的化解。

其次，现代市场经济发展日益要求把生产过程从整体性与系统性等全方位角度进行考虑。也就是说，生产过程已经不能仅仅停留在狭隘的企业产品生产线范围内，而是从纵深角度向产前与产后扩展：向后，扩展到生产厂家对产品的售后服务，甚至涉及产品淘汰后的生态保护措施；向前，则扩展到员工培训，以及提供日常生活服务。可以预见，单纯的物质生产过程，已有望将人的整个生命成长与发展过程融入其中。

---

① 参见苏东轼《人与市场——发达国家经济考察》，人民出版社2005年版，第422页。

一定意义上，这触及了人的全面发展之门。现代市场经济的发展客观上要求对相关社会主体进行全方位的呵护，其中，既包括物质领域也包括精神领域，既包括生产过程也包括生活过程，这必然有益于相关主体得到自身的价值实现与全面发展。

最后，市场经济是自由经济，也就是说，人们可以根据自身的兴趣与特长自主选择相应的时间、地点、方式进行劳动。这种能够展示自身特长与兴趣的劳动方式完全有可能成为引人入胜的魔力场，从而将人们置入一个兢兢业业、精益求精的境地：其中，人们及时地捕捉信息、加工信息，在第一时间根据信息做出行动选择与调整。

主体是多样的，或者说，每个主体都有自身独特的兴趣点；同样，客体总是存在的，或者说，需要改造的客体也是永存的。而市场经济就是成就主客体双方达成结合与统一的最佳方式。就现实而言，主客体之间的联合与对接需经历一个过程，其间，主体在对客体选择中实现着自身社会角色的转换。当然，这个过程也时常暴露着主体自身的弱势，但不可否认的是，其发展的主流应是通过对职业的选择与定位实现自身由劣到优的质的转换。

当年，商品经济展示给了马克思主义经典作家一个方面：优胜劣汰；今天，市场经济的发展与完善尤其是社会主义市场经济有望展示给人们另一个方面：促劣为优。

这意味着，马克思主义经典作家当初视域中的商品经济的内在缺陷随着经济社会发展在今天有可能被逐渐消解。

市场机制是目前人类可以利用的最优的经济社会发展方式：借助于利益机制，它激励着劳动者各尽所能；通过竞争机制，它以潜在的优胜劣汰生存压力促使着劳动者不断提高劳动能力。可以预期，市场经济机制在提高劳动能力的基础上，也足以优化人们之间的相互关系。

此即指向了人的全面发展。

（二）一般市场经济与人的全面发展

市场经济作为资源配置方式在人类社会发展过程中具有必然性。

人类社会历史与逻辑演进过程依次表现为自然经济、商品经济和产品经济三种形式。其中，每一种形式都与相应的社会发展阶段相对应，即与特定的社会经济形态相对应。马克思认为："社会经济形态的发展是一种自然历史过程"，"一个社会即使探索到了本身运动的自然规律……它还是既不能跳过也不能用法令取消自然的发展阶段"[①]。显然，经济发展方式与经济社会形态之间的一致关系决定了市场经济在社会发展过程中的自然必然性。

此中原委在于：市场既是推动社会生产力发展的巨大杠杆，也是推动人的全面发展不可或缺的有力环节。

中国特色社会主义对市场经济的选择正是看重其效率机制。当然，生产效率的提高是通过人实现的。市场经济与人也就构成了对应关系，即对立统一关系。市场经济的一般性不会因为与社会主义的结合就发生性质的改变。这意味着，一般市场经济在对人的发展产生着积极推动作用的同时也产生着消极影响。

一般而言，人的存在涉及三个向度，即人与自然之间的关系、人与社会之间的关系以及人与自身之间的关系。其中，人与自然之间的关系是人存在发展的基础性环节，人与社会之间的关系是人存在发展的外在条件，而人与自身之间的关系是人存在发展的价值归宿。

市场经济对人的发展的双重效应主要表现在以下三个方面：

1. 人与自然之间的双重关系对人的全面发展的影响

人源于自然但又不同于自然。换言之，就根本意义而言，作为

---

① 《资本论》第1卷，人民出版社1975年版，第11—12页。

一种生命现象，人是大自然长期发展的产物，本属于自然的一部分。但人又不是一般的生命现象，或者说，比较而言，人同其他生物的显著区别就在于人是意识存在。正是"有意识的生命活动把人同动物的生命活动直接区别开来"。两相比较，诚然，动物也生产，但"动物只是在直接的肉体需要的支配下生产，而人甚至不受肉体需要的影响也进行生产，并且只有不受这种需要的影响才进行真正的生产；动物只生产自身，而人再生产整个自然界"。①可见，人之为人的显著特点就是人不仅仅适应自然，而且在对自然的改造中超越着自然。由此形成了人与自然之间的主客二分关系。

这同时建构了人与自然之间的对立统一关系。

首先，就人与自然的统一而言，二者之间的相互确证推动着双方共同发展。

人与自然之间的主客关系构成了改造与被改造的关系，其间，就是人与自然之间进行物质、能量与信息交换的过程。人根据自己的需要和目的进行着对自然的改造，在自然客体当中完成了主体对象化的活动。一方面，人对自然的超越与改造过程就是人类自身展示主体力量的过程，其直接结果就是在自然客体当中打上了主体的烙印；另一方面，人对自然改造的结果也就是物质生产力的进步与发展，作为客体存在物，它凝结了人的生命活动，体现着人的发展状况，反映着人的主体尺度。就此而言，物质生产力的发展水平是人的全面发展的量度，物质生产力发展水平越高，整体意义上人的发展也就越全面，也就能够为个体意义上人的全面发展创造条件。

市场经济恰似推动这一过程的催化剂。它不断地唤醒、激发着主体力量，使人们将活动领地的广度与深度日益扩大：从陆地到海洋、从水下到天空、从西方到东方、从地球到宇宙……一时间，

---

① 《马克思恩格斯选集》第 1 卷，人民出版社 1995 年版，第 46 页。

人类在自然面前显示了足够的风头。就可能性而言,人类完全有望以时间为坐标轴在任何空间留下印迹。一定程度上,人类好像摆脱了自然对人的束缚与制约,以类似某种左右逢源、游刃有余的状态实现着自由意志,展示着自觉性行动。这种规模空前的人类改造自然的宏大场景,将人类突然间置放到历史主角的高度,而整个自然界也就成了人类尽情表演的舞台,人类俨然成了左右自然的主体力量。

事物的发展总是表达着内在的必然性。市场机制在肯定着人的同时也否定着人。如果说市场经济推动着人在不断地改造自然的过程中,以生产力的发展确证着人的劳动活动的自觉性——这是市场经济对人的肯定;那么,市场经济发生作用的过程也常常伴生着生产的无序与失范现象,从而助推着人的劳动活动的盲目性——这是市场经济对人的否定。对此,恩格斯指出:"我们不要过分陶醉于我们人类对自然界的胜利。对于每一次这样的胜利,自然界都对我们进行报复。每一次胜利,起初确实取得了我们预期的结果,但是往后和再往后却发生完全不同的、出乎预料的影响,常常把最初的结果又消除了。"[1]

因此,如果人类对自然的改造只是以自身的最大化需要为出发点,而不顾忌自然本身,其结果就常常导致对自然的破坏,从而产生资源浪费、环境污染以及各种生态问题,等等。这必然制约、限制人的发展。就此而言,人与自然之间形成了对立关系。

究其原因,市场机制是一种利益机制,它以经济利益为驱动力,从而加快了人对自然改造与利用的节奏,扩展着人对自然改造与作用的范围,深化着人对自然改造与作用的层次。然而,这种状况几近达到了疯狂、无序与失范的程度。它破坏了传统、挑战着人性、触动着道德,它以横扫世间的冷漠宣告着自身的傲慢,它以漠视自然的态度展示着自身的力量,它以崇尚利益的格调表

---

[1] 《马克思恩格斯选集》第4卷,人民出版社1995年版,第383页。

达着固有的逻辑。从宏观层面而言，这反映了人对自然认识的局限而导致的自身发展的片面性，其结果就是行为方式的盲目性。

2. 人与人之间的社会关系对人的全面发展的影响

处理人与自然之间的关系是人类生存与发展的首要条件，这构成了人类劳动活动的基本内容。其中，人与自然之间物质、信息与能量的交换需借助社会关系来实现。也就是说，"人们在生产中不仅仅影响自然界，而且也互相影响。他们只有以一定的方式共同活动和互相交换其活动，才能进行生产。为了进行生产，人们相互之间便发生一定的联系和关系；只有在这些社会联系和社会关系的范围内，才会有他们对自然界的影响，才会有生产"。其中，"各个人借以进行生产的社会关系，即社会生产关系，是随着物质生产资料、生产力的变化和发展而变化和改变的"。①

实践说明，市场经济是人类调动整体资源、从宏观范围内发展生产力的一种方式。它打破了自然经济条件下人与人之间的相互依赖关系，在人之为人的意义上确立了人的独立性地位。这在人的全面发展过程中具有举足轻重的地位。

而在自然经济阶段，人们为了生存，不得不依赖于群体的力量去面对自然界。其间，个体只有依附于某个组织或集体才得以存在，他是"狭隘人群的附属物"②。正如马克思所说："我们越往前追溯历史，个人，从而也是进行生产的个人，就越表现为不独立，从属于一个较大的整体"③。而在市场经济条件下，其动力机制切除了人与人之间某种类似血缘关系的脐带，解除了人与人之间的依附关系，从而使个人获得了独立的人格。一定意义上，社会个体完全可以根据自身的条件选择相应的行为与发展方式。

但是，这种个体的独立性自始就存在着双重化特征，即主体性

---

① 《马克思恩格斯选集》第1卷，人民出版社1995年版，第344、345页。
② 《马克思恩格斯全集》第46卷（上），人民出版社1979年版，第18页。
③ 《马克思恩格斯全集》第46卷（上），人民出版社1979年版，第21页。

与客体性交互共存。其中，就人与自然的关系而言，人作为独立的个体获得了主体性地位；而就人与人之间的社会关系而言，人的独立性同时呈现出客体化倾向。

人的主体性确立就是市场经济对人的发展的积极性作用，而人的客体化倾向则是市场经济对人的发展的消极影响。人的主体性与客体性交互统一的状态是市场经济条件下人的发展阶段性的必然体现。

从人与自然的关系上讲，人类在整体意义确立了主体性。市场经济条件下，人与自然之间的关系当然是人们依然所要处理的最基本的关系，但是，鉴于社会生产力的进步，获取物质生活资料已经不是人类的主要劳动目的，也就是说，其间，人类的物质储备与积累完全为人们在其他领域进行开拓发展提供了保证。就此而言，一定意义上，人类在摆脱自然界对自身生存与发展的制约方面已经迈开步伐，从而在自身劳动活动领域的选择上具备了一定的自由度。其中，人类产业结构的不断调整、升级与换代就是鲜明例证。产业结构的每一次变迁都意味着人类在自然界面前自身能力的整体提升，都体现着人的主体性的确立。

人类整体意义上的主体性同时促动着生命个体的主体性形成。一定意义上，"我的地盘我做主"是市场经济条件下个人主体化的生动表征。在前商品经济时期，人依赖于他人而存在，也就是说，个人的生命活动须由他人而展现，其极端表现就是将个人的生命活动寄托于天。总之，个人难以独立支配自身的生命活动。相反，在市场经济条件下，个人的命运真正回到了自己的手中，每个个体都可以独立地根据自身条件做出职业选择、展示行为方式。由此，整个社会就形成了诸多异质性、多元人生价值共生的发展空间。这种自由的生存与发展模式不能不说是有史以来市场经济带给人类的最具价值的生命馈赠。

人的主体性同时附着人的客体性。这个判断的意思是，在市场经济时期，人尽管摆脱了人对人的依赖性，但同时又置于对"物"

的依赖性之中。而对物的依赖本身就常常将人自身置于某种困境——为"物"所奴役。

不仅如此，市场经济的逻辑是强势者的逻辑。在经济社会领域，一个显见的事实是，它通过物质激励手段张扬着强者，漠视弱者。商品交换过程使人与人之间的社会关系由于劳动能力的不平等而产生了事实上的不平等——这与"商品是天生的平等派"的判断完全可以并行不悖。实际上，商品交换所体现的平等只是交换双方都遵循同一个尺度，即社会劳动。在这一点上，交换者彼此之间在人之为人的意义上不存在高低贵贱之分、孰优孰劣之别，这是商品交换过程中物与物的交换所形成的人与人之间的平等局面。

但是，这种平等充其量只是形式上的平等。人与人之间劳动能力的差别决定了劳动能力弱者总是处于被动地位，一定意义上，人的主体性在社会交换过程中几近消失殆尽，人成了自身乃至他人的工具。

实际上，人的主体性的消解不只局限于弱势劳动者，或者说，一定程度上，社会的强势群体同样沾染了客体化色彩。原因是，在市场经济阶段，人的趋利性倾向总是以实现利益最大化为价值目标，为此，社会强势劳动者难免将自己的手伸入弱者的口袋中。正如经典作家曾经指出的："压迫其他民族的民族是不能获得解放的"[1]，"任何民族当它还在压迫别的民族时，不能成为自由的民族"[2]。在此，马克思和恩格斯用阶级关系说明了压迫者的人身存在与发展的狭隘。就此而言，社会强势阶层表面上的主体性恰恰也包含了潜在的客体性特征。

马克思指出："不是神也不是自然界，只有人本身才能成为统

---

[1]《马克思恩格斯全集》第18卷，人民出版社1964年版，第577页。
[2]《马克思恩格斯全集》第4卷，人民出版社1958年版，第410页。

治人的异己力量。"① 置身于市场经济大潮之中，无论对于"统治者"还是"被统治者"，都处在"异己力量"支配之下。一定意义上，从宏观视域来看，这个作为"人本身"的"异己力量"就是人的发展的相对性。这意味着，人与人之间的对立产生的原因只能从人类自身寻找答案，即发展不全面的个人。

3. 人与自身之间的关系对人的全面发展的影响

就实质而言，人与自身之间的关系是意识与被意识的关系。这正是人与动物的根本区别。换言之，人与动物都是物质存在，就此而言，二者是相同的。但人不但是物质存在物，更是意识存在物。由此，划清了人与动物的界限。也就是说，人之为人的鲜明特点就在于，人作为生命现象是一种精神现象，是在客观存在的基础上生成的主观存在，即意识存在。人的全面发展，确切而言，彻底意义上的人的全面发展必然归结在意识层面。

但意识活动也不能独立存在。人的意识活动作为一种精神体验深深植根于现实的物质领域之中，或者说，物质生产与生活过程同时生成着精神活动。人的全面发展的终极取向就体现在精神活动方面。

市场经济对人的精神世界产生着双重影响。

首先，市场经济为个人实现自身的人生价值提供了较为广阔的空间。市场机制使个人通过融入社会劳动关系之中充分体验人生意义，这有助于实现生命个体的自我价值肯定，从而展现了人的生命活动的自由性。

市场经济就是利益经济。"只要分配为纯粹经济的考虑所支配，它就将由生产的利益来调节"②，而最能获得利益的方式当然以充分展示人的优势与特长为前提。市场经济的魅力就在于，认可基于人的差异基础上的不同个体的独特意义，并给予其各自发

---

① 《马克思恩格斯全集》第 42 卷，人民出版社 1979 年版，第 99 页。
② 《马克思恩格斯全集》第 20 卷，人民出版社 1971 年版，第 218 页。

展的空间与机会。由此形成了"百花齐放"的职业与岗位，个人价值的实现方式日益显示出丰富性。

其次，一定程度上，市场经济机制发生作用的过程也导致了生命个体的精神迷失化。

当今时代是信息时代。信息选择的广泛性必然对人们的精神文化生活产生这样或那样的冲击，并强化了人们的价值与意识盲区，同时，社会主流文化的缺位与各种亚文化的泛滥更加剧了这一不良状况。不仅如此，在更大程度上，人们精神迷失主要源于两种客观现实：精神诱惑与物质诱惑。

就精神层面而言，追求精神生活享受作为人类生存与发展的必然取向总是被人们过度地使用，从而自觉不自觉地就遁入了物极必反的境地，即沦为精神诱惑的俘虏甚至是牺牲品。

就物质层面而言，市场经济的逻辑进一步强化了人们对物质利益追逐的热望。其弊端是，在可能性上，一切事物包括人自身都可成为商品，人与人之间的关系转换为物与物的关系。为此，主体客体化成为客观事实，社会主体沦为客体的奴隶，人物化了。这意味着，对物质利益的过度追求直接导致：一是人生方向的迷茫，即世界观、人生观与价值观的错位与迷失；二是思想道德素质的滑坡，即低俗生活方式与职业行为日渐生成。这体现了人的生命活动的自由困境。

总之，市场经济对人的全面发展存在双重效应。其中，既有积极的肯定方面，也有消极的否定作用。这种矛盾内在于市场经济演进过程中，具有自然必然性。

一般市场经济运动的主导力量是自发的，因此，它对人的发展的负面效应往往是显性的；而社会主义市场经济的运行则体现着明显的自觉性，这意味着，通过各种方式张扬市场经济的积极效应以为人的全面发展创造条件，构成了社会主义市场经济对一般市场经济的超越之处。

（三）社会主义市场经济条件下人的全面发展

蒙田曾说："对于每个人，世界上最重大的事情，就是要变成他自己的主人翁。"① 如果说，在当时这仅仅是一种不可企及的主观愿望，那么，今天则具备了实现这一愿望的现实条件。这就是社会主义市场经济。

社会主义市场经济将在更大程度上把人从各种束缚与制约中解放出来，"把人的世界和人的关系还给人自己"②。就此而言，社会主义市场经济将是市场经济发展的新形态与新阶段。因此，在社会主义制度条件下，市场经济的意义不仅体现在现实层面，即推动社会生产力的发展方面，而且尤为重要的是，市场经济将在社会主义的框架下为人的全面发展创造条件。

自从马克思主义诞生以来，社会主义就与人类的美好理想联系在一起，这就是："代替那存在着阶级和阶级对立的资产阶级旧社会的，将是这样一个联合体，在那里，每个人的自由发展是一切人的自由发展的条件。"③

市场经济与社会主义理想目标的一致性必然意味着，社会主义市场经济的发展就不是仅仅停留在策略层次上，它不仅仅属于手段，也具有目的意义。按照这种思路，社会主义对市场经济体制的选择，将有望打造一种珠联璧合的双赢局面，从而开辟人类社会发展的新阶段。其中，最具典型意义的方面体现在市场经济对人的全面发展的推动之中。

1. 社会主义市场机制对人的全面发展的理论分析

当前，社会主义正处于由人的依赖性向"以物的依赖性为基

---

① 转引自［德］恩斯特·卡西尔《论人：人类文化哲学导论》，刘述先译，广西师范大学出版社2006年版，第3页。
② 《马克思恩格斯全集》第1卷，人民出版社1956年版，第443页。
③ 《马克思恩格斯选集》第1卷，人民出版社1995年版，第294页。

础的人的独立性"① 过渡时期。社会主义市场经济作为推动生产力发展的动力机制以承认人的差异性为前提,生成着人的主体性,在人类社会发展史上开始了人的全面而自由发展的新阶段。换言之,就理论而言,人的全面自由发展固然包括诸多方面,但就现实而言,物质生产的基础性地位决定了社会成员从自身条件出发,根据个人兴趣、爱好与特长在劳动活动方面做出主体性选择应是其基本要义。为此,社会主义市场经济对人的全面发展的作用就体现在以遵循经济社会发展规律为前提,自觉将经济社会发展与人的发展统一起来。这表现在以下几点。

第一,市场机制在深度与广度上日益拓展着人与自然之间的关系,这表现为劳动分工的深化与细化。这为人的自由发展创造着条件。

市场经济就是借助利益驱动而实现的效率机制。它以"普遍趋向于最经济地利用资源"为标尺,或"'盲目地'遵循着资源利用最大化的途径"②,从而以非人格化形式实现着各种资源的优化配置:人力资源与物质资源在相互选择的动态过程中完成最佳结合与统一,即达到"人尽其才,物尽其用"。这个过程的直接结果就是人类实践活动范围日益扩大、活动形式日益丰富与多样化。换言之,也就是社会主体从深度与广度上日益拓展与自然的关系、与社会的关系以及与自身的关系,其表现就是社会分工体系的扩大与劳动方式的增加。其间,每个个体都以自身独特的优势实现个人价值以获取最大化收益。

如马克思所言:"社会必须合理地分配自己的时间,才能实现符合社会全部需要的生产。"③ 而市场经济就是实现这种时间分配的内在机制。当然,时间分配的合理化是以空间形式完成的,以

---

① 《马克思恩格斯全集》第46卷(上),人民出版社1979年版,第104页。
② [英] F. A. 哈耶克:《致命的自负》,冯克利译,中国社会科学出版社2000年版,第11—12页。
③ 《马克思恩格斯全集》第46卷(上),人民出版社1979年版,第120页。

达到"均衡地分配生产力"①。其逻辑结果就是，它"创造出一个普遍的劳动体系"②。换言之，"在产品普遍采取商品形式的社会里，也就是在商品生产者的社会里，作为独立生产者的私事而各自独立进行的各种有用劳动的这种质的区别，发展成一个多支的体系，发展成社会分工"③。

这意味着，市场经济在两个方面实现着范围的拓展：就实践主体而言，市场经济机制力图为每个社会成员实现自身价值创造着条件；就实践客体而言，市场经济机制力图将人类生活的方方面面都纳入劳动活动范围。同时，就可能性而言，人的知识、天赋、特长的差异性和技能的多样性与人类实践活动范围的广泛性对各种劳动能力需求的丰富性存在着某种对应或一致关系。鉴于此，市场经济机制可以"使任何拥有特别适合于某项特定工作之知识的人在激励之下尽可能地去从事该项特定工作"④，从而一个现实的、丰富的以及不断扩展的人类劳动分工与职业分化体系就开始形成了。

就理论而言，在市场经济机制作用下，一旦相应的条件具备，那么，与人的生存方式与发展需要相关的——无论是直接的还是间接的，无论是公共领域还是私人领域，一切方面、环节都有可能独立出来作为一种职业或劳动选择。如家政服务人员走进百姓生活、拾金不昧中介公司的产生以及医疗监督师职业的登场，等等。可谓"生旦净末丑，粉墨登场；赤橙黄绿蓝，异彩纷呈"。以西方社会家庭生活为例，"私人领域正面临着消失的危险。随着资本主义和商品生产的大发展，原来很多的家务工作已被专业化，转变为有偿的对外服务。这种趋势还在继续。那些市场以外所剩无几

---

① 《马克思恩格斯全集》第46卷（下），人民出版社1980年版，第298页。
② 《马克思恩格斯全集》第46卷（上），人民出版社1979年版，第392页。
③ 《马克思恩格斯全集》第23卷，人民出版社1972年版，第56页。
④ [英] F. A. 冯·哈耶克：《个人主义与经济秩序》，邓正来译，生活·读书·新知三联书店2003年版，第142页。

的创造性生产活动领域正逐渐消逝，而我们的工作与生活则愈加受控于经济理性与市场的逻辑"①。

总之，"天生我材必有用"是市场经济条件下人的价值实现多样化的鲜明写照。其中，不论高雅的劳动活动，还是庸俗的职业行为；不论是智者的睿智选择，还是愚钝者的随意盲动，都是市场经济演绎发展过程中透露出来的生机与活力。

因此，市场经济的内在动力机制客观上促成着人与自然的全方位结合，即随着时间的推移在空间方面实现着人与自然之间关系的不断拓展。其直接结果便是，社会分工体系在深度与广度方面日益分化与细化，即分工多样化态势日渐明显。

可以说，市场经济似商海涌涌，其张扬的逻辑就是"八仙过海，各显神通"，即"人们的天赋不同，他们各自按照自己的能力完成各种不同的工作"②。一定意义上，这体现了主观愿望与客观需求的统一。全面与自由发展内涵固然丰富，但主体根据自身意愿与客体之间在动态选择过程中实现静态统一应是其基本内涵。为此，社会分工作为"某种社会过程的精巧结果"，社会主体可以根据自身情况从事这种或那种劳动，"他的意愿是由他的天赋、爱好、他所处的自然生产条件等等自然而然地决定的"③。

同时，一定意义上，分工细化的必然趋势为社会主体从事不同的劳动活动提供了可能性。就理论而言，"劳动由于分工变成了简单劳动，从而这种劳动很容易达到熟练程度"④。或者说，"分工愈细，劳动就愈简单化"⑤。这为社会成员实现劳动活动方式的自由转换提供了现实条件，即社会分工深化与细化使"劳动的变换、

---

① ［英］肖恩·塞耶斯：《马克思主义与人性》，冯颜利译，东方出版社2008年版，第222—223页。
② 《马克思恩格斯全集》第47卷，人民出版社1979年版，第323页。
③ 《马克思恩格斯全集》第46卷（下），人民出版社1980年版，第472页。
④ 《马克思恩格斯全集》第47卷，人民出版社1979年版，第321页。
⑤ 《马克思恩格斯全集》第6卷，人民出版社1961年版，第503页。

职能的更动"成为可能。因此，社会主体就逐渐转变为"把不同社会职能当作互相交替的活动方式的全面发展的个人"①。

第二，市场机制对劳动生产率提高的要求客观上使生产工具系统的科技含量不断提升。如高兹认为，新技术的引进正把我们导向这样一种境况，那就是人人享有全职工作的目标已不再可能，也没有必要了。社会生产不再需要每个人都投入到全职工作中去。② 这为人的自由全面发展创造着物质条件。

一定意义上，生产资料构成了人的发展程度的标尺，即"各种经济时代的区别，不在于生产什么，而在于怎样生产，用什么劳动资料生产。劳动资料不仅是人类劳动力发展的测量器，而且是劳动借以进行的社会关系的指示器"③。"个人是什么样的，这取决于他们进行生产的物质条件。"④

市场的效率机制促动着生产工具系统的技术水平日益提高，其间，机械型与智能型生产工具的应用已经（或即将）弥补个体之间劳动能力水平的差异，一定程度上，人的先天劳动能力之间的差别与个体禀赋在劳动中的决定作用日趋弱化。这意味着，人的"特殊技巧失去任何价值"，从而劳动对社会成员的需求"就不需要体力上或智力上的特别本事和技能了"。⑤

一是机械型劳动工具的应用逐渐地简化了劳动过程、降低了劳动强度。一定意义上，劳动的主要载体从人转移到了物——生产工具上面。当年马克思以批判的基调指明了机器大生产的弊端："人们在这里只不过是没有意识的、动作单调的机器体系的有生命的

---

① 《资本论》第1卷，人民出版社1975年版，第534、535页。
② 参见［英］肖恩·塞耶斯《马克思主义与人性》，冯颜利译，东方出版社2008年版，第219页。
③ 《马克思恩格斯全集》第23卷，人民出版社1972年版，第204页。
④ 《马克思恩格斯选集》第1卷，人民出版社1995年版，第68页。
⑤ 《马克思恩格斯全集》第6卷，人民出版社1961年版，第503页。

附件，有意识的附属物。"① 但从另一方面看，这又为人的自由劳动活动提供了条件，即借助机器工具进行劳动的社会成员"无须大力培训，就能从一种机器转到看管另一种机器"，从一个生产部门转移到另一个生产部门，"专业都被消灭了"。②

二是社会发展昭示着一个显见的趋势，即人类的劳动方式逐渐由体力型向智力型转变，由物质性向精神性转变。众所周知，智力型或精神性活动成果具有先天的共产主义品格，它可以被无限地复制为每个社会成员所共享而不至于降低其价值与意义。目前，信息技术的发明使社会成员对精神性、智力性成果的共享成为可能，而智能型工具的应用使精神性劳动方式成为现实。这意味着，就理论而言，鉴于科技进步作为支撑，一定意义上，个体之间智力方面的差别在劳动分工方面的决定性作用日益缓解或淡化，这客观上为个人自由劳动活动提供着条件。

第三，市场经济极大地促进了生产力发展，其客观趋势表现在两个方面：一是将人们日益从直接的物质生产领域解放出来；二是生产发展的高效率使劳动时间日益减少，自由时间相对增长。就前者而言，马克思认为，人类能力全面而自由发展的领域作为"真正的自由王国"，"只是在由必需和外在目的规定要做的劳动终止的地方才开始；因而按照事物的本性来说，它存在于真正物质生产领域的彼岸"③。显然，马克思的意思是，人的自由发展只有在摆脱了物质生产的制约的前提下才能实现。在市场经济条件下，一个客观事实是，生产力的发展使越来越多的社会成员脱离开直接物质生产领域而投入到其他劳动活动过程。这意味着，一定意义上，人与自然之间的物质交换已经不再是人类生活的重心，从而社会成员的基本生活着眼点逐渐转移到社会以及自身等方面。

---

① 《马克思恩格斯全集》第47卷，人民出版社1979年版，第526页。
② 《马克思恩格斯全集》第47卷，人民出版社1979年版，第524、523页。
③ 《马克思恩格斯全集》第25卷，人民出版社1974年版，第926页。

摆脱物质生产对人的发展的制约性，这为社会成员自由劳动活动提供了物质基础。

就后者而言，市场经济阶段尽管还是属于"人对物的依赖"时期，但"物的生产"已经不再成为人的存在和发展的"瓶颈"。一定程度上，人类劳动时间总体下降趋势就是明证。随着劳动时间的减少，从而自由时间相对延长。自由时间就是"个人得到充分发展的时间"，即"自由时间——不论是闲暇时间还是从事较高级活动的时间——自然要把占有它的人变为另一主体，于是他作为这另一主体又加入直接生产过程。""由于劳动要求实际动手和自由活动，就象在农业中那样，这个过程同时就是身体锻炼"①。这为社会成员的自由劳动活动提供了时间条件。

西方学者已经注意到："在 21 世纪开始之时，要回归到正式的充分就业之中只不过是在白日做梦。失业和非标准形式的工作，其中包括兼职工作、临时工作和契约工作，就像美国西北部的重工业区、硅谷和道琼斯股票指数一样，都是经济景象中的一个部分。"时至今日，"'就业'的意义已经发生了根本的变化。过去它指的是专职的正式工作，而现在则包括兼职工作、临时工作，以及比例越来越大的自营职业"②。就业方式与性质的变迁说明，人已经不再从属于一种单一的劳动形式，在条件许可的情况下，个人可以在任何一个劳动部门与劳动岗位进行活动。不仅如此，就业性质的变化同时意味着可支配的自由时间的增加。鉴于此，个人完全可以根据自己的需要选择相应的活动方式，这个过程也就是人的全面发展过程。

可以预期，市场经济发展将抵近这样一个目标，在那里，"教育的工具和游戏的工具、生产的工具和交往的工具、工作的工具

---

① 《马克思恩格斯全集》第 46 卷（下），人民出版社 1980 年版，第 225—226 页。

② [英] 菲利普·布朗、休·劳德：《资本主义与社会进步：经济全球化及人类社会未来》，刘榜离、张潮译，中国社会科学出版社 2006 年版，第 251 页。

和休闲的工具将成为同一个工具，各种性质的活动之间的界限变得模糊了。教育对于教育者和受教育者，生产或工作对于劳动者和管理者，将不再像以往那样枯燥、单调和刻板，因而会更轻松和更有效"①。其中，"不同年龄的人都会发现自己的生命历程更加和谐，因为工作的工具和娱乐的工具将越来越合而为一。"② 无论年龄与性别、抑或生产与消遣，每个个体都展示着自身独特的生命调色板，体验着人生活动的丰富性，即人的全面发展。

2. 社会主义市场经济对人的全面发展的经济保障

如上所述，人的全面发展寓于劳动过程中。劳动活动的实现表现在两个方面：一是劳动权，即劳动者与生产资料实现结合的权利；二是择业权，即劳动者根据自身条件选择与最有利于发挥自身优势的生产资料结合的权利。

就理论而言，市场机制只能满足其中的一个方面，而不能全盘兼顾，也就是说，在择业权上，市场给予了每个人行为选择的自由，但它并不能保证每个人都能够在相应的时期内实现自身的劳动权利。

相对于自发发展的资本主义而言，社会主义的发展过程体现着自觉性。可以说，社会主义自建立、完善到发展始终立足于人类社会宏大背景之下、遵循着人类社会发展规律、适时地提出自身建设的任务，将社会发展的代价降低到最低限度。这是社会主义优于资本主义的鲜明特色。

市场经济天然地与资本主义结合在一起。其中，市场机制对个体行为的张扬同时也伴随着对个人权利的蔑视：诸多个体丧失了劳动的权利，何谈人的全面发展呢？

---

① 郭湛：《主体性哲学——人的存在及其意义》，云南人民出版社2002年版，第283—284页。

② ［美］尼古拉·尼葛洛庞帝：《数字化生存》，胡泳、范海燕译，海南出版社1997年版，第259页；转引自郭湛《主体性哲学——人的存在及其意义》，云南人民出版社2002年版，第284页。

劳动权的丧失就是劳动者不能与劳动资料实现有效结合。由此可见，劳动资料对于劳动者的意义非同寻常。一定程度上，对"物"的占有构成了人的主体性的基础条件。

对此，黑格尔指出："惟有人格才能给予对物的权利，所以人格权本质上就是物权。"① 也就是说，只有从个体对其所有物的所有权出发，人格概念才能得到理解。

同样，张东荪引用斯宾格勒的下列表述反复阐明此意："人格乃一特别重要之古典概念……且'物'一概念亦仅在与人格一概念对比及为其所有物时始有意义。"张东荪似乎已认识到，只有在所有权中，特别是私有财产权中，人才成为法权主体，才成为真正意义上的个体，从而获得自身的人格规定。早年黑格尔也曾经在《历史研究片断》中道出了这一真理："在近代的国家里，保障私有财产是全部立法绕之旋转的枢轴，公民的大部分权利都与此相关。"只有作为法权主体，我的意志才是人的意志，人才是一个单元，亦即真正意义上的个体。可见，人格的生成需要建立在"物"的土壤之上。②

当年，马克思和恩格斯在对理想社会的构建中特别强调所有制问题的重要性。因为"一个除自己的劳动力外没有任何其他财产的人，在任何社会的和文化的状态中，都不得不为占有劳动的物质条件的人做奴隶。他只有得到他人的允许才能劳动，因而只有得到他人的允许才能生存"③。可见，劳动力与劳动资料的分离构成了影响劳动者生存与发展的双重困境。为此，"生产者只有在占有生产资料之后才能获得自由"④。也就是说，在占有生产资料的基础上，实现与生产资料的结合即进行劳动活动，是人全面发展

---

① ［德］黑格尔：《法哲学原理》，范扬、张企泰译，商务印书馆1961年版，第48页。

② 参见陈赟《人格、法权与所有制形式——张东荪论中西人文精神差异之根源》，《社会科学论坛》2002年第3期。

③ 《马克思恩格斯全集》第19卷，人民出版社1963年版，第15页。

④ 《马克思恩格斯全集》第19卷，人民出版社1963年版，第264页。

的基础性条件。

为了保证人的自由全面发展,马克思在对资本主义社会批判的前提下,在理想社会的所有制问题上得出的理论预期是:未来社会要"重建个人所有制"。他指出:"从资本主义生产方式产生的资本主义占有方式,从而资本主义的私有制,是对个人的、以自己劳动为基础的私有制的第一个否定。但资本主义生产由于自然过程的必然性,造成了对自身的否定。这是否定的否定。这种否定不是重新建立私有制,而是在资本主义时代的成就的基础上,也就是说,在协作和对土地及靠劳动本身生产的生产资料的共同占有的基础上,重新建立个人所有制。"① 这是马克思关于"重建个人所有制"思想的经典表述。

当然,对于"重建个人所有制"含义的理解,学界存在着不同的观点。在此,笔者并不涉及这一问题。笔者的思路只在于仅就该论题对于人的全面发展的意义做相应阐述。

实际上,"重建个人所有制"的基本内涵,就在于摒弃劳动和资本相对立的所有制,重建劳动者对生产要素即劳动和生产资料的个人所有制。其主旨在于使劳动者实现与生产资料直接结合即真正占有生产资料,以充分发挥劳动者的自由个性,为劳动者的全面发展创造物质基础。作为否定之否定,它既扬弃了资本主义私有制,又在资本主义发展成就的基础上,使劳动主体与劳动的客观条件重新统一。当然,这里的个人已经不是孤立的个体,而是联合起来的具有社会性的个人。因此,"重建个人所有制"不是对前资本主义"个人的、以自己劳动为基础"的所有制的简单回归,而是在更高的层次上的实现。尽管这种实现重现了类似于出发点的某些特征,但实质上是建立在社会化大生产基础上的"社会个人所有制"。②

---

① 《马克思恩格斯全集》第 23 卷,人民出版社 1972 年版,第 832 页。
② 参见时新华、许庆朴《"重建个人所有制"才能实现人的全面发展》,《山东师范大学学报》(人文社会科学版) 2005 年第 5 期。

一旦社会占有了生产资料,"人在一定意义上才最终地脱离了动物界,从动物的生存条件进入真正人的生存条件。人们周围的、至今统治着人们的生活条件,现在受人们的支配和控制,人们第一次成为自然界的自觉的和真正的主人,因为他们已经成为自身的社会结合的主人了"。"人们自身的社会结合一直是作为自然界和历史强加于他们的东西而同他们相对立的,现在则变成他们自己的自由行动了。至今一直统治着历史的客观的异己的力量,现在处于人们自己的控制之下了。只是从这时起,由人们使之起作用的社会原因才大部分并且越来越多地达到他们所预期的结果。这是人类从必然王国进入自由王国的飞跃。"①

当前,社会主义远未达到建立"社会个人所有制"的条件,但是,认可这一客观事实并不简单地意味着社会主义无视自身承担的历史使命。事实上,社会主义自诞生之日起,就秉承自身的价值理想与人文取向,以社会发展规律为圭臬,为人的全面发展创造着条件。

尤其自改革以来,社会主义所有制结构不断调整,从原来的单一公有制转变为以公有制为主体、多种所有制经济形式并存。一定程度上,这契合了人之存在与发展方式的规律,从而为不同的劳动者实现劳动权与发展权提供了物质前提。

人是类性、群体性与个体性的现实统一。这意味着:一方面,人的三重属性本身是并存的。任何时代的任何个人在其现实的人生过程中都必然受到人的三重属性的影响与制约,从而内在地表现着人的三重属性。另一方面,鉴于生产力或者说人的劳动能力的发展程度,在特定历史时期,人类总是以某一方面的属性表现为主,而其他方面属性的表现则处于次要的、潜在的状态。大体说来,人的属性的主要方面表现形式依次为群体性、个体性与类性。人的属性的主要方面往往要求与之相匹配的经济制度模式。

---

① 《马克思恩格斯选集》第3卷,人民出版社1995年版,第633—634页。

也就是说，人的内在主流属性必然决定了在社会经济制度方面作出相应建构。在人类社会的群体性时代，生产资料所有制形式也就是公有制；随着人的劳动能力分化，人逐渐作为独立的社会主体展示自身，并最终确立了其个体性地位。与之相一致，生产资料的所有制形式也就表现为私有制；而社会的发展终将人的劳动能力水平推向同一平台之上，即达到全新的能力层次，由此，人类社会就踏入了类的属性时期，人的类性自然对应着生产资料的类的所有制形式，即社会个人所有制。[①]

现阶段，社会主义以公有制为主体、多种所有制经济并存的所有制结构顺应了人的发展的要求，从而为人的全面发展提供了新的历史契机。因为：

首先，受经济社会发展水平所决定，现阶段是由人的依赖性向人的独立性发展过渡时期，即人的属性由群体性向个体性发展的时期。由此决定了所有制形式的多层次性。其中，既包括与人的群体性相对应的公有制，也包括与不同的个体能力水平相一致的私有制形式。当然，鉴于人的个体性与群体性之间的相容性，自然也存在混合所有制。

其次，社会主义的价值目标也决定了多种所有制结构共存是经济社会发展的使然。经济社会发展本身就是宏观与微观的统一。就宏观层面而言，经济社会需要整体协调发展；就微观层面而言，经济社会发展过程是由其中的各个个体直接参与完成的。其中，前者决定了公有制经济形式存在的必要性，后者决定了其他多种所有制经济形式的必然性。不仅如此，社会主义作为理想社会的现实形态理应为每个人的发展创造条件，这当然需要公有制经济发挥作用。

最后，人的属性之间的关系也决定了以公有制为主体、多种所

[①] 参见易小明《从人的三重属性看当前我国所有制变革的合理性》，《北京大学学报》（哲学社会科学版）2002年第3期。

有制经济并存的科学性。尽管在不同社会发展阶段，必然存在人的属性某一方面占据主要地位，其他方面的属性表现为边缘化、隐性化状态，但这并非意味着人的属性的次要方面没有价值或意义。恰恰相反，人的各方面属性作为矛盾的统一体，正是借助于它们之间的相互作用才保证了人类整体发展。这说明，在现阶段，就人的基本属性而言，对个体性的张扬必然在一定程度上对人的群体性乃至类性产生冲撞，其最终结果将削弱人类自身的发展状态。鉴于此，通过完善多种所有制结构以为人的各个属性发展创造条件，自然是当前社会主义所有制变革的基本取向。

四十年来我国的社会主义改革，就是在全面吸收人类文明发展的一切优秀成果的基础上，建立了以公有制为主体、多种所有制经济并存的所有制形式。这是从深层次上协调、适应了人的类性、群体性和个性和谐发展的经济制度安排，从而在一定程度上为人的全面发展提供了保障。

3. 东方实践模式对人的全面发展的文化提升

社会主义自始就与全球化进程密切联系在一起。社会主义的建立是如此，市场经济体制的建立是如此，人的全面发展的提出也是如此。

其中，社会主义制度是在马克思主义理论指导下建立的，而市场经济体制则是对西方文明的引入，无论马克思主义还是市场经济，二者都属于西方文化范畴。一定意义上，这显示了西方文化的强势力量。但由此也不能无视东方文化的价值意蕴。换言之，如果说西方文化作为强势力量曾经一度影响与引领了人类文明发展进程，那么，在之后的时期，东方文化有望通过发挥自身的人文底蕴将人类发展过程提升到一个全新阶段。

一般而言，人类的实践过程都是在特定的客观条件下进行的，客观环境不同，其相应的实践模式也就不同。而实践过程又是基于对客观对象的认知实现的。这意味着，对认知对象存在性质的判断直接影响着实践模式。

概而言之，西方文化一般把认知对象视作自在存在，而东方文化一般把认知对象视作自为存在。前者表明人与自然界之间是"天人二分"的关系，后者则表明人与自然界之间是"天人合一"的关系。两种不同的认知方式决定了东西方不同的实践模式。①

就西方文化而言，"天人二分"不仅仅限于人与自然界之间，换言之，一定意义上，人与自然界之间"天人二分"关系的基础性地位决定了在人与人以及人与自身之间也存在分界。这正是市场经济二重性的认识根源。

从人与自然界之间的关系来看，"天人二分"的思维方式意味着人类在处理与自然界的关系上完全是利用与被利用的关系。这表现为，一方面，在一定程度上促进了生产力的发展，另一方面，由于对自然界的过度索取而破坏了生态环境资源。其中的积极方面与消极方面只能由人来说明：前者体现了人的发展的自觉性，而后者则表现了其盲目性。

从人与人之间的关系来看，西方文化中"天人二分"的认识逻辑重在张扬人与人之间的能力差别。这体现在，它着眼个体、崇尚个人主义。在市场经济条件下，对个体采用物质手段方式加以激励，由此在人们之间划分了优劣之别。优者可以体味人的主体性意义，而劣者只能品尝人的工具性或客体性涩果。

从人与自身之间的关系看，西方文化"天人二分"的认知方式同样将人的存在二分剥离。其结果是，人的活动与其价值取向发生扭曲、偏离。一般而言，人是物质活动与精神活动的统一。在某种限度范围内，二者的统一就体现为人的生命活动的自由。但在市场经济条件下，对物的依赖性直接导致了人的精神迷失，从而遁入人生价值的误区，这直接导致了人的生命活动与自由相悖。

---

① 参见余金成《社会主义的东方实践——解读马克思主义基础理论的现代形态》，上海三联书店2005年版，第213—216页。

由此可见，如果说西方文化与市场经济的天然一体性而使其曾经生机勃勃，那么，一般市场经济的弊端尤其对人的发展的负面效应日益显见。而西方文化已经无法从根本上解决这些问题。

东方文化将有望展示其内在魅力。这表现在东方实践模式对人的全面发展的全新提升之中。

就东方文化而言，"天人合一"的认知观既反映在人与自然界的关系之间，也反映在人与人以及人与自身的相互关系之中。其鲜明的体现就是传统文化中的和合思想。①

首先，人与自然之"和"。人与自然是统一的。汉代大儒董仲舒第一次明确提出天人"合而为一"："事各顺其名，名各顺于天。天人之际，合而为一。"（《春秋繁露·深察名号》）宋代张载正式提出"天人合一"思想。宋"二程"和朱熹以"人与天地一物也"，故"仁者以天地万物为一体"发展了"天人合一"的哲学思想。"天人合一"是从"和一（合一）"的角度，展示人与天道、自然的"和"的关系状态。

由人与自然的统一推出"仁爱万物"的思想。孔子认为"仁者，爱人"。儒家则从"天人合一"的观点出发，从"爱人"扩展到"爱物"，要求正确处理人与自然的关系。孟子说："仁者，人也；合而言之，道也。"（《孟子·尽心下》）由此，他主张"仁民而爱物"（《孟子·尽心上》）。汉董仲舒把"仁"直接扩展到仁爱万物，完成了"仁"从"爱人"到"爱物"的转变。

其次，社会内部人与人之"和"。"天人合一"的认知观念可以内化为以"和为贵"的处世原则。其意思是，君子在尊崇道义的大原则下，对具体问题可以各有自己的独立见解，不强求一律，即存异求同。同时，孟子提出"父子有亲，君臣有义，夫妇有别，长幼有序，朋友有信"等"五伦"，并将之作为实现社会和谐的人

---

① 参见陈都《儒家"和合"思想对构建和谐社会的指导意义》，《鸡西大学学报》2008年第4期。

伦关系所必须遵循的规则。在这五伦中，各个个体都有自己的身份和位置，并且都要承担与自己身份对应的义务和职责，这就从社会关系层面搭建起了保持人际关系平等和谐的基本原则。

最后，人的身心之"和"。"天人合一"的认知观念在人自身上的作用表现就是抵达一种自在从容、礼乐人生的生命气象。《中庸》中说："喜怒哀乐之未发，谓之中；发而皆中节，谓之和。中也者，天下之大本也；和也者，天下之达道也。致中和，天地位焉，万物育焉。"身心之和，自然意味着一种积极乐观的心态、自然豁达的心胸、坦荡平和的心境、超脱怡然的心神；讲究身心之和谐，内外之平衡。心中保有"和"的心态，由衷而发，自然"发而皆中节"，无过无不及；做事从容而有条理，稳重而不走极端；坦坦荡荡、顺天应物，达到"从心所欲不逾矩"，"小大由之"的自由境界。

上述东方文化的和合思想对于正确处理人与自然、人与人以及个人身心之间的关系具有指导意义，而这将在社会软环境层面为人的全面发展提供保障。

从人与自然界之间的关系来看，"天人合一"的思维方式有助于人类以理性或者自觉的方式处理与自然界的关系，从而将人的行为方式盲目性降低到最低限度。其表现是，一方面，各社会成员通过恰当处理人与自然的关系而实现自身的价值，另一方面，自然界也由于人的作用而兼具了属人的倾向，从而彰显其意义并为人的存在与发展提供条件。这种人与自然之间相得益彰的表现正是人的全面发展——自觉性的客观表征。

从人与人之间的关系来看，东方文化中"天人合一"的基本取向就在于强调人与人之间的统一，即从整体角度看待个体：它标榜群体、高扬集体主义，其中各个社会成员都是平等的主体存在。这就在一定程度上削弱了人与人之间的优劣之别，并为优者更优、劣者变优创造条件，以最大程度地实现人的主体性。这种优劣共进的局面正是人的全面发展——主体性的表现。

从人与自身的关系看,东方文化"天人合一"的认知方式将人的物质存在与精神存在等齐视之,也就是说,它既关注人的生命活动,也关爱人的精神家园。其结果是,倡导人的物质存在与精神存在的统一,人的物质活动与精神活动的统一。这种统一就体现为人的自由性。一定意义上,东方文化内在意蕴将有助于消解市场经济条件下人的物质活动与精神活动的偏离现象,即由于对物的过度依赖而导致的自我迷失。这种物质活动与精神活动的内在一致性正是人的全面发展——自由性的表现。

可以预期,借助东方文化的底蕴,社会主义将在更高层次上书写市场经济发展的续篇,同时,在东方文化背景下,社会主义市场经济也将在全新的意义上推进人的全面发展。而这需要社会主义在相关制度建设等方面进行完善,以为人的全面发展提供现实途径。

八 中国特色社会主义推进人的全面发展实践

社会主义发展的自觉性就是社会发展的理性表达。就此而言，社会主义作为理想社会的现实体现首先就是较为优化的社会发展方式。就社会发展过程来说，它所依赖的力量是人，它所服务的对象是人，它的发展目标也是人。为此，人的问题构成了社会发展的核心。而其中最为关键的是，人的自身发展问题。或者说，人的发展与社会发展呈正相关关系，把握了人的发展就等于触及了社会发展的原点。为此，社会主义作为优化的社会发展方式自觉将人的发展与社会主义建设实践统一起来。这意味着，中国特色社会主义建设实践同时也是推进人的全面发展实现的过程。

（一）人的全面发展过程的理论探析与现实演进

人的发展是一个自然历史过程。这包括两个方面：一是人的发展一般过程具有客观性，符合事物运动、变化和发展的普遍逻辑，这体现了人的发展的规律性；二是人的发展具体过程具有主观性，反映了人的主体性愿望与要求，这体现了人的发展的价值性。其中，价值性受规律性的制约并表达着规律性，规律性导引着价值性并支持着价值性。为此，人的全面发展是客观性与主观性、规律性与价值性的统一。

人的发展是一个自觉推进过程。这也包括两个方面：一是人的发展过程都是在对客观事物认识的基础上,发挥自身能动性的结果,这体现了人的发展的主动性;二是人的发展过程都是在具体的环境中进行的,必然受到客观条件的影响与限定,这体现了人的发展的现实性。其中,主动性受现实性的制约并表达着现实性,现实性规范着主动性并支持着主动性。为此,人的全面发展是主动性与现实性的统一。

实际上,人的全面发展的自然过程与自觉过程不是不同的两个过程,而是同一发展过程的两个方面。一般来说,二者的区别仅仅在于,自然过程体现了人的全面发展的客观现实性,而自觉过程体现了其主体能动性。也就是说,人的全面发展的自然过程通过自觉过程开辟着道路,而人的全面发展的自觉过程使自然过程得以展现。

为此,人的全面发展就是自然过程与自觉过程的统一。这种统一体现了人的全面发展的历史必然性,并寓于现实的社会发展过程中。

这意味着,人的全面发展不是一个理论问题,而是一个现实问题。中国特色社会主义建设实践与人的全面发展密切联系在一起。

1. 人的全面发展是自然历史过程

人的全面发展是客观性与主观性、规律性与价值性的统一。

人的全面发展的客观性实际上就是人的全面发展的确定性。就特定历史时期而言,人的全面发展总是静态的,这体现了人的全面发展的具体性;而就整个历史过程而言,人的全面发展则是动态的,这体现了人的全面发展的上升性。

人的全面发展的确定性源于人的存在与发展空间同样属于物质范畴,这意味着,人的全面发展的确定性就是人的全面发展的内容方面。鉴于此,人的全面发展过程同样遵循物质世界的运动规律,具有不依人的意志为转移的内在规律性。

人的全面发展的主观性就是人的全面发展的自主性。人不但是物质存在物,也是意识存在物。为此,人作为思维主体始终不满足于当下的自身存在与表现样式,而力图不断突破外在环境对自身的先在限制,以在较为广阔的范围内取得更大的自由度。这正是人的创造力的外在表现。

但是,人的全面发展的自主性并不能总是转变为现实性。也就是说,人的全面发展的自主性常常反映了人的发展的不确定性。情况一般是这样:作为终极意义上的人的全面发展永远是人类的美好理想,这构成了人类发展的方向与动力。在人类发展过程中,囿于不同历史条件,尽管人们的生产方式与生活方式存在着诸多差异,但其中共同的是,人类总是在现有条件的基础上不断提出超越现实的自身发展的具体目标并将之纳入到实践过程中,无论实现与否还是实现的程度大小,这都反映了人类对自身发展的内在要求。鉴于此,人的全面发展的自主性或者不确定性就是人的全面发展的形式方面。形式总是丰富的、多样的。不同的历史时期、不同的社会主体对于各自生存与发展方式的超越性追求恰恰反映了人的全面发展的价值性。

由此可见,人的全面发展的客观性属于内容方面,其主观性则属于形式方面。内容决定着形式,形式反映着内容。一般而言,同一内容可以有多种形式,但就具体的情况而言,与相应内容最佳匹配的形式只能是唯一的。

这就是说,人的全面发展的价值性必然受到规律性的支配与制约,换言之,人的全面发展的主观性也只有在契合了其客观性的基础上才能转变为现实。就此而言,人的全面发展过程就是以主观性的外在形式表达着内在的客观规律。其间,人的发展方式选择的自主性在与现实环境不断地冲撞与磨合中取得确定性。为此,人的全面发展过程作为一种价值追求尽管存在着诸多先验性色彩,但一旦和现实情况结合,它就不可能包括太多的超验性成分,而必然日趋理性化、现实化。正是在此意义上,马克思和恩格斯指出:"个人的全面性不是想象的或设想的全面性,而是他的现实关系和观念关系的全面性。"① 鉴于此，个人的发展状况"不决定于意识，而决定于存在；不决定于思维，而决定于生活"②。

显然，一个基本的事实是，现实的生产方式构成了制约人的发展程度的基础性条件。

一般而言，生产方式包括两个方面：一是生产力范畴，即处理人与自然之间关系的方面；二是生产关系范畴，即处理人与人之间关系的方面。实际上，从根本意义上说，人类与自然界之间进行的物质、能量与信息的交换关系是人类生存与发展所要处理的最为基本的关系。就此而言，其他的关系范畴都是为之服务的。这意味着，人与人之间的关系范畴从最终服从于人与自然之间的关系来说，它同样表现为手段的意义。换言之，处理人与人之间的关系也是为了更好地处理人与自然的关系所需要利用的一种工具，并且是一种伟大的工具。

因此，在人处理与自然的关系方面所能利用的就有两种工具：一种是物质生产资料，这是生产工具的典型或者基本形式；一种是活生生的人，这是生产工具的特殊或者衍生形式。同时，生产工具的功能也分为两个层次：一是物质型的，即替代体力劳动方式的工具，这是生产工具的初始形态；二是智能型的，即替代脑力劳动方式的工具，这是生产工具的高级形态。概而言之，两种生产工具与其两种功能不存在直接的、简单意义上的对应关系。也就是说，在生产发展的落后阶段，即使是人，其在改造自然的作用方面也是以物质力呈现的；而在生产发展的高级阶段，哪怕是物，其在改造自然的作用方面也是以智力型表达的。这说明，无论人还是物，其在改造自然方面功能的发挥只有从物质力转向智力，社会发展阶段才达到较为高级的层次。

这是因为，物质力是有形的，其改造自然的作用是相对有限

---

① 《马克思恩格斯全集》第46卷（下），人民出版社1980年版，第36页。
② 《马克思恩格斯全集》第3卷，人民出版社1960年版，第295页。

的；而智力是无形的，其改造自然的作用是相对无限的。就理论而言，物质力因其存在方式的具体性（传播的时效性慢）只能为部分劳动者所用，而智力作为精神成果因其抽象性（传播的时效性快）便于为全部劳动者服务。

一般而言，作为工具——无论是人还是物，它们在社会发展过程中的功能的变迁也是一致的。这同时也意味着，当生产工具由物质型转为智力型，而其中的社会成员又作为智力劳动参与整个劳动过程时，人的发展也就跃升到了一个全新的程度，即人的劳动方式由体力型转向了脑力型，人的劳动需要由物质转向了精神，人的存在方式由劳动转向了活动。就此而言，人的全面自由发展得以实现。

综观人类发展过程，生产工具首先是为替代人的肢体能力出现的，与之相对应，整体社会是个体化的，彼此之间的关系较为松散，人的发展也只能停留在狭隘化阶段；随着生产工具智能化的出现，生命个体是社会整体化的，密切的社会关系为每个人传递着大体同样的信息，从而人的发展也获得了较大的自由度。可以预期，当生产工具的智能化占据了社会发展的主导地位之后，人类就跨入了全面自由发展的新阶段。

在迈入真正的全面发展阶段之前，生产发展水平必然制约着人的全面发展的程度。也就是说，人类只能在相应的条件下展示自身、实现生命价值。这是人的全面发展客观性使然。由此决定了人的全面发展的自然历史性过程。

但是，强调人的发展的客观性并不是否认其主观性的作用，实际上，正是借助于主观性的诉求与表达，人的全面发展才转变为自觉的历史过程。

2. 人的全面发展也是自觉实现过程

人的全面发展是主动性与现实性的统一。

人的全面发展的主动性实际上就是人的全面发展的自由性。人的发展的自由性就是以对事物内在规律的认识与把握为前提，并据此调适自身的行为模式，从而实现主客体之间的某种一致。一般来说，认识是一个无限的过程，它以原有的认识为前提，不断地对事物内部及其之间的相互联系进行探究。这同时说明，就空间维度而言，人的认识水平总是确定的，这预示着人的全面发展的阶段性；而就时间维度而言，人的认识水平总是提高的，这决定了人的全面发展的前进性。为此，人的全面发展就是阶段性与前进性的统一。

人的全面发展的自由性源于人是特殊的生命现象，即能思维的生命存在。如果说人首先是一种物质存在的话，那么人又不仅仅归结为物质存在，确切地说，人在物质存在的基础上同时形成了意识存在。进而言之，一定程度上，这种意识存在可以在相对独立的意义上对一切事物（包括意识自身及其依赖的物质生命体）进行思考，并力求形成——事实上也能够形成客观的认识。

认识事物的目的在于改造事物。改造事物的过程同时涉及两个方面：其一，这表现为人的全面发展的实现过程；其二，这又是为人的全面发展创造条件的过程。

人的全面发展的现实性就是人的全面发展的条件性。人的全面发展不是抽象的观念存在，而是立足于具体的、现实的社会条件。也就是说，"人们每次都不是在他们关于人的理想所决定和所容许的范围之内，而是在现有的生产力所决定和所容许的范围之内取得自由的"[①]。为此，生产力发展水平及其相应的社会环境是制约人的全面发展实现程度的基本环节。

因而，人的全面发展总是具体的、历史的。就特定的时空而言，人的全面发展程度与其当时所提供的条件是一致的。这是人的全面发展的阶段性表现；但就整个社会发展过程来看，人的全面发展状况呈现为不断前进的上升性运动。

原因是，人是一个具有创造力的生物物种。这源于人在生理构

---

① 《马克思恩格斯全集》第3卷，人民出版社1960年版，第507页。

造和机能上具有的"非特定化"①特征，为此，人的后天活动即认识和实现潜能的活动可以说是一个不断超越自然本能、不断趋近极限的无限运动。

这同时意味着，人的实践活动范围的拓展与深化以及认识水平的不断提高，进而在实践与认识的交互作用过程中形成双向发展的良性态势。依此推理，必然生成一个基本的判断：就宏观层面而言，人的实践范围越广，认识水平越高，社会发展程度也就越来越进步，从而整体意义上的人在社会中的自由度也就越大，人的发展也就越全面。

人类社会发展过程就是人的全面发展程度日益提高的过程。

这个过程是伴随着人的认识水平逐渐提高，即量的扩张，进而实现认识在质的方面的飞跃的结果。一定意义上，人类自农业社会经由工业社会到当今信息社会的发展历程就是其鲜明体现。实际上，目前社会发展状态更加突显了知识在人类发展方面的重要地位。

在所有的生命现象当中，唯有人类是不断发展的。其中的关键就在于，只有人类的生命存在表现为文化现象，即在生命传递的过程中同时进行着知识的传承，并且在知识的传承中始终伴随着前后相继的知识追加与积累。这是知识传承与知识递增的统一。其间，就理论而言，每个个体既充当了知识传递链——对以往成果的吸收——的角色，又扮演着知识推动力角色。正是得益于生命个体之间的知识接力，人类社会才呈现出蒸蒸日上的发展态势。如查尔斯·霍顿·库利所言："社会和个人之间的关系是一种有机的关系。就是说，我们发现个人是与人类整体不可分割的，是其中的活生生的一分子。他把全人类作为一个整体而通过社会和遗传

---

① 相对于动物的器官适合于特殊的生存环境，从而造成了器官的专门化而言，人的器官并不指向某种单一的活动，而是原始的非专门化。这给人的后天发展留下了空间。参见武天林《马克思主义人学导论》，中国社会科学出版社2006年版，第131—132页。

的渠道从中吸收生命的养料。他不能脱离人类整体；遗传因素和教育已经构成了他的生命。而另一方面，社会整体也在某种程度上依赖每一个个人，因为每一个人都给整体生活贡献了不可替代的一部分。"①

鉴于此，与其他生命现象——它们仅仅是适应自然——不同，人类特有的意识活动使人生的意义可以超越有形的物质存在，从而以抽象的"思衔千载，目接万里"的认知形式实现着跨越时空的某种永恒。由此，随着生命的自然延续，人类的知识体系也在质与量两个方面不断递增、追加，从而呈现上升势头。

当然，一般而言，知识资源属于无形的精神形态，但一旦与具体的实践过程结合起来，一部分也就变成了有形的物质形态。无论精神形态的知识，还是物质形态的知识，人对知识的占有就意味着，这构成了"对人本身的一般生产力的占有，是人对自然界的了解和通过人作为社会体的存在来对自然界的统治，总之，是社会个人的发展"②。

由此，知识与人的发展之间就建立起了对应关系。知识的进化同时意味着人类社会发展状况的优化，而每一次优化都归结为人的全面发展的实现程度。

知识演进与进化是人的创造力之源。借此，主体不仅改造了客体，优化着主客体的关系，也改造了主体本身。其结果是，人与自然、人与社会以及人与自身相互关系的协调发展，即人的自觉性、主体性与自由性得到较高的实现，从而推进着人的全面发展。

在人类社会发展过程中，面对社会发展状况，诸多思想者与理论家提出了自己的主张。其中，无论卢梭的社会契约论，还是涂尔干的社会分工论，抑或哈耶克的自由秩序论，尽管其理论观点

---

① [美]查尔斯·霍顿·库利：《人类本性与社会秩序》，包凡一、王源译，华夏出版社1999年版，第26—27页。

② 《马克思恩格斯全集》第46卷（下），人民出版社1980年版，第218页。

表述各异，但也存在着某种相通之处，即都是为了营造优化、有序、协调的社会发展模式，以从整体上推动社会的进步并促进人的发展。

人的全面发展的自然过程与自觉过程在社会实践发展中得到了统一。

3. 人的全面发展的现实历程

人是在劳动中能动地改造自然并获得自由的。这意味着，人通过不断地改造外在的自然，同时完成对自身自然的改造，即"炼出新的品质，通过生产而发展和改造着自身，造成新的力量和新的观念，造成新的交往方式，新的需要和新的语言"①。

显然，人的对象化生产活动的终极指向不是外部对象，而是人自身。因此，劳动作为互为对象化过程是由外化变为内化；从活动的主体走向客体，又由客体返回主体；从人出发到对象，又从对象回到人的过程。②

中国特色社会主义在把握人类社会发展规律的基础上，将人的全面发展同社会主义建设实践统一起来，根据经济社会发展现实，及时推进人的发展过程，实现着人的发展从盲目到自觉、从客体到主体、从蒙昧到自由的转换。这种转换寓于从物质劳动向精神活动、从生产性劳动向活动性劳动、从客体价值向主体价值演进的过程中。

当然，物质劳动与精神活动不是简单地对立，就共时性而言，二者通过交互作用实现着统一；就历时性而言，由物质劳动向精神活动转变、由生产性劳动向活动性劳动转变的过程同时就是人的全面发展过程。

根据马克思主义经典作家相关论述，其一，劳动过程是"人和自然之间的物质变换的一般条件，是人类生活的永恒的自然条

---

① 《马克思恩格斯全集》第46卷（上），人民出版社1979年版，第494页。
② 参见陈小鸿《论人的自由全面发展》，人民出版社2004年版，第274页。

件，因此，它不以人类生活的任何形式为转移，倒不如说，它是人类生活的一切社会形式所共有的"①。鉴于此，物质生产劳动作为人类存在和发展的前提和基础完全超越于任何时空界限而永恒存在。其二，人的全面发展与社会实践过程密切联系在一起。这意味着，在人类社会发展过程中，物质生产劳动既构成了人的全面发展的前提和基础，也是人的全面发展的现实内容。其中，就人的全面发展的起点而言，生产劳动表现为物质性过程，而就人的全面发展的方向而言，生产劳动则在更大程度上表现为精神性活动。

由是，一方面，物质生产劳动构成了社会发展的基础性环节。为此，中国特色社会主义提出了"以经济建设为中心"的基本路线。另一方面，社会发展从来不是单方面的。换言之，如果把经济看作社会发展的客体方面，那么，与之相对应，人就是社会发展的主体方面。一定意义上，当前学界对传统意义上的生产力范畴的反思就反映了这一点（实际上这折射了人的全面发展的历史性）。就宏观层次而言，社会演进作为自然历史过程，在主客体方面其侧重点是逐渐变化发展的。中国特色社会主义以马克思主义经典理论为圭臬，在遵循人类社会发展规律的前提下，开始了由侧重客体向关注主体的转变，即就人的全面发展而言，社会主义建设开始了由生产劳动向劳动活动的现实转换。"三个代表"重要思想和科学发展观所强调的人的重要性，清楚地表现了这一点。

20世纪，在邓小平倡导改革开放、强调把工作重心转移到社会主义现代化建设之后，整个社会开始将"以经济建设为中心"作为推进发展的基本思路。虽然邓小平一再强调物质文明建设与精神文明建设两手都要抓、两手都要硬，但现实中还是偏重于物质文明建设。事实上，加强物质文明建设，即处理人与自然之间的关系，对人的全面发展也是有意义的。因为它意味着，就客体

---

① 《马克思恩格斯全集》第23卷，人民出版社1972年版，第208—209页。

而言，发展生产力就是建设物质文明、促进经济社会发展的过程；就主体而言，则是每个社会成员进行生产劳动，即通过物质劳动实现自我发展的过程。一定意义上，市场机制将其推向了极致，从而存在着主体客体化倾向，即人的物化。

如果说改革开放初期从经济层面定位了社会主义，从而通过物质文明建设为人的全面发展提供了经济基础，那么，进入世纪之交后中国共产党从政治层面深化了对社会主义的认识，从而通过政治文明建设推进了人的全面发展的进程。其标志性理论就是在把握人类社会发展规律、社会主义建设规律以及中国共产党执政规律的基础上提出了"三个代表"重要思想。

就表层而言，"三个代表"重要思想涉及的是对中国共产党的具体要求，即始终代表中国先进生产力的发展要求，始终代表中国先进文化的前进方向，始终代表中国最广大人民的根本利益。与之相对应，社会主义建设实践就是物质文明、精神文明以及最广大人民的根本利益不断提高。同时，江泽民在"七一"讲话中指出："我们要在发展社会主义社会物质文明和精神文明的基础上，不断推进人的全面发展。"两相对照，无论"三个代表"重要思想还是"七一"讲话中反映的内容，江泽民所关注的一以贯之的方面就是物质层面、精神层面以及人。而"最广大人民根本利益"就是指人的全面发展。[①]

因此，一定意义上，"三个代表"重要思想的深层意蕴就是人的全面发展。其中，无论是先进生产力还是先进文化，或者说无论是物质文明还是精神文明，一方面，二者构成了人的全面发展的前提条件，另一方面，二者又构成了人的全面发展的丰富内容。也就是说，物质文明与精神文明既是人的全面发展的导引，也是其内在规定性。

---

① 黄楠森：《"三个代表"与每个人的自由而全面的发展》，《马克思主义与现实》2001年第5期。

就整体而言，社会主义建设实践是物质文明与精神文明建设过程，就个体而言，这同时又是人的全面发展过程，即人的全面发展在物质文明与精神文明建设过程中得到实现。其间，也就是在物质层面与精神层面的双重交互作用下不断推进人的全面发展。

人的全面发展是具体的、历史的。就现实而言，一定意义上，邓小平的人的全面发展思想深深地植根于经济发展过程中，换言之，强调物质劳动的基础性地位是其鲜明体现。尽管邓小平也明确地提出了"两手抓，两手都要硬"的思路，但囿于时代条件，人的全面发展还是侧重于物质生产劳动层面。为此，邓小平一度坦言，十年来最大的失误在于教育。一定程度上，这说明精神文明建设成为薄弱环节。鉴于此，江泽民把人的素质的全面提高，尤其是思想道德素质作为人的全面发展的根本内容。"以德治国"方略的提出就是其明显例证。这意味着，人的发展由物质层面向精神层面转变。

根据马克思主义经典作家的论述，只有经济社会发展与人的发展趋于一致（人与自然以及社会的统一）的条件下，人的全面发展才成为现实。中国特色社会主义以马克思主义理论为指导，同时结合经济社会发展的实际，适时地在理论与实践方面推进人的全面发展进程。

2003年10月，胡锦涛在党的十六届三中全会上提出了科学发展观，即坚持以人为本，树立全面、协调、可持续的发展观，促进经济、社会和人的全面发展。"以人为本"就是以人的生存与发展为本。为此，"以人为本"的基本内涵就是尊重人的生存意义与主体地位，将经济、社会发展与人的发展统一起来，从而消解传统社会人对人的依赖、市场经济条件下人对物的依赖，以实现人与自然、社会乃至自身的统一，即人的全面发展。

"以人为本"作为较为进步的推动经济社会发展的方式，其基调体现在人的劳动活动方式上。鉴于此，"以人为本"的科学发展观就是力图通过人的劳动活动方式的转换——从生产劳动向劳动活动,实现人与自然、人与社会之间关系的健康发展。这体现了对人的生命活动的人文关怀。如果说自改革以来人的发展主要侧重于物质劳动的话,那么,"以人为本"则重在从精神层面关照人的劳动活动方式。当然,限于经济社会发展条件,现阶段人的劳动活动状态与人的全面发展的价值取向——劳动活动的艺术化——还不能同日而语,但由此也同样不能否认"以人为本"所倡导的进步指向,即最大限度地实现人与自然、社会以及自身的协调——这就是人的全面发展的客观要求。生态文明建设理念就契合了这一事实,而构建和谐社会的实践更是在现实层面对人的全面发展的积极推进。换言之,无论生态文明建设还是和谐社会构建,都归结于人的发展。

就本源意义而言,生态与和谐的内涵都包括自然、社会以及人三方面。而就人与社会皆源于自然而言,人、社会与自然之间构成了内在统一体。如马克思所言:"自然界是人为了不致死亡而必须与之不断交往的、人的身体。所谓人的肉体生活和精神生活同自然界相联系,也就等于说自然界同自身相联系,因为人是自然界的一部分。"[①] 这意味着,建设生态文明和构建和谐社会就是将经济社会发展模式与人的全面发展结合起来,其基本要求就是强调人的生存和发展方式与自然界之间的和谐与统一,即人与自然界之间的互为存在、互为对象,并在对象中反观自身。这恰恰反映了人的全面发展的现实要求。

(二) 社会主义和谐社会人的全面发展的价值取向

中国社会主义市场经济大致经历了两个阶段:一是形成阶段,这个阶段始于1978年确定改革的基本思路,中间经过计划经济与商品经济的并存到1992年党的十四大正式确立建立社会主义市场

---

① 《马克思恩格斯全集》第42卷,人民出版社1979年版,第95页。

经济体制，前后经过了十三年多的时间；二是发展阶段，这个阶段从1992年社会主义市场经济体制目标确立算起，也在历经十三年时间之后，止于2005年提出构建社会主义和谐社会。

如果说第一阶段是社会主义经过酝酿、调整从而实现了经济发展方式转变，那么，第二阶段则是市场经济发挥作用的时期。市场经济作为配置资源的有效方式在经济发展过程中的直接效应相当明显，其中一个基本事实是，经济发展过程同时伴随着诸多问题产生。

但社会主义是承载着历史使命的社会主义，她一刻也不能忘记自身的价值取向与社会责任。也就是说，与自发发展的资本主义不同，社会主义以人类社会发展规律为圭臬，体现着鲜明的自觉性。构建社会主义和谐社会的意义就在于此。一定意义上，市场经济运行中的负面效应可以在构建和谐社会的实践中得到化解。这同时意味着，构建社会主义和谐社会的过程就是市场经济走向完善的阶段。无论这个阶段是否还需要经历一个或几个十三年，但确定的是，和谐社会的构建与市场经济的完善都要求重视人的主体地位，即人的全面发展。

1. 构建和谐社会是经济社会发展的必然要求

构建社会主义和谐社会具有必然性。这包括两个方面：一是理论必然性，二是现实必然性。

就理论而言，构建和谐社会是马克思主义理想社会在当今的现实体现。

社会主义首先是作为一种理想社会形态——对资本主义社会形态的超越而建立的，但现实社会主义建设实践最终将其定位在"社会主义初级阶段"。一定意义上，这种定位有其合理性：一是廓清了现实社会主义与经典社会主义的区别，这为采取不同于经典社会主义发展方式而建设社会主义提供了认识论前提；二是体现了现实社会主义与资本主义的区别，即现实社会主义不同于资本主义的鲜明之处就在于其基本的价值取向。就此而言，社会主义作为承载着价值目标的社会形态不应仅仅将其目标归于一种理想，更应该视作一种现实。社会主义和谐社会无疑就是理想社会现实化的体现。

马克思主义所设想的理想社会就是全面和谐的社会，即人与自然、人与社会、人与自身的和谐。换言之，就是"人和自然界之间、人和人之间的矛盾的真正解决"。马克思在其早期的著作中对未来新社会的设想就是这样讲的："共产主义是私有财产即人的自我异化的积极的扬弃，因而是通过人并且为了人而对人的本质的真正占有；因此，它是人向自身、向社会的（即人的）人的复归，这种复归是完全的、自觉的而且保存了以往发展的全部财富的。这种共产主义，作为完成了的自然主义，等于人道主义，而作为完成了的人道主义，等于自然主义，它是人和自然界之间、人和人之间的矛盾的真正解决，是存在和本质、对象化和自我确证、自由和必然、个体和类之间的斗争的真正解决。它是历史之谜的解答，而且知道自己就是这种解答。"[①]

目前，构建和谐社会的目标就是在马克思主义理论导引下提出的，换言之，它是马克思主义社会和谐理论在当今的现实要求与必然体现。尽管社会主义初级阶段尚不具备建立理想社会的物质条件，但社会和谐应是社会主义与共产主义的共同主题。不仅如此，社会和谐是社会主义优越性的鲜明体现。就此而言，和谐社会不仅是社会主义的发展目标，更应体现在社会主义实践发展过程的各个方面。这同时意味着，和谐社会就是将理想社会状态纳入到社会主义现实发展过程中，从而使人们对未来理想社会的期盼转变为当下活生生的社会实践。

就现实而言，构建和谐社会是对市场机制负面效应的某种制衡。

人类经济社会实践说明，市场机制是迄今所能利用的发展生

[①] 《马克思恩格斯全集》第42卷，人民出版社1979年版，第120页。

产、提高效率的最为有效的实现方式。但是，市场方式对效率的张扬同时造成了以下几个方面关系的紧张：①

一是它造成了人类与自然界之间的紧张关系。市场机制就是利益机制。人们对自身利益的追逐与实现最终都需要自然界来承担——既承担着所需的资源，也承担着相应的代价。因此，当人们都想方设法去获得自身利益时，自然界则成了人们巧取豪夺的最终对象。其结果势必对人类长期发展产生不利影响。

二是它造成了人与人之间的紧张关系。市场关系就是竞争关系，其客观表现就是利益的竞争。这自然而然地将所有的人置入彼此之间或者现实或者潜在的对抗关系之中。

三是它造成了人与自身的紧张关系。在市场竞争中，所有的人都受同样的游戏规则支配，一旦踏入市场，常常身不由己。个人往往在其中失去了自我。

这些问题能否有效得到引导与解决将直接关系到社会主义在新世纪的发展局面。

2005年2月，胡锦涛提出了构建社会主义和谐社会的目标，即和谐社会应该是民主法治、公平正义、诚信友爱、充满活力、安定有序、人与自然和谐相处的社会。党的十六届六中全会则进一步强调指出，社会和谐是中国特色社会主义的本质属性。2007年12月初举行的中央经济工作会议，将"着力改善民生，促进社会和谐"列为2008年经济工作的八项主要任务之一。

理论就是现实的反映。构建和谐社会这一理论命题的提出，一定意义上，就是对渐进分明的贫富差距以及日趋明显的社会分层等诸多现象做出的制衡之举。当然，和谐社会作为社会主义本质属性与基本目标，决不同于（更不应将其降低到）社会发展过程所采取的一般应用策略，但就其作用而言，构建和谐社会的实践客观上对市场机制产生的消极效应具有一定程度的制衡作用。

---

① 参见余金成《和谐社会与中国社会主义改革》，《理论探讨》2007年第1期。

当然，事情远非如此简单。就表层而言，构建和谐社会作为社会发展策略应对的是社会现实问题。如果说现实是历史的延展，那么策略就是逻辑的必然。因此，和谐社会同样遵循了中国特色社会主义发展的历史必然性。这意味着，社会和谐作为中国特色社会主义的本质属性，其深层目的就在于通过对社会基本问题的关注和解决，再次为社会主义的发展注入活力。为此，构建社会主义和谐社会实质上就是对各种社会因素的相互协调问题。①

和谐社会的具体含义，从广义上讲，至少包括三个层面：一是个人自身的和谐，即个人具有适应生产和生活的劳动能力和科学文化知识水平，能够实现个人身与心的统一。二是人与人之间的和谐，即社会成员之间经济利益有差别但符合社会主义共同富裕原则和发展方向，政治意见有区分但符合社会主义民主和法制要求，文化生活有不同爱好但符合社会主义文化发展的原则，人们在家庭、单位和社会生活中平等友爱，融洽相处。三是个人、社会与自然之间的和谐，即个人自觉保护环境，社会在不破坏环境的前提下发展生产，在此基础上社会成员物质生活不断富裕、政治生活不断丰富、精神生活不断充实，整个生态环境保持良好状态。

人是社会的人，社会是人的社会。从和谐社会的三个层面看，和谐社会是围绕着"人"而展开的。或者说，人的问题成为和谐社会关注的核心问题。

对于社会主义和谐社会，党的十六届六中全会有一个基本的判断：它是"在中国特色社会主义道路上，中国共产党领导全体人民共同建设、共同享有的和谐社会"。不仅如此，六中全会还提出了构建社会主义和谐社会必须遵循的六大原则，其中第一条即"必须坚持以人为本"，具体来说，就是"始终把最广大人民的根

---

① 荣长海：《关于社会主义和谐社会的若干重要理论问题》，《天津社会科学》2007年第2期。

本利益作为党和国家一切工作的出发点和落脚点，实现好、维护好、发展好最广大人民的根本利益，不断满足人民日益增长的物质文化需要，做到发展为了人民、发展依靠人民、发展成果由人民共享，促进人的全面发展"①。

显然，和谐社会、以人为本与人的全面发展构成了相互关联、内在统一的理论命题。

一定意义上，构建和谐社会就是通过协调人与自然、人与社会以及人与自身的关系为人的全面发展创造条件，在全新意义上实现以最优的态势推进社会主义的全面进步与发展的目的。

为此，构建和谐社会与人的全面发展就有了内在一致性。

2. 社会主义和谐社会与人的全面发展的内在统一性

实现人与人之间的和谐相处是构建和谐社会的根本。原因是，人与自身的和谐只有在社会中才能实现，必须以人与人之间的和谐为基础并通过这种和谐得以体现，而人与自然之间的和谐是人与人之间和谐的特殊表现。②

为此，人与自身之间、人与自然之间的和谐都可以通过人与人之间的和谐得到说明。实现人与人之间的和谐就成了构建和谐社会的主要环节。

人与人之间的和谐取决于社会关系的平等，社会关系的平等基于人与人之间大体相当的发展水平上。客观而言，人的能力发展水平永远存在着差别。资本主义以认可不同的能力水平对经济发展效率的作用不同为前提，通过利益机制张扬着能力差别，从而两极分化态势相当明显。

实际上，对于能力差别还可以从另一种意义上做出判断。人类能力的差别性恰恰就是人的能力发展方式的多样性，也就是说，

---

① 中共中央文献研究室编：《改革开放三十年重要文献选编》下，中央文献出版社2008年版，第1644页。

② 荣长海：《构建和谐社会是社会主义本质要求》，《天津社会科学》2005年第4期。

不同的能力都对应着相应的劳动领域，发挥着自身特有的价值与作用。认可这一事实则必然承认以下结论，即多种多样的能力水平得到实现的过程同时就是人类在整体上能力增强的过程。就此而言，人类能力水平差别越大、劳动能力展示的方式越多，人类与自然界之间的物质交换能力就越强。

一定意义上，认可不同的能力水平在社会发展中的作用就是对不同的能力差别的包容，也就是对多种多样的生命个体的包容。无疑，这体现了一种更为积极的社会发展模式。

为此，作为自觉发展的社会主义，构建和谐社会也就是自然而然的了。

和谐社会对不同的生命个体的包容体现着某种社会关系的平等。显然，两种不同的社会制度体现着对不同个体生命的不同态度。在资本主义社会，个体之间的差别是自然的，无法消除也不能消除。为此，个人之间的平等只是停留在相互关系意义上的某种对等。社会主义是以对资本主义的超越而出现的，为此，社会主义始终与其价值取向联系在一起。尽管社会主义利用市场经济作为推动社会发展的手段，其间出现了某种类似"资本主义"特征的表现，但这与社会主义的目标是并行不悖的。社会主义一贯坚持主张，人类的平等应该是权利平等，而权利的平等应该从义务平等方面来说明。当然，社会主义深知实现绝对的平等是不可能的，但这丝毫不影响社会主义在经济社会发展到一定阶段建构人与人之间的平等关系的可能性。

一定意义上，这个阶段到来了，即人类走出了经济匮乏时期从而实现了一定程度的财富积累。社会发展将由此可能进入一个新的时期：一是社会可以尽其所能为每个社会主体提供大体平等的发展条件，二是各个社会主体完全可以找到展示个人能力素质的价值平台。

当然，财富积累的"一定程度"究竟是何种程度，这还是个有待考证的量化问题，需要从数理方面进一步确证。但是，社会主义建设过程中的双重任务（工业化与现代化乃至信息化）决定了经济社会与人同步发展的必要性。

早在1992年，邓小平就从实现"共同富裕"的角度对建构人们平等关系作出了预期。他说："走社会主义道路，就是要逐步实现共同富裕。共同富裕的构想是这样提出的：一部分地区有条件先发展起来，一部分地区发展慢点，先发展起来的地区带动后发展的地区，最终达到共同富裕。如果富的愈来愈富，穷的愈来愈穷，两极分化就会产生，而社会主义制度就应该而且能够避免两极分化。解决的办法之一，就是先富起来的地区多交点利税，支持贫困地区的发展。……可以设想，在本世纪末达到小康水平的时候，就要突出地提出和解决这个问题。"[①]

共同富裕表层透露的是经济问题，实际上深层反映的是人的问题。邓小平关于经济与教育之间联系的观点就体现了这一点。20世纪80年代中期，邓小平指出："我国的经济，到建国一百周年时，可能接近发达国家的水平。我们这样说，根据之一，就是在这段时间里，我们完全有能力把教育搞上去，提高我国的科学技术水平，培养出数以亿计的各级各类人才。我们国家，国力的强弱，经济发展后劲的大小，越来越取决于劳动者的素质，取决于知识分子的数量和质量。"有了人才优势，社会主义建设目标就能够达到。[②]

在邓小平看来，到世纪之交，就应该把经济发展与人的培养结合起来，即通过社会财富积累——利税的转移，为尽可能多的社会成员提供比较平等的发展条件。

全面建设小康社会为越来越多的社会成员获得发展提供了经济基础，而构建和谐社会则以更加包容的方式为各种各样能力水平的劳动者参与到社会劳动过程提供了历史契机。

[①]《邓小平文选》第3卷，人民出版社1993年版，第373—374页。
[②]《邓小平文选》第3卷，人民出版社1993年版，第120页。

一定意义上，和谐社会条件下不同人的劳动所形成的劳动关系体系颇似于涂尔干的"有机团结"理论，即它以个人的相互差别为前提。其中，每个人都有自己的行动范围，都能够自臻其境，都有自己的人格。这种自由发展的空间越广，团结所产生的凝聚力就越强。一方面，劳动越加分化，个人就越贴近社会；另一方面，个人的活动越加专门化，他就越会成为个人。其间，各个个体都以自身的特殊方式进行自由行动，类似每个器官均获得了自己的特性和自由度，社会有机体也就在更大程度上取得了一致性。[1]

人类社会发展的趋势是，就整体而言，人类与自然界之间的物质交换能力将会越来越强；就个体而言，各种各样的能力水平越来越丰富，即个体能力多样性态势明显。二者的一致性意味着，社会发展水平的提高是建立在接纳各种各样的能力差别的基础之上的。如果认可这个结论，那么，构建社会主义和谐社会就契合了人类社会发展的内在规律。

和谐社会体现了一种更为优化的社会发展理念。它接纳不同的能力差别，并将其置放到社会发展的整体过程中，以给予不同的个体展示自身生命价值的机会。依此逻辑推论，和谐社会包容个人差别的能力越强，形成的社会关系规模就越大，发展与自然界关系的能力就越强，人类整体的发展就越全面。这自然就有助于个体的发展。

构建社会主义和谐社会就是在认可不同个体能力差别的基础上实现人们社会关系的平等。这种平等是指最大化地使每个生命个体平等地享受生命过程的权利，其中基本环节是每个人都拥有按照自身的需要发展自己能力的平等权利。

这种平等的权利也就是在人的生命过程中实现发展的自觉性、

---

[1] 参见埃米尔·涂尔干《社会分工论》，渠东译，生活·读书·新知三联书店2000年版，第91—92页。

主体性与自由性的权利,即每个人自由全面地发展自身的权利。

当然,时至今日,社会主义还没有完全达到使所有的人获得全面发展的水平,而构建社会主义和谐社会实际上就是通过率先启动促进社会关系平等机制为人们的全面发展创造条件。

3. 社会主义和谐社会人的全面发展样态

和谐作为社会关系范畴体现了一种良性、健康与优化的社会发展模式,即人与自然之间、人与人之间以及人与自身之间整体协调、有序共生、相互作用与发展的图式。这正是人的全面发展的表现。可以断言,人作为生命现象,只有在不断地开拓、发展以及完善与自然的关系、与社会的关系的基础上,才能更好地实现自身的生命意义与生存价值。

而市场机制作为实现效率的发展方式,追求利益是其根本目的。为此,市场机制在利益方面常常着眼于眼前,而忽略了未来的长远目标;在收益考量方面总是计较局部的成本,而无视全局的整体代价。这虽然有助于推动经济的增长与社会的进步,但与人的生命存在价值与发展要求还有相当的距离。

作为一种优化的社会发展模式,构建社会主义和谐社会为人的全面发展创造着条件、注入了力量。

一般而言,人作为源于自然的生命现象,所面临的基本问题就是维持自身的生命存在、谋取自身的发展,这需要通过与自然界不断进行物质、能量与信息交换才能实现。为此,人与自然之间的关系构成了人类需要应对的基本关系。

事实说明,人与自然界之间决不是单向性的改造与被改造关系,而是双向性的相互影响、相互作用过程。就此而言,人与自然之间良性交互关系的形成必须依赖于双方互动。但是,与人不同,自然是非理性的。因此,人与自然之间的互动只能依靠人类自身来完成。这直接导致了下述要求:人类对自然界的改造必须建立在对自然界客观规律认识的基础上。

构建和谐社会作为体现人与自然界相互统一的发展模式意

味着，人类将以更加理性的方式，即在自然界允许的限度内改造和利用自然。因此，构建和谐社会实质上就是在对自然界的认识不断深化的基础上探索更加适应自然界要求的发展方式。就此而言，人类改造自然界的过程，就是人类在逐渐深化对自然界内在规律认识的基础上越来越全面地适应自然界的过程，也就是不断地建构人与自然相互统一的过程，此即指向了人的全面发展过程。

无论是从整体上看，还是从个体来看，这都体现了人的发展的自觉性。

人是社会存在物。人与自然之间的基础性地位决定了人类需要不断地协调、改善人们之间的社会关系状态，从而使人类作为一个整体以优化的态势发展与自然界的关系。客观地说，这个过程自从出现了剩余产品，从而产生了私有制乃至阶级就已经开始了。不过，其间所发生的社会关系的调整与改善几乎都是通过外在的力量实现的，正是在此意义上，马克思说阶级斗争是阶级社会发展的直接动力。在这个过程中，人类以非理性的形式展示着社会发展过程的某种理性。纵观人类社会演进历史，充斥其中绵延不断的生命对抗、阶级冲突、人类斗争甚至社会革命等，都是人类优化社会关系的具体表现形式。

人类理想的社会关系状态包括两个方面：一是社会地位平等，这根本上取决于人的劳动能力平等；二是社会联系广泛，这则取决于劳动分工的细化。就前者而言，实现人的劳动能力平等是一个无限发展的过程，但这并不影响建构平等社会关系的可能性，因为社会关系的平等以个体之间的互补性来体现。这正契合了劳动分工细化发展的趋势。

一定意义上，市场机制下的劳动分工趋势将在人类相互关系发展史上开启由传统的劳动统治与支配关系向协作与互助关系的转变，社会关系扁平化趋势日见端倪，从而使人与人之间的关系平等成为可能。如果说传统的劳动分工关系尤其是人类初期阶段体力劳动与脑力劳动的分工尚存在着某种身份上的等级层次之别，那么，在现代市场经济条件下，分工的细化与深化使其中的每一种劳动分工方式都成为必需。其间，由于"劳动力不再是同质的，而是种类繁多各有所长"，从而使劳动分工"导致了迅速的多样化、差异化和专业化……不同的技能，无论是天生的还是后天获得的，都成了各具特色的难得的要素，常常在多方面互为补充"。①

这意味着，各种形式的劳动分工由于其各自独立的价值而彰显着各自存在的必要性。一定意义上，经济社会发展使然是：劳动分工体现了某种必然性，就经济社会发展取向而言，劳动分工的客观性、必然性与永恒性的价值指向就体现了劳动分工相互关系间的地位渐趋平等；而劳动分工即是人的分工，所以劳动分工的平等性就奠定了人的地位的平等性。同时，鉴于科技的进步与社会发展，人的劳动能力差别逐渐弱化，从而为人的自由劳动活动提供了条件。可以预期，在社会发展的某一阶段，人与人之间劳动活动方式的相互转换与体认将使人与人之间的社会关系平等成为可能。

市场经济条件下，劳动分工的一个基本趋势就是"各展所长、各尽其能"。就理论而言，每个社会主体及其劳动方式都有其不可替代的意义和价值，正是他们的共存与互补才构成了丰富多彩的世界。鉴于此，一定程度上，社会成员之间"只有分工方式的不同，而没有高低贵贱之分"在市场经济条件下具备了可能性。

就后者而言，人与人之间的经济依存关系日益增强。分工的深化与细化使交换空间与范围日益扩大，并且成为必需，从而使每个人的生存与发展是其他人生存与发展的条件成为可能。这意味着，个体之间劳动分工的特殊性作为某种社会过程作用的结果，其"社会性质就表现在：他的劳动的内容由社会联系所决定，他

---

① [英] F. A. 哈耶克：《致命的自负》，冯克利等译，中国社会科学出版社2000年版，第140页。

只是作为社会联系的一环而劳动,即为满足所有其他人的需要而劳动,——因而对他来说存在着社会的依赖性",因此,"劳动的特殊化,劳动社会地分解为各特殊部门的总体,这从个人方面看实际上表现为,他本身的精神的和天然的特性同时采取一种社会特性的形态"。① 这客观上建构着整个社会劳动分工体系联动系统,即整个社会劳动分工体系协调运行是社会发展的基础,任何一个环节出现问题都会影响到整个社会的健康运行状况。这形成了社会联系的广泛性。

如果说市场机制在一般意义上建构着平等与广泛的社会关系,那么,构建和谐社会则意味着社会主义以自觉的方式通过社会管理机制,利用改革手段,在调整、改造和优化社会关系的基础上,不断改善人们社会合作的方式,扩大社会合作规模,增强社会合作的效果,在发展与自然界的关系方面获得越来越多的自由。

由是,人与人之间的平等互动关系有望形成。这体现了人的发展的主体性。

人与自然之间的关系是人类面对的最基本的关系,这是人类维持自身生存需要处理的首要问题。人同时又是发展的。自人类从自然界中完全分离出来而成为真正意义上的人,人类就开始了摆脱自然界对自身束缚与钳制的追求。这直接预示了人的生命活动的价值取向——实现自由,也就是说,人的生命活动的意义日益指向人类自身。

弗雷德里克·巴斯夏曾言:只要看一眼所有生物就可知道,"自然界厚物种而薄个体"②。人类同样遵循着类似的逻辑,即"'人'类的才能"的发展,"在开始时要靠牺牲多数的个人,甚至靠牺牲整个阶级"③。换言之,就人类自由而言,首先是少数人

---

① 《马克思恩格斯全集》第46卷(下),人民出版社1980年版,第472页。
② [法]弗雷德里克·巴斯夏:《和谐经济论》,王家宝等译,中国社会科学出版社1995年版,第396页。
③ 《马克思恩格斯全集》第26卷(Ⅱ),人民出版社1973年版,第124—125页。

获得了这种权利。而社会进步的过程将在两个方面为越来越多的人实现自由提供条件：一是在与自然界的物质交换过程中借助于生产工具的改进逐渐拓宽着人类的劳动活动领域；二是通过人与人之间社会关系的改善优化着人类的劳动合作状况。人类社会发展过程就是在二者交互作用的基础上，使人的生存样态日益趋向于人的生命活动要求。

构建社会主义和谐社会的基本点就是通过科学地处理人与自然、人与人之间的相互关系，以实现自身生命活动过程的自由发展。这体现了人的发展的自由性。

以人为本是和谐社会的基本理念。构建和谐社会意味着，以契合人的发展指向为标尺，在最大程度上为人的自由全面发展创造条件。

（三）中国特色社会主义新时代人的全面发展的注解

人的全面发展是马克思主义理论的价值指向。中国特色社会主义新时代坚持、发展马克思主义，不断推进人的全面发展。党的十九大报告明确要求，"坚持以人民为中心的发展思想，不断促进人的全面发展"，党的二十大强调，"落实立德树人根本任务，培养德智体美劳全面发展的社会主义建设者和接班人"。同时，党的十九大指出，"文化自信是一个国家、一个民族发展中更基本、更深沉、更持久的力量"，党的二十大进一步强调，"增强文化自信"，"发展面向现代化、面向世界、面向未来的，民族的科学的大众的社会主义文化"，"传承中华优秀传统文化，满足人民日益增长的精神文化需求"。随着经济、政治、社会、生态等方面的建设，文化与人渐次成为关注对象。"文化自信"作为"更基本、更深沉、更持久的力量"，在"传承中华优秀传统文化，满足人民日益增长的精神文化需求"层面与"人的全面发展"建立起密切的内在关联。这同时意味着，文化自信作为中国特色社会主义新时代的亮点与高光，以对深邃、厚重的中华优秀传统文化精髓的推崇与重视而潜在指向、滋养着人的全面发展。

1. 人之挺立：中国特色社会主义新时代与中华优秀传统文化的交会点

中国特色社会主义新时代基于两个场域之中：一者即百年未有之大变局，二者乃中华优秀传统文化。前者体现着东西方文化模式的交锋、碰撞以及在未来时点之融通，后者则为中国特色社会主义新时代的精神命脉与发展凭依。可以预期的是，与亨廷顿之世界文明冲突论相左，经济社会发展终将使不同文明与文化在对话中通向和解。[①] 此中，中国特色社会主义新时代及其赖以存在发展的中华优秀传统文化将发挥作用。

如是而言，文化（广义）是相通的，无关东西方之地域差异。如此判断并非意味着否认基于特定场域不同族类存在着不同的生存样态、风土人情，而是强调文化的一般性，即文化均体现了在相应的时空界域中人类为了自身的生存与发展而渐次型构起来的具体模式，其中既涵摄着人与自然、人与人之间的关系，也包含了人与自身（身与心）的关系。人与自然之间的关系乃人类生存发展的基础环节，人与人之间的关系则为其必要条件，而人与自身的关系则为价值归宿。然而，囿于特定的时空境域，不同族类在处理三重关系时所选择的侧重点因地而异、因时而宜。相较而言，西方侧重于物，将处理人与自然的关系作为关注的重点，从而开启了人类发展史上工业科技革命之先河，在物质财富的发掘、积累方面走在了前列；而东方侧重于人，将处理人与人之间的关

[①] 一定程度上，亨廷顿捕捉到的是人类社会发展的现象，属于形式；而人类的永续存在与发展则是核心，属于内容。内容决定形式并通过多种形式展现。其中虽有碰撞与冲突，亦不过为走向一统之过程，所谓"不打不成交"即为此义。间或存在"一时胜负决于力"之事实，但就长远而言，必将彰显"千古胜负决于理"之定则。至要之理则为中华优秀传统文化所倡导的和而不同，即推崇主体性、尊重多样性、强调和谐性。

系视为考量的对象，由是建构起了全方位的家族、社会人伦关系体系，在人际关系方面形成了较为复杂的社会关系学。前者乃"追寻物理"，后者则在"践行人道"。①

事实上，人与自然、人与人以及人与自身之关系均非单方面存在，而是紧密联系在一起。无论就具体地域而言，还是从东西方互补的文化模式来说，均是如此。换言之，人与自然之间的物质、能量乃至信息的交互作用往往是借助人与人之间的某种联系完成的。纵观人类发展史，不论早期人类的蒙昧时期，抑或现代发达的后工业社会，人的存在与发展都与其社会性密切相关。毋庸置疑，随着科学技术发展，鲜明趋向是，人与人之间的关系逐渐成为社会发展关注的重点，这在当代信息化社会尤为明显。借助于信息技术，人与人之间的联系实现了超越时空的转变，从而在解决人与自然的关系方面获得了长足进步。

事物的发展遵循着内在逻辑。无论西方发展过程中对人与自然之间关系的侧重，还是东方社会运行中对人与人之间关系的关注，由于人与自然之间、人与人之间的交互一体性，随着经济社会发展最终指向了人与自身之间的关系。这是当下东西方社会发展的共性所在。相对而言，不同的是，东方从整体意义上看待，而西方则从个体层面着眼。这同时意味着，生产方式的变革直接影响乃至决定着生活方式的演变，从而使人类生存样态之重心正在经历着由物质性向精神性、由生产性向活动性的转变。在此意义上，无论人与自然、人与人还是人与自身之间的关系，逐渐走向统一。置言之，人处理与自然以及他人的关系即为处理与自身的关系。②此中，人的主体性日益凸显。社会愈发展，这种指向就愈鲜明。

党的十九大报告指出："中国特色社会主义进入新时代，我国

---

① 钱穆：《中国文化精神》，九州出版社2011年版，第20页。
② 这当然并非意味着人的全面发展抵达完善之境，而是说相对于既往经济社会发展实践，当下经济社会发展状态比以往任何时期都更接近人的全面发展目标。

社会主要矛盾已经转化为人民日益增长的美好生活需要和不平衡不充分的发展之间的矛盾。"① 这深刻揭示了中国特色社会主义新时代经济社会发展的阶段性特征，从而为准确把握新时代发展之要提供了理论依据和实践标尺。

所谓"人民日益增长的美好生活需要和不平衡不充分的发展之间的矛盾"，主要表达了两层含义：其一，"美好生活"意味着不仅解决了温饱问题，关键在于已经从物质层面转向了精神维度，否则不足以称为"美好"。由是，人的存在与发展成为经济社会发展的重心。其二，矛盾的产生源于"不平衡不充分的发展"，而这只能依靠"平衡且充分的发展"才能解决。

就理论而言，解决中国特色社会主义新时代经济社会发展主要矛盾之问题存在着诸多可能性，但如果同时考虑到当前"百年未有之大变局"以及此境域中东西方经济社会的发展指向，那么，其中关键则非"人的发展"莫属。故无论从国内自身解决中国特色社会主义新时代的主要矛盾来说，还是从中外关系之整体世界格局而言，人的发展问题构成了其中的"牛鼻子"。为此，突出人、重视人、发展人，培固人的主体性地位，既是中国特色社会主义新时代的历史使命，亦为应对时局与世局的强力突破口。

纵观人类发展史，追求人的主体性地位是社会存在与发展的永恒主题。虽然囿于时代与地域，其实现程度与方式存在差异，但如果将人类视为文化形态，人的主体性追求从来没有缺位。或言之，人类社会的发展史就是人的主体性渐次突显的历史。② 中华优

---

① 习近平：《决胜全面建成小康社会　夺取新时代中国特色社会主义伟大胜利——在中国共产党第十九次全国代表大会上的报告》，人民出版社2017年版，第11页。

② 综观整个人类社会发展史，如果从主体性视角而言，早期人的主体性是以群体呈现的，或言之，人类早期是在整体意义上呈现主体性，其间个体从属于整体，故不存在主体可言。随着人类社会发展、技术演进以及知识的增长，个体面对自然（广义）的能力增强，因而个体主体性日渐凸显。

秀传统文化作为智识文化的成熟代表，其精神高光就在于对人的主体性地位的高扬。中国特色社会主义新时代之所以具有高度的文化自信传承中华优秀传统文化，一则整体上具备了相当的经济体量与物质基础，二则文化或人乃经济社会发展壮大的关键所在，①小到个体生命，大到整个国家，唯有以文化人，以文塑魂，才能激活发展动力、筑牢根基。后者正是中华优秀传统文化的优势所在。故中国特色社会主义新时代与中华优秀传统文化完全可以缔结联手，形成相得益彰的互补关系，一方面，中国特色社会主义为中华优秀传统文化及人的发展提供良好的环境条件与充实的物质保障，故中国特色社会主义既是培养人的发展的新时代，更是进一步彰显人的主体性价值的新时代；另一方面，中华优秀传统文化通过对人的价值形塑进而为中国特色社会主义新时代健康发展注入精神动力乃至人才支持，在根本意义上为人的主体性确立注入了文化基因。由是，在人的发展方面，中国特色社会主义新时代与中华优秀传统文化具有了高度契合点。

回顾社会主义建设实践，中国特色社会主义在正确把握共产党执政规律、社会主义建设规律以及人类社会发展规律的基础上，引入市场经济机制，从而快速完成了弯道超车，以几十年的奋斗实践实现了资本主义几百年走过的发展历程。其间，如果说社会主义新中国的成立在政治意义上奠基了人的全面发展的道路，那么，中国特色社会主义市场机制的建立则在经济意义上铺陈了人的全面发展的物质基础，而中国特色社会主义新时代以高度的文化自觉倡导的文化自信则在全新的文化意义上开启了实现人的全面发展的生动实践。之所以称为"全新"，不仅在于中国特色社会主义新时代具有"五位一体"的总体布局，更在于对中华优秀传

---

① 一定意义上，这不只关乎中国特色社会主义自身发展问题，在经济一体化、文化全球化背景下，中华优秀传统文化应该而且能够为推动构建人类命运共同体贡献智慧。

统文化的倡导与高扬。①

就内涵而言，中华优秀传统文化当中的核心点为"统"。"统，本也。"（《释文》）在中国文化境域内，其本当为"天"。故中华优秀传统文化可以说是天道文化或天德文化。②同时，鉴于中华优秀传统文化中之天人互鉴、天人为一，为此，从理论上来说，天道、天德即人道、人德。总之，中华优秀传统文化源于天而成于人，在此意义上，中华优秀传统文化即人的文化。

就中华优秀传统文化而言，其从整体性、全面性以及道德性三个方面构筑了人之主体性意涵。人之整体性即从整体视角看待人，在此意义上，人之存在不只是其狭隘意义上的血肉之躯，而同时涵摄着其有形之体之外的天地日月、山川河流、树木花草、人畜鸟兽等一切。此即人者，仁也。

仁乃孔子思想的核心。如《论语·八佾》言曰："人而不仁，如礼何？人而不仁，如乐何？"《中庸》亦有言："仁者，人也。""养之、长之、假之，仁也。"（《礼记·乡饮酒义》）人之为仁，因德法天地而长养万物、抚育群生，故与天地万物而为一。就具象层面而言，当然，一则人与物存在差别，正如荀子云："水火有气而无生，草木有生而无知，禽兽有知而无义；人有气、有生、有知，亦且有义，故最为天下贵也。"（《荀子·王制》）二则人对人以及物也存在着爱有差等，故孟子云："君子之于物也，爱之而

---

① 就根本意义而言，人的全面发展属于文化范畴——无论广义抑或狭义。以广义论之，人之三重关系（人与自然，人与社会以及人与自身）存在当然归属文化范畴；以狭义断言，人的全面发展终极指向乃思想、观念，即体现在心性、精神层面。此更为文化之要义。进而言之，在中华优秀传统文化境域，人的全面发展在相当大的程度上与修为、素养密切相关。在这一点上，文化自信的意义就在于通过文化回归方式以启动人之为人的文化自觉、生命自省，从而完善人生。唯此，方得以在家国天下层面开启良性和谐的整体秩序谱式，即人类命运共同体。

② 当然也可以说，中华优秀传统文化乃孔子对三代及以上文化的总结。但从根本而言，三代及以上文化之后潜在着天——尽管或神秘或理性，神秘之天即不可知性的崇拜对象，理性之天即道德化的德性之天。

弗仁；于民也，仁之而弗亲。亲亲而仁民，仁民而爱物。"（《孟子·尽心上》）董仲舒上承孔孟之道，进一步强调："仁之法，在爱人，不在爱我。""人不被其爱，虽厚自爱，不予为仁。"仁爱同时拓展至物，"质于爱民，以下至于鸟兽昆虫莫不爱"（《春秋繁露·仁义法》）。一定程度上，在质性方面，人与物的区别不但不能够构成人物之间的巨大鸿沟与藩篱，进而言之，人正是凭借其"最为天下贵"之独特性、人文性——"万物皆备于我"（《孟子·尽心上》）——才能够超脱于具象、有限之形体而与天地万物参，从而以整体性的视野，将自身融入到天地万物之中——万物可法、天地为则，在成己基础上，"己欲立而立人，己欲达而达人"（《论语·雍也》），进而成人乃至成物。

在此意义上，人不是孤立的单体存在，或言之，人之所以为仁就在于超越自身个体之有形，以自身价值之发用，承顺天性之体而成千姿百态、形态万千的品类物相本自之性，协庶品之自然，天地自然即人化自然，人化自然亦天地自然。天地与人相互涵摄，互为对象而为一。故人超越有限而趋向无限，人与万事万物之间默潜而应、本性互通。万物之多样性统摄于人之仁性当中。唯此，人作为"天地之德，阴阳之交，鬼神之会，五行之秀气"（《礼记·礼运》）存在之体，其本然之性"与天地合其德，与日月合其明，与四时合其序，与鬼神合其吉凶"（《易传·乾·文言》）。由是，"落霞与孤鹜齐飞，秋水共长天一色"因人的主体性而彰显出"各美其美""美美与共"的整体审美域。

人的全面性即人的完善性。人乃生物性与社会性的统一。生物性即其物质性，反映着人的硬件系统；社会性即其人文性，体现着人的软件系统。两方面不可或缺、相辅相成，"形与神俱"（《黄帝内经·上古天真论》）而为人。相较而论，生物性属于形式，社会性则为内容，即人之为人乃在于其文化层面，具其文而成其化。在"一俊遮百丑"的逻辑中，人文性构成了人的完善性的生命高光，故"腹有诗书气自华"正折射出了仁人志士含章内映的气象华章。一则"饮食男女,人之大欲存焉"(《礼记·礼运》),即人之生物性体现;二则人同时也具备着人之为人的善性品格。① 虽然荀子于之持否定态度,却从强化礼法规范角度对人之生物性予以约束,即"制于外所以养其中"②,此亦涵育人文性的内在逻辑。对于普罗大众而言,人之善性遭受遮蔽,必须通过后天教育启蒙。正如《论语·子路》篇所言:子适卫,冉有仆。子曰:"庶矣哉!"冉有曰:"既庶矣,又何加焉?"曰:"富之。"曰:"既富矣,又何加焉?"曰:"教之。"民以食为天,故社会治理的首要任务在于满足人的基本生活需要。"仓廪实而知礼节,衣食足而知荣辱"(《史记·管晏列传》),在温饱问题解决的基础上,再进行教化,使人在生物性基础上兼具文化性,彰显出人之为人的完善性品格。所谓"君子义以为质,礼以行之,孙以出之,信以成之。君子哉"(《论语·卫灵公》)是也。

人文教育的趋向就是生命启蒙、唤醒仁性、复归善性,③ 在人生多种选择之间坚守中道之仁。正如孔子有言:"富与贵,是人之所欲也;不以其道得之,不处也。贫与贱,是人之所恶也;不以其道得之,不去也。君子去仁,恶乎成名?君子无终食之间违仁,造次必于是,颠沛必于是。"(《论语·里仁》)仁行义举在于仁德之心,即"仁远乎哉?我欲仁,斯仁至矣"。(《论语·述而》)朱

---

① 《孟子·告子上》:"恻隐之心,人皆有之;羞恶之心,人皆有之;恭敬之心,人皆有之;是非之心,人皆有之。恻隐之心,仁也;羞恶之心,义也;恭敬之心,礼也;是非之心,智也。仁义礼智,非由外铄我也,我固有之也,弗思耳矣。"董仲舒对人之性"不以上,不以下,以其中名之"(《春秋繁露·深察名号》),虽然并没有明确肯定人之善性,却从天元本体层面肯定了人之善质,"仁,天心"(《春秋繁露·俞序》),"为生不能为人,为人者天也。人之为人本于天"(《春秋繁露·为人者天》),只是"今万民之性有其质,而未能觉。譬如瞑者待觉,教之然后善。当其未觉,可谓有质,而不可谓善"(《春秋繁露·深察名号》)。

② (宋)朱熹集注:《论语·大学·中庸》,上海古籍出版社2013年版,第139页。

③ 在此,善并非与恶相对。应为良正、完善之义。性本善之"善"即为此义。这就与人的全面发展建立起了内在相通性。

子释之曰:"仁者,心之德,非在外也。"① 仁即先天善性,内在存有。然而后天失真,故待教而复其仁。从而于相应境况中自发用而现其性:于父子之间为血缘之亲,于君臣之间为礼义之道,于夫妻之间成男女之别,于长幼之间即尊卑之序,于朋友之间乃诚信之德。由是,人之生物性乃自然之质,人之社会性乃后天之文。无质不能成其文,无文不能成其性,因此,文质统一即人之全面性。

人文性的核心即道德性。人作为生物性与社会性双重向度的统一,一方面,其生物性表现在力图突破宇宙秩序与规范(即自然法则)对自身的约束与限制,从而获得越来越大的自由度,另一方面现实结果又不断使其认识到天地之中具有不可超越的内在律则,双向作用过程的必然结果自然指向了自"天文"而"人文"(《易传·贲·彖传》),由是唤醒乃至型构起其人文理念,其行为方式呈现着由盲目性向自觉性转化的过程。此亦是渐次趋向、回归"道"的过程,故"谋道""忧道"(《论语·卫灵公》)"闻道"(《论语·里仁》)以及"志于道"(《论语·述而》)成为优秀传统文化的主脉。

天地人本是息息相关的统一体,天道、人道存在着内在的相通性。"天人之际,合而为一。同而通理,动而相益,顺而相受,谓之德道。"(《春秋繁露·深察名号》)《春秋繁露·天道施》有言:"万物动而不形者,意也;形而不易者,德也;乐而不乱,复而不厌者,道也。"天以其意象而彰显道,人法天则地而成德。"德之为言得也,得于心而不失也。"② 仁德以养内,则必"诚于中"以自守,"形于外"而不易(《大学》),"乐而不乱,复而不厌"正道出了尊道贵德而有得的完美人生样态。

---

① (宋)朱熹集注:《论语·大学·中庸》,上海古籍出版社2013年版,第92页。

② (宋)朱熹集注:《论语·大学·中庸》,上海古籍出版社2013年版,第26页。

中华优秀传统文化中人的整体性、全面性以及道德性以时下言之即人的全面发展。于此，牟宗三认为"挺立道德主体"① 即中华优秀传统文化的内在蕴含。此正暗合了新时代中国特色社会主义对人的重视。一定意义上，20 世纪无论救亡图存还是改革开放，都带有鲜明的文化借鉴色彩。如果说发展是硬道理重在经济人的形塑，那么，全面建成小康社会、文化自信则着重指向了以文化人、以德立人的时代要求。

2. 以德立人：文化自信的基本凭依

文化自信何以可能？在根本意义上，此源于优秀传统文化对人之为人的德性涵育。以文化人、以德树人，通过德性滋养、建构、培育以及完善，充分彰显人之为人的内在品格，从而助推以及实现完美人生，在人与自身和谐统一中建立起人与自然、人与人之间的良性秩序，这当然亦为建设美丽中国的至要根基。

人为万物之灵。相较而言，与其说强调了人的智识，不如说颂扬了人之德性。中华优秀传统文化对于人之为人的基本判断即着眼于其德性方面，正如孟子所言："人之所以异于禽兽者几希，庶民去之，君子存之。"（《孟子·离娄下》）曾国藩更是强调不为圣贤，便为禽兽。就生理而言，人与某些动物在基因图谱方面相似度非常高，然而正人君子区别于他者以及禽兽的显著之处就在于君子对自身德性的守护、涵养与培固。虽然人之存在离不开衣食住行，但在物质需求与德性操守之间，君子将生命的重心置放于道德维度。正是这一点，注定了君子与小人乃至禽兽之间的根本差别。故孟子云："无恻隐之心，非人也；无羞恶之心，非人也；无辞让之心，非人也；无是非之心，非人也。恻隐之心，仁之端也；羞恶之心，义之端也；辞让之心，礼之端也；是非之心，智之端也。人之有是四端也，犹其有四体也。"（《孟子·公孙

---

① 牟宗三：《中国哲学十九讲》，吉林出版集团有限责任公司 2010 年版，第 54 页。

丑上》)

由是观之，德者，非外在所加，而是人之本有，反映着人之为人与生俱来的内在凭依。人之后天发展成长只不过将其激活并发扬光大，即"明明德"(《大学》)。而"明德者，人之所得乎天而虚灵不昧，以具众理而应万事者也。"在朱子看来，明德作为先天之性，澄明而有智，备体而通用。"但为气禀所拘、人欲所蔽，则有时而昏；然其本体之明则有未尝息者。故学者当因其所发而遂明之，以复其初也。"[1] 德性作为天之所赋，本自灵明，然由于被人之气禀、私欲所障蔽，遂失其真。因而，人之为人须通过后天学养以明先天之性，成就生命初心，发萌、涵养以及培护壮大之。故孟子云"我善养吾浩然之气"(《孟子·公孙丑上》)。

在中华优秀传统文化中，"人资诸天"(《春秋繁露·王道通三》)，天乃人之存在的"真正凭依"[2]。甚至可以断言，正是在"天人相与之际"[3] 境域中，结成了"以类合之，天人一也"(《春秋繁露·阴阳义》)的情态谱式。故人之德性具有着某种先天性。天作为人以及万物之始，即元，"元者，始也，言本正也"(《春秋繁露·王道》)。其要义为"善的开始"[4]"善之长"(《易传·乾·文言》)"吉之始"(《吕氏春秋·召类》)。此即"元"作为善之端的"本正"之体现。《易传·乾·彖》有言："大哉乾元""乾道变化，各正性命，保合太和，乃利贞。"天元之化生机能主宰着人间万象，始生长成，赋万相本元之情、成个体性命之正。"云行雨施，品物流形"正是天元化育、庶物长成之鬼斧神工！人作为

---

[1] (宋)朱熹集注：《论语·大学·中庸》，上海古籍出版社2013年版，第250页。

[2] 余治平：《唯天为大——建基于信念本体的董仲舒哲学研究》，商务印书馆，2003年版，导言第2页。

[3] (汉)班固：《汉书》卷五十六《董仲舒传》，中华书局1962年版，第2498页。

[4] 李佐丰：《上古汉语的同义词"首""元""头"》，《历史语言学研究》2013年第6期。

万相之一，其德性由此而自然天成。

德性须通过内外两个方面加以涵养与彰昭。"学而时习之，不亦说乎"（《论语·学而》）即为此意。学，《说文解字》释之曰"觉悟"，也就是洞察事物之理要，明察万象之大道。这是德性涵养的内在方面。同时，"学之为言效也。人性皆善，而觉有先后，后觉者必效先觉者之所为，乃可以明善而复其初也"①。后觉者效仿先觉者的过程即是"学"之德性培固的外在方面，在身体力行之中涵育德性之善端，长养生命之本心。故曰：坐而论道，不如起而行之。在此意义上，孔子及其弟子予以反复强调为学的本然性与重要性。②所以，道德修养固然离不开内在省察，但外在之行更是不可或缺。此所谓"读万卷书不如行万里路"。因此，在儒学经典《论语》中，虽然孔子强调从"学"入手，而"学者，将以行之也"③。故"学"总与行联系在一起。进而言之，"学而时习之"中"习"，即"鸟数飞也"。④更是明确了践行之要。

德性涵育的目的在于追求德性完善。一般而言，德性完善在行为处事方面的最佳体现就是中庸，故孔子说："中庸之为德也，其至矣乎！民鲜久矣。"（《论语·雍也》）而在人格修养方面的理想境界则为君子，当然，行为处事与人格修养不是相互隔绝的两个方面，而是相互统一的一体存在，所谓历事练心即为此意。

《中庸》对君子行为处事得体合宜的风格进行了精彩表达。

---

① （宋）朱熹集注：《论语·大学·中庸》，上海古籍出版社2013年版，第17页。

② 如"贤贤易色；事父母，能竭其力；事君，能致其身；与朋友交，言而有信。虽曰未学，吾必谓之学矣"。"君子食无求饱，居无求安，敏于事而慎于言，就有道而正焉。可谓好学也已。"（《论语·学而》）"吾尝终日不食，终夜不寝，以思，无益，不如学也。"（《论语·卫灵公》）

③ 程子语。转引自［宋］朱熹集注《论语·大学·中庸》，上海古籍出版社2013年版，第17页。

④ （宋）朱熹集注：《论语·大学·中庸》，上海古籍出版社2013年版，第17页。

君子不器：人的全面发展的理论与实践

"君子素其位而行，不愿乎其外。"君子之为君子总是以当下所处的时位而展现自身的行为，绝不会去做超越自身地位之外的事情，此即"不在其位，不谋其政"。"君子思不出其位"之意（《论语·宪问》）。君子将当下看作立身行动的出发点，以穿衣为例，"衣贵洁，不贵华；上循份，下称家"。穿戴打扮一定与自身的身份、家庭经济状况相一致。在此意义上，《中庸》强调："素富贵，行乎富贵；素贫贱，行乎贫贱；素夷狄，行乎夷狄；素患难，行乎患难；君子无入而不自得焉。"无论在何等境遇，君子都安于自是。这也正是君子固穷的内在意涵。进而言之，君子于其位，守其道、得其理而安其心，绝对不做"穷斯滥矣"的小人之事（《论语·卫灵公》）。于此，孔子不但称赞颜回，而且亦以此自乐。① 故于君子而言，在其位，谋其政，正其身，从其事。随遇而安，坦然而为。可谓"在上位，不陵下；在下位，不援上。正己而不求于人，则无怨。上不怨天，下不尤人"（《中庸》）。在安适务实的境况下有所为、有所不为。

通过德性培固与完善形成君子人格，是中华优秀传统文化的题中应有之意。② 以《论语》为例，"君子"一词出现百余次。统而

---

① 如子曰："贤哉回也！一箪食，一瓢饮，在陋巷，人不堪其忧，回也不改其乐。贤哉，回也！"（《论语·雍也》）又孔子自道："饭疏食饮水，曲肱而枕之，乐亦在其中矣。不义而富且贵，于我如浮云。"（《论语·述而》）

② 于此，在《论语·子路》篇孔子即有相关言说。樊迟向孔子请学稼、圃，孔子分别答之于"吾不如老农""不如老圃"，并待樊迟出之后而言其曰："小人哉"。并进一步指出"上好礼""上好义"以及"上好信"的积极效应。而兼具"义""礼""信"者，即君子。这正如孔子曰："君子义以为质，礼以行之，孙以出之，信以成之，君子哉。"（《论语·卫灵公》）故就樊迟请教而孔子予其以"小人"之断而言，一定程度上，映射了孔子之教育目标在于培养君子人格。而子夏则从另一个侧面说明学为君子之论，即"虽小道，必有可观者焉，致远恐泥，是以君子不为也"（《论语·子张》）。其中"小道"也就是"如农圃医卜之属"，参见（宋）朱熹集注《论语·大学·中庸》，上海古籍出版社2013年版，第222页，皆"窥于一隙，执于一偏"，"多窒泥而难通"，而君子须博学多闻，以至于达到广大悠远之域。参见钱穆《论语新解》，生活·读书·新知三联书店2005年版，第484页。

论之,君子之为君子,其鲜明之处应体现在"君子不器"(《论语·为政》)意涵之中。所谓"器","各适其用而不能相通";而成德君子,"体无不具","用无不周,非特为一才一艺而已"①,"犹今之谓通才"②。在孔子看来,这就是君子在"志道""据德""依仁"基础上,而达到"游于艺"的完美状态(《论语·述而》)。之所以称之为完美,在于"人之习于艺,如鱼在水",鱼水为一,"斯有游泳自如之乐"。③孔子之"七十从心所欲不逾矩"(《论语·为政》)盖为此意。浃洽其中,君子之行持自然与一切规矩法度默然暗合,遂至"自由之极致"④。此即当下所言人的全面发展。

中华优秀传统文化非常重视德性在社会治理乃至人格养成方面的作用。"子曰:'为政以德,譬如北辰,居其所而众星共之。'"(《论语·为政》)社会治理的关键在于当政者的德性范导,正所谓"打铁还需自身硬",唯有当政者率先垂范、身体力行、导之以正,社会民众自然而然受其影响而步入正轨。因此,孔子对"政"的解析为"政者,正也。子帅以正,孰敢不正?"当政者处于"德风"之位,民众处于"德草"之级,民众无时无刻不受当政者潜移默化之导引(《论语·颜渊》)。董仲舒从天元本体高度指出了为政者德性感召力,"春秋之道,以元之深,正天之端,以天之端,正王之政,以王之政,正诸侯之即位,以诸侯之即位,正竟内之治,五者俱正,而化大行"(《春秋繁露·玉英》)。当政者唯有顺应天之道德,自上而下整个社会就处于有条不紊的大化格局,社

---

① (宋)朱熹集注:《论语·大学·中庸》,上海古籍出版社2013年版,第31页。
② 钱穆:《论语新解》,生活·读书·新知三联书店2005年版,第38页。
③ 钱穆:《论语新解》,生活·读书·新知三联书店2005年版,第170页。
④ 钱穆:《论语新解》,生活·读书·新知三联书店2005年版,第29页。

会民众自然养成有耻且格的自律状态。①

日前，文化自信成为时代强音，不只是因为我们拥有在中国革命、建设以及改革的伟大实践过程中孕育的革命文化和社会主义先进文化，更是基于深厚的中华优秀传统文化。中华优秀传统文化奠定了文化自信的强大底气，而文化自信的深刻内蕴就指向了人的全面发展。

3. 人的全面发展：文化自信的价值取向

党的二十大报告重申，"坚定道路自信、理论自信、制度自信、文化自信"，而坚定"四个自信"，"说到底是要坚定文化自信"。② 一方面，文化自信源于全面发展的人；③ 另一方面，人的全面发展作为目标与过程的统一，即熔铸于当下，或言之，人的全面发展正是中国特色社会主义新时代的题中应有之意。而中国特色社会主义新时代作为文化自信的表现，也是文化自信的内在意涵。故文化自信自然涵摄着人的全面发展，确切而言，文化自信基本旨归即人的全面发展。

人的全面发展不是一蹴而就的。新中国的成立标志着在政治意义上人民当家作主，实现了人的解放，从而为人的全面发展构筑起强固的社会根基。如果说改革开放启动了迈向人的全面发展的脚步，那么，引入市场机制则构成了型塑人的全面发展的关键或

---

① 这当然不是忽视甚至否认刑法规范在社会治理中的积极作用。相对而言，德性尤为关键。由是，孔子强调："道之以政，齐之以刑，民免而无耻；道之以德，齐之以礼，有耻且格。"（《论语·为政》）而董仲舒从天的视角阐释了德与刑的关系："阳，天之德，阴，天之刑也。""天之近阳而远阴，大德而小刑也。"（《春秋繁露·阳尊阴卑》）此即德主刑辅之表达。

② 《习近平谈治国理政》第 2 卷，外文出版社 2017 年版，第 339 页。

③ 王桂芝：《文化自信的哲学思考》，《边疆经济与文化》2018 年第 9 期。

重要枢纽。① 二者在经济意义上开启了人的全面发展的具体境域。而唱响文化自信则在根本层面强化了实现人的全面发展的终极保障，从民族精神回归方面培固着人的全面发展的核心。

一定意义上，文化自信就是对中华优秀传统文化自觉基础上的文化回归，以文化人，形塑全面发展之人。只有对中国优秀传统文化的高度自觉，才能构筑起强大的文化主体意识。② 再者，中国文化的根本精神就在于其人文特质，③ 只有对其拥有高度的自信，才能得其化而成为"天地间一完人"④，即全面发展的人。党的二十大报告将"全面发展"界定为"德智体美劳"等方面。顾名思义，人的全面发展意指德智体美劳等各个方面的发展；就深层而言，全面发展须奠基于"立德树人"，即根植于德的完善、提高基础上的素质教育，其实质乃德之立。

中华优秀传统文化对人的全面发展的解读与德性完善联系在一

---

① 市场机制的作用在于实现资源的优化配置。在此意义上，市场机制对人的劳动岗位或职业选择的作用，就表层而言，即优胜劣汰，但这恰恰反映了相应劳动岗位所需职业能力的要求通过市场机制对最佳人选的自然选择过程。就理论而言，基于此，每人都找到了与自身劳动能力相一致的劳动岗位，即人尽其才。故就深层来说，唯有借助市场机制这只"看不见的手"才能通过"奖优促劣"（特别是强力唤醒所谓劣者）保证每个劳动者在理性审视自身的能力中归入最适合自身的劳动岗位，此即"天生我材必有用"。从而以自然而然的方式实现整个社会最佳的劳动分工格局。就具体个人而言，人呈现着某种工具性意义——似背离了人的全面发展（经济社会发展越落后，这种状态就越明显。随着技术进步，社会信息化程度日益提升，人的工具性将渐次弱化，从而趋向人的全面发展），但这并非意味着对人的全面发展的否定。如是而论，不是回避市场机制之流弊，而是强调主体之于客体的价值与意义，此也正是人之为人乃文而化之之必需。进而言之，亚当·斯密作为市场机制的鼓吹者，同时更是道德情操的倡导者（《道德情操论》先于《国富论》）。唯道德者才是市场经济的参与者、主导者。故人由工具性状态转化为全面发展须通过文化，这正是文化自信的内在动因。

② 楼宇烈：《中国文化的根本精神》，中华书局2016年版，代序第5—6页。

③ 楼宇烈：《中国文化的根本精神》，中华书局2016年版，第6页。

④ 钱穆：《人生十论》，生活·读书·新知三联书店2009年版，第54页。

起。当然，人作为身与心的统一体，全面发展自然兼及身、心两个方面。对于全面发展的人，马克思以高度的理想性预期进行了表达：其中任何人都没有特殊的活动范围，可以"随自己的兴趣今天干这事，明天干那事，上午打猎，下午捕鱼，傍晚从事畜牧，晚饭后从事批判，这样就不会使我老是一个猎人、渔夫、牧人或批判者"①。虽然这看起来存在相当的理想主义色彩，但依然体现了全面发展的质与量的统一。"随自己的兴趣"即质的方面，而"打猎""捕鱼"等则为量的范畴。换言之，就量的方面来说，"全面"具有相对性。一个显见的事实是，随着科技演进与发展，劳动领域越来越广，层级越来越深，从而分工在纵横两个角度越来越细，其结果就是不同分工对劳动能力相应的专业性要求越来越高。虽然电子信息技术的发展将日益改善甚至弥合人与人之间的劳动能力差异，但囿于人的先天禀赋以及兴趣爱好不同，这势必决定了人与人之间的劳动差别存在的客观性、永恒性。因此，"全面"并非涉及一切劳动岗位。一定意义上，这作为"身体力行"当为全面发展的外在形式。而就质的方面而言，"全面"则指向了心灵精神，无论"打猎""捕鱼"抑或"从事畜牧"，均为充分满足心理需要，其体验则为"乐在其中"——这属于全面发展的核心内容。

显然，撇开形式，着眼内容，就把握了人的全面发展的实质。或言之，全面发展不在于"做什么"，而在于"以何种心态做"。所谓禅家有言，挑水搬柴即是神通。就体现了以身行从事而又超然物外的心理获得感与充实感。"反身而诚，乐莫大焉。"（《孟子·尽心上》）在此意义上，人的全面发展就在以"心我"为主导

---

① 《马克思恩格斯选集》第1卷，人民出版社1995年版，第85页。

的视域下实现了"最高自由"①。值得强调的是，马克思以自由范畴揭示了全面发展的实现条件及其内在实质：②其一，作为物质生产领域的"必然王国"，是一切社会形态的永恒存在；其二，"必然王国"是"自由王国"的基础，"自由王国"建立在工作日缩短的前提下；其三，"自由王国"的实现同时意味着"必然王国"也悄然发生演变——即物质性生产形式同时展现出精神活动内容；其四，"自由王国"即人的全面发展状态——精神自由。

在儒家看来，如果人类一味侧重物质领域，过分强调自然科学发展，就不可能拥有自由。反之，将生命的发展着眼于"精神我"之构建与培育，则当下即是全面发展，从而最大程度地获得生命的自由。诸如此类思想，就体现在儒家"心性论""道德论"等方面。③

《大学》如是言："所谓修身在正其心者，身有所忿懥，则不得其正；有所恐惧，则不得其正；有所好乐，则不得其正；有所忧患，则不得其正；心不在焉，视而不见，听而不闻，食而不知其味。此谓修身在正其心。"清代大儒刘沅释之曰："身谓气质七情，亦性之用。而气质所困，易失其正。"身体是天性本体的外在之用，表现为七情，往往被气质困扰而失掉先天之正。故曰："气质之心感物而偏，则足以累清明之体，而道心不得其正。有所情

---

① 参见钱穆《人生十论》，生活·读书·新知三联书店2009年版，第98页。全面发展即自由发展，即尊重人的个性和创造性的发展。全面和自由两者统一起来回答了"发展人的什么，在什么样的状态下实现人的发展"这个问题：一方面，全面发展是自由发展的前提，人越全面发展就会越自由；另一方面，自由发展是全面发展的条件。参见李双套《马克思主义如何理解"全面发展"》，中共中央党校，https://www.ccps.gov.cn/dxsy/202208/t20220815_154707.shtml，2022年8月15日。

② 参见《马克思恩格斯全集》第25卷，人民出版社1974年版，第926—927页。

③ 钱穆：《人生十论》，生活·读书·新知三联书店2009年版，第98页。

为物役也。此言身之有欲，足以累心如此。"① 在心性建构上，《大学》进一步明示："心不在焉，视而不见，听而不闻，食而不知其味。此谓修身在正其心。"于此，刘沅认为："此乃正言正心之功。心本易动，惟止至善之久，而性定则心亦不动。凡非礼之来，见如不见，闻如未闻。"绵绵用力，久久为功。一旦达到心正，外境自不能扰其心，百姓所谓"不往心里去"即为此意。故"心正之状，非黜听黜明强制其心也。此谓修身在复性之后，又加涵养至于不动，心乃自然而正，不为气质所累矣"②。

市场经济条件下，追求利益追大化成为时人的普遍选择。利益驱动往往导致妄为之为。正所谓"利者，盗之本也；妄者，乱之始也。夫受乱之始，动盗之本，而欲民之静，不可得也"。一旦追名逐利渐次成为社会默然认可的价值，则时刻侵蚀人心、惑乱正气，"外物之动性，若神之不守也。积习渐靡，物之微者也。其入人不知，习忘乃为，常然若性，不可不察也"。对践行社会主义核心价值观造成不良影响。因此，在建立健全相应制度规范的同时，加强道德引领与精神文明建设，使社会大众身心和谐、心境安然，造就"纯知轻思则虑达，节欲顺行则伦得，以偶静为宅，以礼义为道则文德"的社会主义新人，进而达至"至诚遗物而不与变，躬宽无争而不以与俗推，众强弗能入。蜩蜕浊秽之中，含得命施之理，与万物迁徙而不自失"（本段引文皆出自《春秋繁露·天道施》）的全面发展的社会主义建设者与接班人，是当下政治、经济、社会以及文化建设之要务。

"人皆可以为尧舜"（《孟子·告子下》）。这并非意味着人人都能成为具有尧舜之材的圣者贤士，而是说明人人均具有通过加强自身道德修养，即"反身而诚"（《孟子·尽心上》），张大"明德"之性，进而抵近"至善"（《大学》），复归生命之初心的

---

① （清）刘沅：《槐轩全书》（1），巴蜀书社2006年版，第33—34页。
② （清）刘沅：《槐轩全书》（1），巴蜀书社2006年版，第34页。

可能性。①

文以载道，文以化人。当下，不仅要"发展社会主义先进文化，弘扬革命文化"，更要"传承中华优秀传统文化"。以高度的文化自觉与自信，坚守中华文化立场，增强中华文明影响力，打造中国特色社会主义新时代全面发展的人。

中国特色社会主义新时代与中华优秀传统文化在人的发展方面默然暗合、达成一致。人的全面发展在中国特色社会主义新时代作为目标与过程的统一，不仅是中华优秀传统文化的着眼点，更为其着力点。中华优秀传统文化乃人的全面发展的终极保障，文化自信在对革命文化、社会主义先进文化高扬的基础上，以对中华优秀传统文化的高度自觉与倡导而指向了人的全面发展。

（四）实现人的全面发展的基本途径

社会主义与人的全面发展具有与生俱来的内在一致性。当社会主义还是一种理想的时候，其之所以具有相当的感召力，某种程度上，就是她所承诺的对人类的真正解放。正是在此意义上，才引发了轰轰烈烈的社会主义运动。社会主义制度的建立将人的全面发展从一种理想的期盼变成现实的追求，从而开辟了人的全面发展的具体过程。其间历经的岁月尽管充满了曲曲折折、坎坎坷坷，但一定意义上，其中各个阶段都是趋向人的全面发展的必经之路。为此，人的全面发展是一种自然历史过程。

人是理性存在物。作为理性生命现象，人始终在现实与理想之

---

① 正如王阳明所言："犹一两之金，比之万镒，分两虽悬绝，而其到足色处，可以无愧。故曰'人皆可以为尧舜'者以此。"参见［明］王阳明《传习录》，萧无陂注译，长江文艺出版社2015年版，第61页。相较于民众与圣贤，犹如一两与万镒之金的关系。就分量而言，虽然二者相差悬殊，但从均为纯金角度言之，并无二致。尧舜之为尧舜，诚也；人皆可为尧舜，诚之者也。至此，可谓实现了"外无贪而内清净，心和平而不失中正"（《春秋繁露·循天之道》）之本初生命，亦即全面发展的人。

间展示自身、丰富活动方式、拓展活动领域。现实与理想永远存在距离，为此，二者之间的时空界限构成了人的生命活动的内在张力。立足现实，人们找到了自身发展的物质基础；着眼未来，人们获得了自身发展的动力方向。就此而言，人的全面发展作为人的主体性追求同时也是一种自觉的实现过程。

人的全面发展作为自然历史过程体现的是其规律性，人的全面发展作为自觉实现过程体现的是其主动性，社会主义以对人类社会发展规律的认识为前提，将人的全面发展的自然历史过程与自觉实现过程统一在一起，在经济社会发展的基础上，不断地为人的全面发展创造条件。

1. 通过制度建设，为人的自由劳动活动创造条件

人的全面发展寓于劳动活动过程中。劳动活动是一个不断发展的过程，即劳动方式日渐增多，其客观表现就是劳动分工日益深化与细化。劳动分工在类型方面分化得越细、在层次方面分化得越深，人的劳动活动领域在纵横两个维度的拓展空间就越大，从而人就获得更大的自由，人的发展就越全面。

人的全面发展的基本取向是"每个人的自由发展是一切人的自由发展的条件"[①]。这包括两层含义：一是个人的自由发展，即微观个体的劳动活动过程，也就是个人的劳动分工过程；二是个人的自由发展同时就是他人自由发展的条件，即宏观整体的劳动活动过程，也就是整体的劳动合作过程。

因此，人的全面发展就是在既分工又合作的劳动过程中实现的。就理论而言，劳动分工是一个无限的发生过程，劳动分工越细，不同劳动方式之间的合作就越密切，从而相关劳动环节之间的转换性就越容易，人的发展的自由度就越大，人的发展就越全面。

人的全面发展与劳动分工之间的内在关联意味着，为了人的全

[①] 《马克思恩格斯选集》第1卷，人民出版社1995年版，第294页。

面发展有必要在劳动分工的演化及其相互合作方面进行规范与约束。原因是：

就时间维度而言，劳动分工的深化与细化是无限发展的动态过程，具有明显的个体性特征。也就是说，就具体环节来说，劳动分工的发生与裂变不是一种整体的全局行为，而是一种局部的个体现象，尽管其间也存在着以类似组织性的形式来体现。其中原委在于，在社会劳动活动过程中，虽然人们都置身其间，但只有及时准确地捕捉到人们生产生活的职业链条由于某个环节的薄弱或欠缺，以至于影响了整个劳动体系的效率甚至造成了劳动分工体系断裂的少数人，才有可能做出行动。一定意义上，人类发展过程就是劳动分工体系不断深化与细化的过程，这体现了社会发展的客观性。同时，任何一种新的劳动分工的现实化过程都是通过个体行为实现的，"前无古人后无来者"的境况意味着由于没有先例可循，往往导致某种劳动分工发挥作用与功能时所运用的方式带有明显的主观性色彩。为此，今天现实社会中存在的一个显见的事实是，当某种新的职业方式出现时，它往往须接受舆论的评判，直面大众的质疑，回应社会的呼声。这是促使某一职业行为展示方式由主观性向客观性、从个体性向社会性转变的必经阶段。

何况与劳动分工相伴始终的是，市场化过程时刻催生着各种各样的职业行为。九流三教，良莠并存。如果说积极的职业行为有助于人的自由发展，那么，消极的职业方式则挑战着道德底线、拷问着人性价值，从而对人的发展产生负面效应。

就空间维度而言，劳动分工的深化与细化产生于不同劳动分工之间的合作过程中，或者说，不同分工之间在劳动合作的过程中逐渐产生了新的分工需要。这意味着，劳动分工的演化又具有明显的社会性特征。

事物总是在对立当中存在和发展。如果说劳动分工产生于不同分工之间的相互合作，因而体现了社会性特征，那么，一旦新的劳动分工出现，它又对原有的分工体系产生着对抗与反叛。因为资源的稀缺、利益的争夺常常使相近的劳动分工之间出现矛盾。其外在表现就是容易导致生产过程产生失调、无序甚至社会经济危机。正是在此意义上，柯武刚认为："在社会的混乱和无政府状态中，由于信息、监督和执行问题常常难以解决，劳动分工是不可能的。可靠的约定无法作出，人们相互沦为他人机会主义行为的囚徒而难以自拔。"① 这将直接对人的发展造成不利影响。

鉴于劳动体系之间既分工又合作的过程对人的发展具有如此重大的影响，对劳动分工过程进行相应的制度规范与约束也就是自然而然的了。

马克思主义经典作家指出："制度只不过是个人之间迄今所存在的交往的产物"②，而且是必然产物，即"在生产、交换和消费发展的一定阶段上，就会有相应的社会制度"③。作为人们社会交往产物的制度，其实质在于通过建立相应的活动规范和行为准则以维护正常的、稳定的社会秩序以及劳动合作局面。就此而言，社会生活就是制度化了的生活。制度一旦形成，就对人的存在和发展产生影响。

一般说来，人发展什么、如何发展，根本上受生产力制约和决定。或者说，生产力的发展程度是人的发展的物质前提和基础，生产力水平是一定的，那么，人的发展状况也是一定的。但是，人的一定的发展状况并不意味着其行为方式的单一性，在可能性上，人的存在本身都包含着诸多的行为选择倾向。其中，既有积极的，也有消极的；既有正面的，也有负面的。就此而言，生产力因素对人的发展的决定性意义只是为人的生命存在提供了发展的可能性空间，至于人究竟在其中是否能够较为全面地发展自身，

---

① 柯武刚、史漫飞：《制度经济学》，商务印书馆2000年版，第142页。转引自吴向东《制度与人的全面发展》，《哲学研究》2004年第8期。
② 《马克思恩格斯全集》第3卷，人民出版社1960年版，第79页。
③ 《马克思恩格斯选集》第4卷，人民出版社1995年版，第532页。

一定意义上，生产力因素则由于其基础性地位从而在人的发展方面表现出隐性、间接的作用。为此，制度——直接约束与规范人的生存与发展的行为准则——的价值就凸显出来了。①

制度对人的存在和发展的作用是显性的、直接的。制度直接地影响、制约、塑造着人的劳动活动，为人的活动提供着相应的规则、标准和模式，从而将人的活动方式导入能够预期、相对规范的过程中。一般而言，制度作为行为准则体现着刚性原则，由此显示了其限制、约束作用。制度划定了人的活动界域、规范着人的活动取向，在基本的行为动向选择方面明令个人能够做什么，不能做什么。为此，诺斯认为："制度确定了人们的选择集合"，同时也"限制了人们的选择集合"。② 人在社会制度体系划定的界限内活动，自然得到社会的许可、认同和激励，相反，一旦超越相应的界限则必然导致越轨行为，受到社会的摒弃、批评和制裁。因此，制度所限定的人的活动范围、认可的人的行为方式，实际上就是人的现实的自由展现，即当下人的全面发展的状态。制度不但可以通过限制某种自由去实现其他自由，通过限制少数人的自由去扩展多数人的自由，而且还可以通过限制个人某方面的自由来实现和保障他另一方面的自由。同时，制度也是一种激励机制，它通过提倡什么与反对什么、鼓励什么与压抑什么，实际地引导着人们的行为方向，改变着人们的活动方式，影响着人们的职业选择，激发着人的能力的发挥。③

无论制度的制约机制还是其激励机制，其目标都指向人。换言之，尽管人们对制度的关注往往是其对社会秩序的稳定功能，但是制度的深层含义实际上是其对人的存在和发展的意义。为此，在市场经济条件下，为社会成员在劳动分工体系不断扩大的过程

---

① 参见吴向东《制度与人的全面发展》，《哲学研究》2004年第8期。
② ［美］道格拉斯·C.诺斯：《制度、制度变迁与经济绩效》，刘守英译，上海三联书店1994年版，第4、5页。
③ 参见吴向东《制度与人的全面发展》，《哲学研究》2004年第8期。

中实现自身的合理定位提供制度支持,是实现人的全面发展的前提条件。

2. 完善所有制结构,为人的自由发展提供物质基础

当年,马克思在对资本主义私有制进行批判的基础上,提出了"重新建立个人所有制"的论断。如果说资本主义私有制阻碍了人的发展,那么,"重新建立个人所有制"的经济意义就在于为人的全面发展创造条件,或者说,"重新建立个人所有制"是人的自由个性发展的物质保证,人的自由发展是"重新建立个人所有制"的价值取向。

所有制对人的发展的作用可以由马克思的下述判断得到说明:"劳动者对他的生产资料的私有权是小生产的基础,而小生产又是发展社会生产和劳动者本人的自由个性的必要条件。"① 然而,这种生产方式同样也有其局限性,即"它既排斥生产资料的积累,也排斥协作,排斥同一生产过程内部的分工,排斥社会对自然的统治和支配,排斥社会生产力的自由发展"②。其结果将直接限制人的发展。为此,马克思认为,这种生产方式必然要被消灭,让位于资本主义私有制。

至此,人类社会的所有制形式演进过程并没有终结。为此,马克思指出,资本主义生产由于自然过程的必然性,为更高级的所有制形成创造条件,即"在协作和对土地及靠劳动本身生产的生产资料的共同占有的基础上,重新建立个人所有制"③。

一定意义上,囿于时代条件,马克思主要是从物质层面把握"重新建立个人所有制"的,但这丝毫不能否定马克思对其在精神层面作出的预测性判断。也就是说,作为对资本主义私有制的否定,这种新的所有制既是个人的又是社会的,这意味着,所有制

---

① 《资本论》第 1 卷,人民出版社 1975 年版,第 830 页。
② 《资本论》第 1 卷,人民出版社 1975 年版,第 830 页。
③ 《资本论》第 1 卷,人民出版社 1975 年版,第 832 页。

的个体性与社会性的统一只能在精神层面实现。① 一定意义上，信息时代的到来则预示了这种新的高级所有制形式的端倪。

在社会主义初级阶段，所有制形式还没有达到如此高级的程度，因而还只能从物质层面去把握。为此，从推进人的全面发展的要求出发，社会主义应加大力度，完善所有制经济结构，为每一个人实现劳动活动的自由选择提供物质条件。

当然，自改革以来，社会主义在所有制经济结构领域进行了一系列调整。其中每一次调整都是对人的自由发展的助推与促进。就此而言，以公有制为主体、多种所有制经济共存的所有制结构的人文意义就在于，以充分尊重每个劳动者之间的个体差别为前提，给每个劳动者提供实现自身发展的物质基础。此即推进人的全面发展的必要前提。

社会主义不同于资本主义，或者说，自发发展的资本主义市场经济催生着优胜劣汰，而自觉发展的社会主义要赢得自身发展的优势就应以对资本主义弊端的超越为前提。这意味着，社会主义应给予每个个体（或潜在或显在）以平等的劳动权。对此，恩格斯指出："在人人都必须劳动的条件下，生活资料、享受资料、发展和表现一切体力和智力所需的资料，都将同等地、愈益充分地交归社会全体成员支配。"② 这意味着，就每个人都有平等的劳动权利而言，社会主义应从物质基础层面为每个社会成员从事劳动活动提供条件。鉴于此，社会主义要依靠公有制的力量为之付诸行动。

---

① 在《德意志意识形态》中，马克思恩格斯针对理想社会生产力发展状况时指出："各个人必须占有现有的生产力总和，这不仅是为了实现他们的自主活动，而且就是为了保证自己的生存。……对这些力量的占有本身不外是同物质生产工具相适应的个人才能的发挥。仅仅因为这个缘故，对生产工具一定总和的占有，也就是个人本身的才能的一定总和的发挥。"参见《马克思恩格斯选集》第1卷，人民出版社1995年版，第129页。显然，无论是对生产力总和的占有，还是对生产工具总和的占有，只有在精神层面才能实现。

② 《马克思恩格斯全集》第22卷，人民出版社1965年版，第243页。

为每个人提供平等的劳动权利,这是社会主义从站起来、富起来到强起来,进而走向现代化过程的基本条件。社会主义作为尊重人的主体权利的社会形态,对人的发展的要义在于为每个行为主体的充分发展提供保证。换言之,现阶段,各个行为主体之间在能力方面还存在着差别,这直接决定了每个人的生存与发展方式必然存在差异。只有充分尊重这种客观现实,给予每个人以不同的发展条件、生存空间,使其基本劳动权利得到实现,唯此方为趋向全面发展的必要途径。于此,恩格斯指出:"生产劳动给每一个人提供全面发展和表现自己全部的即体力的和脑力的能力的机会,这样,生产劳动就不再是奴役人的手段,而成了解放人的手段,因此,生产劳动就从一种负担变成一种快乐。"[1] 职是之故,中国特色社会主义多种非公有制经济形式就是尊重个体之间的能力差别,在保证劳动者与劳动资料充分结合的基础上,助力人的全面发展的最佳选择。

这意味着,人的劳动活动与生产资料所有制之间存在着一致性,即"人们的社会历史始终只是他们的个体发展的历史,而不管他们是否意识到这一点。他们的物质关系形成他们的一切关系的基础,这种物质关系不过是他们的物质的和个体的活动所借以实现的必然形式罢了"[2]。显然,从有利于人的全面发展角度考虑,人的发展程度与生产资料所有制之间的内在联系必然要求:适时对所有制关系进行调整,这既有益于推进人的发展,也是完善社会主义生产关系的内在需要。

3. 建设新时代和谐文化,为人的自由平等发展营造优良环境

党的二十大报告强调,在全面建设社会主义现代化国家过程中,要"坚持中国特色社会主义文化发展道路,增强文化自信",以社会主义核心价值观为引领,"培养担当民族复兴大任的时代新

---

[1] 《马克思恩格斯全集》第 20 卷,人民出版社 1971 年版,第 318 页。
[2] 《马克思恩格斯选集》第 4 卷,人民出版社 1995 年版,第 532 页。

人"。这要求，一是要有高度的文化自信力，二是要培养能担当民族复兴大任的时代新人。而二者统一的最佳体现即指向全面发展的人。同时，党的二十大报告指出，"发展社会主义先进文化，弘扬革命文化，传承中华优秀传统文化"——此为时间向度；在坚持"面向现代化、面向世界、面向未来"的三重维度中——此可视为空间向度，发展"民族的科学的大众的社会主义文化"。[①]

统而论之，党的二十大报告对中国特色社会主义新时代的文化要求融时空于当下，从而体现了鲜明的和谐文化理念：时间维度之和：社会主义先进文化、革命文化以及中华优秀传统文化；空间维度之和：面向现代化、面向世界；时空维度之和：援引传统、历史于当下，吸纳其他文明于中华。在根本意义上，此非全面发展之人莫能为。故新时代和谐文化观与人的全面发展具有内在一致性，或言之，和谐文化建设构成了人的全面发展的精神助力点。

人的全面发展本身即一种和谐状态。其中，既包括人与自然之间的和谐，也包括人与人之间的和谐，还包括人与自身之间的和谐。由此，在人的全面发展与和谐文化之间就搭建起了对应关系。这意味着，建设和谐文化的意义就在于，以文化自觉的理性态度整合传统与现代，特别是东西方文化模式，从而在人与自然、人与人以及人与自身三重关系之间建构起协调与统一。

如上所述，中国特色社会主义在建设实践过程中，通过引进西方文化，即市场经济，拉动了社会主义的经济效率，但同时也在一些方面产生了诸多问题。鉴于此，启动中华文化模式成为必要。

党的二十大报告明确指出，以社会主义核心价值观为引领，发展社会主义先进文化，弘扬革命文化，传承中华优秀传统文化，满足人民日益增长的精神文化需求，不断提升国家文化软实力和

---

① 习近平：《高举中国特色社会主义伟大旗帜　为全面建设社会主义现代化国家而团结奋斗——在中国共产党第二十次全国代表大会上的报告》，人民出版社2022年版，第43—44页。

中华文化影响力。同时，坚守中华文化立场，增强中华文明传播力影响力，推动中华文化更好走向世界。显然，此中表达了两层含义：一是中华文化的现代性问题；二是中华文化的影响力问题。就前者而言，中华文化是中华民族生生不息、团结奋进的不竭动力。要全面认识传统文化，使之与当代社会相适应、与现代文明相协调，保持民族性，体现时代性。一定程度上，这一基本要求即中华传统文化的现代化问题，也就是作为东方文化代表的中华传统文化与西方文化的整合问题。这就是建设适应中国特色社会主义新时代发展要求的和谐文化问题。做好这一点，中华文化的影响力自然彰显。

从宏观层面来说，文化就是人文之化，即与人的生存与发展方式相联系的一系列范畴。就人类发展实际上是人处理与自然界的关系而言，文化就是反映二者及其相互关系的衍生物。为此，文化就与生产方式具有了内在一致性。

就生产方式而言，它包括两个方面：一是生产方式的内容，这既是指以人为标志的劳动力，又是指以物为标志的生产力；二是生产方式的形式，这既是指以人们的劳动分工为基础的劳动关系，又是指以生产资料所有制为基础的生产关系。上述两个方面密切统一在一起：内容决定着形式，形式反映着内容。在人类社会发展的过程中，源于不同的社会存在，人类大体形成了两种各具特色的文化模式：一种是以发展劳动力或生产力为主导而兼及劳动关系或生产关系的文化形态；另一种是以发展劳动关系或生产关系为主导而兼及劳动力或生产力的文化形态。二者共同组成了唯物史观关于人类社会这种特殊的物质运动的两种基本理论表现形式。概而言之，西方文化属于前一种文化模式，东方文化或中华文化则代表了后一种文化模式。[1]

---

[1] 参见余金成《社会主义的东方实践——解读马克思主义基础理论的现代形态》，上海三联书店2005年版，第194页。

一定意义上，两种文化模式作为与特定地域相联系的发展方式都有其存在的必然性，二者在人类社会发展过程中都曾发挥了巨大的作用。有目共睹的是，以发展劳动关系为主导的中华文化曾在"人的依赖性"时期璀璨夺目，在发展与自然界的关系当中结出了累累硕果；而以发展劳动力为主导的西方文化则在"人的独立性"时期展现了自身的辉煌，从而在人类社会发展史上留下了缕缕光彩。

同时，任何一种文化发展模式都有其内在不足。以发展劳动关系为主导的东方文化在发展生产力方面显然处于劣势，并最终导致了传统社会主义发展滞缓的状态；而以发展劳动力为主导的西方文化则在处理劳动关系方面明显不足，进而产生了种种紧张的局面。

这意味着，无论东方文化还是西方文化都不可能单独完成以最优的方式发展与完善人类与自然界之间的关系。这自然提出了一个现实的问题：人类应该以何种方式面对自然？

为此，建构一种新的发展方式的时机到来了。

人的存在是一种理性存在、文化存在。人的生存与发展日益凸显着其文化性，并逐渐在与自然界的信息交换过程中形成一种文化自觉，即在对人类各种发展方式的优势进行吸纳的基础上，实现着文化调整与整合，在进行着新的文化模式创新的过程中，不断地推进着经济、社会与人的发展。

目前，人类社会的发展要求呼唤着一种新的文化发展模式，这就是新时代和谐文化。

新时代建设和谐文化意味着，充分认识东西方文化模式的优势与不足，取对方之长补自身之短，形成优势互补的文化形态。如果说西方文化模式重劳动力或生产力，东方文化重劳动关系或生产关系，那么，建设和谐文化就要求将劳动力与劳动关系统一起来，或者将生产力与生产关系统一起来。

一般来说，劳动力或生产力反映的是人与自然界之间的关系，而劳动关系或生产关系反映的是人与人之间的关系。和谐文化作为新的文化模式，其基本要求就是，通过协调人与人之间的劳动关系以更好地发展人与自然之间的关系，同时，在发展人与自然之间关系的基础上不断优化人与人之间的相互关系。对劳动力与劳动关系二者兼顾的客观指向就是人自身，即人的全面发展。

4. 完善教育体系，为每个人的自由发展提供保证

如上所述，人的全面发展不是抽象的，而是寓于劳动过程中。因此，人的全面发展必然以相应的劳动能力为基础。人的劳动能力越强，人的发展自由度就越大，从而在劳动活动过程中的表现就越全面。

而人的劳动能力源于教育。可以说，教育是"改变一般的人的本性，使它获得一定劳动部门的技能和技巧，成为发达的和专门的劳动力"的必然途径。[1]

不仅如此，教育的重要意义在于，使每个人摆脱原有分工造成的片面性，从而使社会成员的"才能得到全面发展、能够通晓整个生产系统"，在此基础上，"他们能够根据社会需要或者他们自己的爱好，轮流从一个生产部门转到另一个生产部门"，以"全面发挥他们的得到全面发展的才能"。[2]

社会主义市场经济条件下，对生产过程应该从更加宏观的范围进行考量，即生产过程不但包括生产劳动环节，还应包括生产劳动力环节，即教育。换言之，只有在生产劳动力的基础上进行生产劳动，才能真正体现社会主义的价值取向。这是因为：其一，只有经过生产劳动力的过程，社会成员才能具备从事劳动活动的基本条件；其二，生产劳动力的过程就是将当时人类达到的认知水平传递给潜在劳动者的过程，这为实现人的劳动能力平等提供了条件。二者的共同指向就是人的自由全面发展。

---

[1] 《资本论》第1卷，人民出版社1975年版，第195页。
[2] 《马克思恩格斯选集》第1卷，人民出版社1995年版，第243页。

一般而言，生产劳动环节与生产劳动力环节之间的关系既是对立的又是统一的。其对立性是指，生产劳动力过程需要建立在生产劳动环节之上，也就是说，生产劳动力的过程作为接受教育的过程不但不能生产物质消费品，反而要大量消耗它，因此，没有一定的财富积累是不可能进行生产劳动力这个环节的。在人类早期文明发展历史过程中，之所以教育只能是一部分人仅能享受的权利，就在于受到财富积累总量的限制。

其统一性是指，生产劳动力与生产劳动又是一致的，在一定条件下，二者作为同一过程的两个方面相互促进、共同提高。对此，当年马克思曾言："未来教育对所有已满一定年龄的儿童来说，就是生产劳动同智育和体育相结合，它不仅是提高社会生产的一种方法，而且是造就全面发展的人的唯一方法。"[1]

目前，社会主义市场经济要形成对资本主义市场经济的超越就应该将生产劳动过程与生产劳动力过程统一起来。这意味着：其一，社会主义在解决了温饱问题之后，就应在消费领域进行示范引导，即由生命生产消费转向能力生产消费；其二，将教育过程与生产过程相结合。现阶段，无论是作用于劳动对象的自然科学知识，还是作用于劳动者的社会科学知识，都对物质生产过程产生作用。为此，每个劳动者都可以在"教育——劳动"互动当中接受教育、进行劳动，以实现生产能力与生产劳动的统一，即劳动活动与人的全面发展的统一。

事物永远在不断运动、发展过程中提高与完善。教育当然也不例外。可以断言，随着经济社会发展，教育规模将日渐扩大、形式日渐增多、类型日趋多样。一定意义上，人融入社会的过程就是接受教育的过程，同时也是进行劳动生产的过程。为此，教育发展的趋势就是人的能力生产与生产劳动的统一，或者说，教育过程与生产过程的融合是教育发展的必然导向。

---

[1] 《资本论》第1卷，人民出版社1975年版，第530页。

一定程度上，囿于时代条件，马克思当年仅从物质生产领域思考人的全面发展，即人们对劳动岗位的自由选择。今天，伴随着信息时代的到来，精神生产在社会生产过程中的重要性逐渐凸显。为此，人的自由而全面发展也就不再表现为对各种劳动分工岗位的熟悉和把握上，而是需要在接受完整、系统教育的基础上，使每个人在知识和智力水平方面获得尽可能全面的提高。

对此，美国学者查尔斯·霍顿·库利认为，在信息时代条件下，知识的隔绝是行不通的。就此而言，知识的专业化必须立足于普遍的、整体的知识体系之上。正是借助于普遍知识才使得个人在现代生产过程中保持自我并且有所作为。或者说，正是因为美国工人在相对更高的程度上具备了普遍的文化特征，他们才能在高度专业化生产上超过其他国家的工人。而有许多人在被雇期间受刻板的操作程序控制，部分原因就是其中有一部分人未受到较好的教育，而不能适应其他工作。[1]

显然，无论是物质生产，还是精神生产，都与能力生产息息相关。鉴于此，通过健全教育体系、拓宽教育渠道、增加教育类型、完善教育方式、扩大教育规模，尤其是切实追加教育经费投入，以为每个社会成员创造尽可能完备的受教育机会，在提高劳动能力实现充分就业氛围中助力全面发展，是现阶段社会主义亟须解决的现实命题！

---

[1] ［美］查尔斯·霍顿·库利：《人类本性与社会秩序》，包凡一、王源译，华夏出版社1999年版，第106—107页。

结　语

　　人类时刻在追踪、探索着人的全面发展方式。这是人类发展的自然必然性。

　　人类始终通过自觉的行动展现着社会发展的自然历史性质。自觉发展的社会主义更是从未停止实现人的全面发展的脚步。尽管其间曾经历了些许荆棘与坎坷，但作为通向理想目标的必经历程，这同样体现了社会发展的自然历史性质。这意味着，在某种程度上，其中的每一次抉择都在为实现人的全面发展而不断地付诸着努力。

　　无论自社会主义制度建立以来中国走过的七十余年的发展过程，还是从改革开放伊始中国特色社会主义历经四十多年的时代跨越，"当家作主""以人为本"以及"全面发展"构成了中国前进道路上的世纪流行语。其中，对人的关注成为中国特色社会主义一以贯之的不变音符。

　　当然，其中也有变化——由计划经济到市场经济、由单一的公有制到以公有制为主体多种所有制经济共同发展——这是中国特色社会主义四十多年来发展的最强音。而其中最为凸显的色彩都指向了人本身：多种所有制经济共同发展基础上的市场经济给人的发展提供了现实环境，构建社会主义和谐社会为人的发展注入了活力，践行科学发展观则为人的发展提供了历史契机，而高扬文化自信更是从民族心理层面激活了人的全面发展的内在生机。

　　"红日初升，其道大光"。中国特色社会主义新时代必将为人的全面发展谱续又一华美乐章。

参考文献

一 经典著作或典籍

（汉）班固：《汉书》，中华书局1962年版。

（汉）何休解诂、（唐）徐彦疏：《春秋公羊传注疏》，刁小龙整理，上海古籍出版社2014年版。

（汉）董仲舒：《春秋繁露》，上海古籍出版社1989年版。

（汉）董仲舒：《春秋繁露》，张世亮、钟肇鹏、周桂钿译注，中华书局2012年版。

（汉）许慎（撰），（清）段玉裁（注）：《说文解字注》，浙江古籍出版社1998年版。

（南朝）范晔：《后汉书》卷六十二《荀悦传》，中华书局1965年版。

（宋）朱熹集注：《论语·大学·中庸》，上海古籍出版社2013年版。

（宋）朱熹集注：《四书章句集注·孟子集注》，中华书局1983年版。

（明）王守仁：《王阳明全集》（上），吴光等编校，上海古籍出版社1992年版。

（明）王阳明：《传习录》，萧无陂注译，长江文艺出版社2015年版。

（清）刘沅：《槐轩全书》（1），巴蜀书社2006年版。

（清）苏舆：《春秋繁露义证》，中华书局2015年版。

《马克思恩格斯全集》第1版,人民出版社。
《马克思恩格斯选集》第1—4卷,人民出版社1995年版。
《资本论》第1—3卷,人民出版社1975年版。
《邓小平文选》第2、3卷,人民出版社1994、1993年版。
江泽民:《论"三个代表"》,中央文献出版社2001年版。
《习近平谈治国理政》第2卷,外文出版社2017年版。

二 中文著作

曹立:《混合所有制研究——兼论社会主义市场经济的体制基础》,广东人民出版社2004年版。

曹荣湘:《解读数字鸿沟——技术殖民与社会分化》,上海三联书店2003年版。

曹荣湘:《马克思世界历史理论与当代全球化》,中央编译出版社2006年版。

常卫国:《劳动论:〈马克思恩格斯全集〉探义》,辽宁人民出版社2005年版。

陈明显:《晚年毛泽东》,江西人民出版社1998年版。

陈生玺等译解:《张居正讲评〈孟子〉皇家读本(修订本)》,上海辞书出版社2013年版。

《陈先达文集》第1、2卷,中国人民大学出版社2006年版。

陈小鸿:《论人的自由全面发展》,人民出版社2004年版。

陈新汉、宓文湛:《当代中国市场经济的哲学审视》,上海财经大学出版社1998年版。

陈学明:《永远的马克思》,人民出版社2006年版。

程树德:《论语集释》,中华书局1990年版。

崔树义:《当代英国阶级状况》,浙江大学出版社2006年版。

邓兆明:《现代人论——市场经济与人的问题》,甘肃人民出版社1995年版。

邓正来:《市民社会理论的研究》,中国政法大学出版社2002

年版。

董崇山：《劳动社会主义论纲》，经济科学出版社 2004 年版。

董辅礽：《用辩证的眼光看市场经济》，生活·读书·新知三联书店 2005 年版。

董志英注译：《大学 中庸 孝经 声律启蒙》，燕山出版社 2004 年版。

杜月昇：《个人知识的增进与市场经济的演化》，中国经济出版社 2004 年版。

樊浩：《中国伦理精神的现代建构》，江苏人民出版社 1997 年版。

冯友兰：《中国哲学简史》，赵复三译，生活·读书·新知三联书店 2009 年版。

冯友兰：《中国哲学史新编》（中卷），人民出版社 1998 年版。

高新军：《揭开历史发展之谜：〈资本论〉历史唯物主义思想研究》，中央编译出版社 2002 年版。

葛兆光：《中国思想史》（第一卷），复旦大学出版社 1998 年版。

谷书堂、逄锦聚、刘迎秋、王光伟：《经济和谐论——社会主义市场经济持续协调稳定发展研究》，中国经济出版社 1993 年版。

顾海良、张雷声：《从马克思到社会主义市场经济》，北京出版社 2001 年版。

郭艳君：《历史与人的生成——马克思历史观的人学阐释》，社会科学文献出版社 2005 年版。

郭湛：《主体性哲学——人的存在及其意义》，云南人民出版社 2002 年版。

哈佛燕京学社、三联书店主编：《理性主义及其限制》，生活·读书·新知三联书店 2003 年版。

韩庆祥、亢安毅：《马克思开辟的道路——人的全面发展研究》，人民出版社 2005 年版。

韩庆祥：《社会主义市场经济与人》，中共中央党校出版社 1993 年版。

何炼成、邹东涛：《中国市场经济发展的无序与有序》，西北大学出版社 1993 年版。

胡代光、周安军：《国外学者论市场经济》，商务印书馆 1996 年版。

黄仁宇：《放宽历史的视界》，生活·读书·新知三联书店 2001 年版。

黄仁宇：《关系千万重》，生活·读书·新知三联书店 2000 年版。

黄仁宇：《中国大历史》，生活·读书·新知三联书店 1997 年版。

黄仁宇：《资本主义与二十一世纪》，生活·读书·新知三联书店 1997 年版。

纪宝成：《转型经济条件下的市场秩序研究》，中国人民大学出版社 2003 年版。

康有为：《春秋董氏学》，楼宇烈整理，中华书局 1990 年版。

赖泽民：《人类历史科学原理》，中央编译出版社 2006 年版。

李超：《社会主义市场经济的人学底蕴》，人民出版社 2004 年版。

李德伟、盖建玲、杨合湘、文明：《世纪末的变革——现代市场经济的困惑与演变》，中国经济出版社 1992 年版。

李凯林：《中国改革的哲学解读》，高等教育出版社 2006 年版。

李里：《论语讲义》，广西师范大学出版社 2007 年版。

李路路、孙志祥：《透视不平等——国外社会阶层理论》，社会科学文献出版社 2002 年版。

李明章、王建均：《非公有制经济研究》，社会科学文献出版社 2007 年版。

李强、洪大用等：《市场经济、发展差距与社会公平》，黑龙江人民出版社 1995 年版。

李义平：《来自市场经济的繁荣：论中国经济之发展》，生活·读书·新知三联书店 2007 年版。

李泽厚：《论语今读》，江苏文艺出版社 2010 年版。

李泽厚：《美学三书》，安徽文艺出版社 1999 年版。

李泽厚：《中国思想史论》（上），安徽文艺出版社 1999 年版。

梁漱溟：《东西文化及其哲学》，商务印书馆 1999 年版。

刘长龙、赵莉：《市场经济思想史纲》，首都师范大学出版社 1999 年版。

刘永佶等：《劳动历史观》，中国经济出版社 2004 年版。

刘永佶等：《主体辩证法》，中国经济出版社 2004 年版。

楼宇烈：《中国文化的根本精神》，中华书局 2016 年版。

马广海：《文化人类学》，山东大学出版社 2003 年版。

马健行、顾海良：《中国市场经济体制与经济 社会 政治结构的变化》，中共中央党校出版社 1996 年版。

莫岳云、黄理稳、韦曙林：《全球化与当代社会主义——当代社会主义理论前沿问题研究述评》，人民出版社 2006 年版。

牟宗三：《中国哲学十九讲》，吉林出版集团有限责任公司 2010 年版。

南怀瑾：《论语别裁》，复旦大学出版社 2008 年版。

倪力亚：《当代资本主义国家的社会阶级结构》，福建人民出版社 1993 年版。

聂春华：《董仲舒与汉代美学》，广西师范大学出版社 2013 年版。

钱穆：《论语新解》，生活·读书·新知三联书店 2005 年版。

钱穆：《人生十论》，生活·读书·新知三联书店 2009 年版。

钱穆：《中国思想史》，九州出版社 2011 年版。

钱穆：《中国文化精神》，九州出版社 2011 年版。

钱穆：《中华文化十二讲》，九州出版社 2012 年版。

荣长海、董四代：《社会主义思想史》，天津社会科学院出版社 2000 年版。

荣长海：《建设有中国特色社会主义理论》，天津社会科学院出版社 2002 年版。

商逾：《马克思历史决定论及其历史命运》，山东大学出版社 2003 年版。

沈越：《德国社会市场经济评析》，中国劳动社会保障出版社 2002

年版。

苏东斌:《人与市场——发达国家经济考察》,人民出版社 2005
年版。

孙开镛:《〈资本论〉与社会主义市场经济研究》,经济科学出版社
1999 年版。

万光侠:《市场经济与人的存在方式》,中国人民公安大学出版社
2001 年版。

汪丁丁:《市场经济与道德基础》,上海人民出版社 2007 年版。

王夫:《清诗话》(下卷),上海古籍出版社 1984 年版。

王建芹:《第三种力量——中国后市场经济论》,中国政法大学出
版社 2003 年版。

王力等:《古汉语常用字字典》,商务印书馆 2005 年版。

韦森:《经济学与伦理学:探寻市场经济的伦理维度与道德基础》,
上海人民出版社 2002 年版。

魏小萍:《历史主客体导论——从宏观向微观的深化》,北京出版
社 1999 年版。

魏小萍:《追寻马克思——时代境遇下马克思人类解放理论逻辑的
分析与探讨》,人民出版社 2005 年版。

吴家华:《理解恩格斯——恩格斯晚年历史观研究》,安徽大学出
版社 2005 年版。

吴易风、王健、方松英:《市场经济和政府干预——新古典宏观经
济学和新凯恩斯主义经济学研究》,商务印书馆 1998 年版。

吴忠:《市场经济与现代伦理》,人民出版社 2003 年版。

武经伟、方盛举:《经济人·道德人·全面发展的社会人——市场
经济的体制创新与伦理困惑》,人民出版社 2002 年版。

武天林:《马克思主义人学导论》,中国社会科学出版社 2006
年版。

夏文斌:《公平、效率与社会发展》,北京大学出版社 2006 年版。

萧公权:《中国政治思想史》,台北联经出版事业公司 1982 年版。

许仁图：《子曰论语》，上海三联书店 2014 年版。
杨伯峻：《论语译注》，中华书局 2009 年版。
杨国荣：《善的历程》，上海人民出版社 1994 年版。
杨国荣：《心学之思》，生活·读书·新知三联书店 1997 年版。
杨军：《周易经传校异》，中华书局 2018 年版。
杨筱刚：《马克思主义："硬核"及其剥取——当代社会主义的自我意识》，人民出版社 2006 年版。
姚春鹏译注：《黄帝内经》，中华书局 2016 年版。
姚挺：《资本论第一卷逻辑体系与社会主义市场经济》，中国经济出版社 1999 年版。
于金富：《社会主义生产方式新论》，社会科学文献出版社 2005 年版。
余金成：《劳动论纲》，天津社会科学院出版社 1995 年版。
余金成：《社会主义的东方实践：解读马克思主义基础理论的现代形态》，上海三联书店 2005 年版。
余秋雨：《何谓文化》，长江文艺出版社 2012 年版。
余秋雨：《中华文化四十七堂课：从北大到台大》，岳麓书社 2011 年版。
余英时：《中国思想传统及其现代变迁》，广西师范大学出版社 2004 年版。
俞可平、李慎明、王伟光：《马克思主义研究论丛》第四辑，中央编译出版社 2006 年版。
俞可平、李慎明、王伟光：《马克思主义研究论丛》第一辑，中央编译出版社 2005 年版。
俞可平：《社群主义》，中国社会科学出版社 2005 年版。
张传有：《西方社会思想的历史进程》，武汉大学出版社 2005 年版。
张岱年：《中国古典哲学概念范畴要论》，中国社会科学出版社 1985 年版。

张德霖:《法与市场经济——从经济学与法学的视角进行探讨》,山东人民出版社 1998 年版。

张德胜:《晋家伦理与秩序情结:社会学的注释》,上海人民出版社 2008 年版。

张仁元:《马克思恩格斯论生产力与商品市场经济》,山西经济出版社 1994 年版。

张书琛等:《社会主义市场经济中的社会公正问题》,广东人民出版社 2002 年版。

张文喜:《马克思论"大写的人"》,社会科学文献出版社 2004 年版。

张祥浩:《王守仁评传》,南京大学出版社 2006 年版。

张祥龙:《拒秦兴汉和应对佛教的儒家哲学:从董仲舒到陆象山》,广西师范大学出版社 2012 年版。

张晓明:《伟大的共谋:市场经济条件下的利益关系研究》,中国人民大学出版社 2002 年版。

张旭东:《全球化时代的文化认同:西方普遍主义话语的历史批判》,北京大学出版社 2006 年版。

赵峰:《中国经济学名家:商品经济与市场经济学说》,中国经济出版社 2004 年版。

郑杭生:《中国社会结构变化趋势研究》,中国人民大学出版社 2004 年版。

钟明华、李萍等:《马克思主义人学视域中的现代人生问题》,人民出版社 2006 年版。

钟肇鹏:《春秋繁露校释》(校补本),河北人民出版社 2005 年版。

周桂钿:《董学探微》,北京师范大学出版社 2008 年版。

周海林、谢高地:《人类生存困境——发展的悖论》,社会科学文献出版社 2003 年版。

周罗庚、夏禹龙、谢维俭:《市场经济与当代中国社会结构》,上海三联书店 2002 年版。

三 中译著作

［奥］路德维希·冯·米瑟斯：《自由与繁荣的国度》，韩光明等译，中国社会科学出版社1995年版。

［德］彼得·科斯洛夫斯基：《后现代文化——技术发展的社会文化后果》，毛怡红译，中央编译出版社1999年版。

［德］恩斯特·卡西尔：《论人：人类文化哲学导论》，刘述先译，广西师范大学出版社2006年版。

［德］格罗·詹纳：《资本主义的未来——一种经济制度的胜利还是失败》，宋玮等译，社会科学文献出版社2004年版。

［德］哈贝马斯：《交往与社会进化》，张博树译，重庆出版社1989年版。

［德］卡尔·柯尔施：《马克思主义和哲学》，王南湜等译，重庆出版社1989年版。

［德］卡尔·曼海姆：《文化社会学论集》，艾彦等译，辽宁教育出版社2003年版。

［德］赖纳·汉克：《平等的终结——为什么资本主义更需要竞争》，王薇译，社会科学文献出版社2005年版。

［德］里夏德·范迪尔门：《欧洲近代生活》，王亚平译，东方出版社2004年版。

［德］罗伯特·库尔茨：《资本主义黑皮书——自由市场经济的终曲》（上、下），钱敏汝等译，社会科学文献出版社2003年版。

［德］马克斯·舍勒：《资本主义的未来》，罗悌伦等译，生活·读书·新知三联书店1997年版。

［德］马克斯·韦伯：《新教伦理与资本主义》，于晓、陈维纲等译，陕西师范大学出版社2006年版。

［德］威廉·魏特林：《和谐与自由的保证》，孙则明译，商务印书馆2004年版。

［德］乌尔里希·贝克：《风险社会》，何博闻译，译林出版社

2004年版。

［德］乌韦·让·豪斯：《信息时代的资本主义——新经济及其后果》，许红燕等译，社会科学文献出版社2004年版。

［俄］鲍·斯拉文：《被无知侮辱的思想——马克思社会理想的当代解读》，孙凌齐译，中央编译出版社2006年版。

［法］埃蒂安·巴利巴尔：《马克思的哲学》，王吉会译，中国人民大学出版社2007年版。

［法］埃米尔·涂尔干：《社会分工论》，渠东译，生活·读书·新知三联书店2000年版。

［法］杜尔哥：《关于财富的形成和分配的考察》，唐日松译，华夏出版社2007年版。

［法］弗雷德里克·巴斯夏：《和谐经济论》，许明龙等译校，中国社会科学出版社1995年版。

［法］卢梭：《论人与人之间不平等的起因和基础》，李平沤译，商务印书馆2007年版。

［法］卢梭：《社会契约论》，何兆武译，商务印书馆2003年版。

［法］路易·阿尔都塞：《保卫马克思》，顾良译，商务印书馆2006年版。

［法］皮埃尔·罗桑瓦隆：《乌托邦资本主义——市场观念史》，杨祖功等译，社会科学文献出版社2004年版。

［美］阿尔库塞：《单向度的人》，张峰译，重庆出版社1988年版。

［美］阿拉斯代尔·麦金太尔：《马尔库塞》，邵一诞译，中国社会科学出版社1989年版。

［美］阿历克斯·英格尔斯：《人的现代化》，殷陆君译，四川人民出版社1985年版。

［美］埃里克·欧林·赖特：《阶级》，刘磊等译，高等教育出版社2006年版。

［美］安德鲁·芬伯格：《技术批评理论》，韩连庆等译，北京大学出版社2005年版。

［美］查尔斯·霍顿·库利：《人类本性与社会秩序》，包凡一、王源译，华夏出版社1999年版。

［美］大卫·施韦卡特：《超越资本主义》，宋萌荣译，社会科学文献出版社2006年版。

［美］弗朗斯·德·瓦尔：《人类的猿性——一位权威的灵长类动物学家对人类的解读》，胡飞飞等译，上海科学技术文献出版社2007年版。

［美］理查德·布隆克：《质疑自由市场经济》，林季红译，江苏人民出版社2001年版。

［美］列奥·施特劳斯：《自然权利与历史》，彭刚译，生活·读书·新知三联书店2006年版。

［美］罗伯特·路威：《文明与野蛮》，吕叔湘译，生活·读书·新知三联书店2005年版。

［美］迈克尔·佩罗曼：《市场的天生不稳定性》，孙强、庞锦译，中信出版社、辽宁教育出版社2003年版。

［美］麦特·里德雷：《美德的起源：人类本能与协作的进化》，刘珩译，中央编译出版社2004年版。

［美］麦克法夸尔、［美］费正清编《剑桥中华人民共和国史》（上卷，革命的中国的兴起：1949—1965），谢亮生、杨品泉、黄沫、张书生、马晓光、胡志宏、思炜译，中国社会科学出版社1990年版。

［美］乔纳森·H.特纳：《社会宏观动力学：探求人类组织的理论》，林聚任等译，北京大学出版社2006年版。

［美］塞缪尔·亨廷顿：《失衡的承诺》，周端译，东方出版社2005年版。

［美］塞缪尔·亨廷顿：《文明的冲突与世界秩序的重建》，周琪等译，新华出版社2002年版。

［美］威廉姆·肖：《马克思的历史理论》，阮仁慧等译，重庆出版社1989年版。

[美] 悉尼·胡克：《对卡尔·马克思的理解》，徐崇温译，重庆出版社 1989 年版。

[美] J·A·熊彼特：《从马克思到凯恩斯》，韩宏等译，江苏人民出版社 2003 年版。

[美] 亚历克斯·卡利尼克斯：《平等》，徐朝友译，江苏人民出版社 2003 年版。

（清）辜鸿铭：《中国人的精神》，陈高华译，陕西师范大学出版社 2011 年版。

[日] 高坂健次：《当代日本社会分层》，张弦等译，中国人民大学出版社 2004 年版。

[瑞典] 汤姆·R.伯恩斯、Tom R. Burns 等：《结构主义的视野：经济与社会的变迁》，周长城等译，社会科学文献出版社 2000 年版。

[意] 克罗齐：《历史学的理论和历史》，田时纲译，中国社会科学出版社 2005 年版。

[意] 克罗齐：《作为思想和行动的历史》，田时纲译，中国社会科学出版社 2005 年版。

[英] 芭芭拉·亚当等：《风险社会及其超越：社会理论的关键议题》，赵延东等译，北京出版社 2005 年版。

[英] J. R. 波尔：《美国平等的历程》，张聚国译，商务印书馆 2007 年版。

[英] 大卫·雷斯曼：《保守资本主义》，吴敏译，社会科学文献出版社 2003 年版。

[英] 菲利普·布朗、休·劳德：《资本主义与社会进步：经济全球化及人类社会未来》，刘榜离等译，中国社会科学出版社 2006 年版。

[英] 弗里德里希·奥古斯特·哈耶克：《通往奴役之路》，王明毅、冯兴元等译，中国社会科学出版社 1997 年版。

[英] 弗里德里希·奥古斯特·哈耶克：《自由秩序原理》（上、

下），邓正来译，生活·读书·新知三联书店 1997 年版。

［英］F·A·哈耶克：《个人主义与经济秩序》，邓正来译，生活·读书·新知三联书店 2003 年版。

［英］F·A·哈耶克：《致命的自负》，冯克利、胡晋华等译，中国社会科学出版社 2000 年版。

［英］卡尔·波普尔：《开放社会及其敌人》第 1 卷，陆衡等译，中国社会科学出版社 1999 年版。

［英］卡尔·波普尔：《开放社会及其敌人》第 2 卷，郑一明等译，中国社会科学出版社 1999 年版。

［英］卡尔·波普尔：《历史主义贫困论》，何林、赵平等译，中国社会科学出版社 1998 年版。

［英］G·A·柯亨：《卡尔·马克思的历史理论——一个辩护》，岳长龄译，重庆出版社 1989 年版。

［英］A.R.拉德克利夫 – 布朗：《原始社会结构与功能》（1、2），丁国勇译，九州出版社 2007 年版。

［英］拉尔夫·达仁道夫：《现代社会冲突》，林荣远译，中国社会科学出版社 2000 年版。

［英］梅格纳德·德赛：《马克思的复仇——资本主义的复苏和苏联集权社会主义的灭亡》，汪澄清译，中国人民大学出版社 2006 年版。

［英］斯科特·拉什、约翰·厄里：《符号经济与空间经济》，王之光等译，商务印书馆 2006 年版。

［英］威尔·赫顿、安东尼·吉登斯：《在边缘：全球资本主义生活》，达巍、潘剑、刘勇、时光译，生活·读书·新知三联书店 2003 年版。

［英］肖恩·塞耶斯：《马克思主义与人性》，魏小平主编，冯颜利译，东方出版社 2008 年版。

［英］J.C.亚历山大：《国家与市民社会：一种社会理论的研究路径》，邓正来译，中央编译出版社 2005 年版。

四 中文论文

白立强、孟士坤:《何谓按劳分配中的"资产阶级权利"——兼与宋朝龙博士商榷》,《信阳师范学院学报》(哲学社会科学版) 2007 年第 1 期。

白立强:《历史和逻辑视域中的劳动范畴与社会和谐》,《衡水学院学报》2008 年第 5 期。

白立强:《生产力范畴的主体嬗变及其动因——以人类演进过程的宏观考察为视角》,《湖北行政学院学报》2008 年第 6 期。

白立强:《宏观视域内中国特色社会主义发展历程——全球性视野及其对世界社会主义发展的贡献》,《河北师范大学学报》(哲学社会科学版) 2009 年第 1 期。

白立强:《也谈市场经济与人的全面发展》,《湖北行政学院学报》2009 年第 2 期。

白立强:《人的全面发展:经典阐释与现实历程》,《河北大学学报》(哲学社会科学版) 2009 年第 3 期。

白立强:《从"君子不器"看孔子人的自由全面发展观》,《泰山学院学报》2012 年第 4 期。

曹启佑:《"三个代表"与人的全面发展》,《湖北社会科学》2002 年第 5 期。

曹树明:《孔子和谐观及其现代转换的可能向度》,《理论与改革》2010 年第 5 期。

陈都:《儒家"和合"思想对构建和谐社会的指导意义》,《鸡西大学学报》2008 年第 4 期。

陈根来:《全面建设小康社会与人的全面发展》,《天津社会科学》2003 年第 5 期。

陈建中:《从"人的自由而全面发展"到和谐社会构建》,《理论探索》2007 年第 1 期。

陈金明:《理想与现实:人的全面发展的价值承诺和当代形态》,

《教学与研究》2004年第1期。

陈松林：《论马克思的人的全面发展理论的多维视角及其现实意义》，《社会主义研究》2004年第3期。

陈学明：《马克思人的全面发展理论与当代人的生活取向》，《复旦学报》2000年第2期。

陈赟：《人格、法权与所有制形式——张东荪论中西人文精神差异之根源》，《社会科学论坛》2002年第3期。

初景波：《孔子和谐思想的内在结构与逻辑展开》，《辽宁行政学院学报》2009年第5期。

崔新建：《马克思人的全面发展学说的理论底蕴》，《郑州大学学报》2002年第4期。

崔永和、程秀波、杨仁忠：《生产力：主体拥有和支配的能力》，《河南师范大学学报》（哲学社会科学版）1998年第1期。

东方朔：《荀子〈天论篇〉新释》，《哲学动态》2017年第5期。

董平：《澄清阳明心学研究中的三个问题》，《山东省社会主义学院学报》2017年第5期。

董四代：《从新民本主义到新民生主义——中国社会主义思想的历史前提》，《甘肃社会科学》2006年第4期。

董四代：《三维范式转变中的中国特色社会主义现代化》，《学习论坛》2007年第1期。

杜鸿林：《关于构建中国特色社会主义理论体系的若干思考》，《天津行政学院学报》2007年第1期。

房良钧：《促进人的全面发展是建设社会主义的本质要求》，《天津社会科学》2001年第5期。

丰子义：《如何理解和把握人的全面发展》，《北京社会科学》2002年第4期。

冯兰义：《人的价值和人的全面发展研究概览》，《文史哲》1998年第6期。

傅智勇：《全面发展：人与社会关系的整体性范畴》，《西北大学学报》2002 年第 3 期。

高放：《马克思主义是人的解放学——对加强马克思主义整体研究的呼唤》，《宁夏党校学报》2005 年第 2 期。

顾乃忠：《人的全面发展的基本内涵》，《学海》1994 年第 4 期。

郭美华：《论"学而时习"对孔子哲学的奠基意义——对〈论语〉首章的尝试性解读》，《现代哲学》2009 年第 6 期。

郭萍、黄玉顺：《"君子"人格的政治哲学意涵及其时代转换》，载《社会科学战线》2021 年第 8 期。

郭晓君：《人的全面发展理论初探》，《中国人民大学学报》1997 年第 2 期。

韩庆祥：《人道主义·个性全面发展·社会进步》，《人文杂志》1994 年第 2 期。

韩庆祥、张金虎：《对马克思"人的全面发展"思想的再认识》，《中国青年政治学院学报》1994 年第 1 期。

韩庆祥、张军：《江泽民关于人的全面发展的思想》，《教学与研究》2001 年第 10 期。

郝立新、王为民：《把握社会主义现代化建设的本质，促进人的全面发展》，《马克思主义研究》2003 年第 2 期。

贺汉魂、皮修平：《生产力概念的马克思主义人本分析》，《学术交流》2006 年第 1 期。

胡义成：《"人的全面发展"只能在市场经济中实现——人道主义与市场经济对应关系再探索》，《人文杂志》1996 年第 5 期。

胡翼：《浅谈"君子不器"》，《吉林师范大学学报》（人文社会科学版）2005 年第 5 期。

黄楠森：《"三个代表"与每个人的自由而全面的发展》，《马克思主义与现实》2001 年第 5 期。

黄裕生：《论华夏文化的本原性及其普遍主义精神》，《探索与争鸣》2016 年第 1 期。

姜国柱：《董仲舒的圣贤君子论》，《聊城师范学院学报》（哲学社会科学版）2000年第4期。

姜晓丽、杨竞业：《人的全面发展的实践性范畴》，《贵州社会科学》2005年第1期。

姜迎春、张亮：《"科学发展观与人的全面发展"理论研讨会综述》，《高效理论战线》2006年第3期。

雷振扬：《马克思主义关于人的全面发展的思想及其现实意义》，《河南师范大学学报》2002年第6期。

李承贵：《阳明心学的精神》，《哲学动态》2017年第4期。

李国华：《论人的全面发展的历史必然性——人的发展问题研究系列论文之二》，《湘潭矿业学院学报》1995年第3期。

李国华：《论人的全面发展的实现》，《中共云南省委党校学报》2004年第1期。

李鹤文：《"重建个人所有制"与个人自由个性的全面发展》，《人文杂志》1998年第4期。

李锦坤：《科学发展观视域中的人的全面发展》，《理论学刊》2004年第6期。

李景林：《"学"何以能"乐"——〈论语〉"学而时习"章解义》，《齐鲁学刊》2005年第5期。

李君如：《马克思主义中国化若干问题研究》，《中共中央党校学报》2008年第1期。

李涛：《促进人的全面发展》，《哲学研究》2003年第2期。

李元光：《社会主义初级阶段人的全面发展问题探讨》，《西南民族大学学报》（人文社科版）2003年第7期。

李占德：《〈论语·学而时习之〉新探》，《曲靖师专学报》1987年第1期。

李志凯、赵蓉、付宁：《人的全面发展研究论纲》，《理论导刊》2002年第11期。

刘国民：《董仲舒的经学诠释及天的哲学》，中国社会科学出版社2007年版。

刘宏伟、高美庚：《孔子和谐理念的思想政治教育方法论意蕴》，《湖北省社会主义学院学报》2009年第3期。

刘建新：《科学发展观：人的全面发展理论的当代阐释》，《江汉大学学报》2007年第2期。

刘建新：《人的全面发展：先进生产力发展的必然要求》，《社会科学辑刊》2002年第2期。

刘宽亮：《论人的全面发展理论的过程性意义》，《哲学动态》2003年第7期。

刘泰然：《"器"的语境还原与"君子不器"的重新理解》，《宁夏大学学报》（人文社会科学版）2010年第4期。

吕安兴：《人的全面发展：社会主义新社会的本质要求》，《河北学刊》2002年第3期。

吕鹏、卢曒、段伟文、王钦、刘永谋：《"元宇宙热的冷思考"笔谈（下）》，《科学·经济·社会》2022年第2期。

栾贵川：《君子不器》，《儒学的当代使命——纪念孔子诞辰2560周年国际学术研讨会论文集（第三册）》，2009年9月。

罗晓梅：《〈德意志意识形态〉与人的全面发展》，《探索》1998年第3期。

马德普：《正确理解马克思的人的全面发展思想》，《社会主义研究》1997年第6期。

马书波：《人的全面发展思想阐微》，《齐鲁学刊》2003年第1期。

潘尔春：《人的全面发展与全面建设小康社会》，《毛泽东思想研究》2003年第3期。

潘立勇：《如何从本体工夫论切入阳明心学美学研究》，《吉林大学社会科学学报》2015年第6期。

潘立勇：《阳明心学美学的心本立场及其再评价》，《中原文化研究》2016年第2期。

庞桥：《关于人的全面发展问题的理论思考》，《理论导刊》2003年第7期。

任平：《论建设一个良性治理差异性社会》，《马克思主义与现实》2009年第4期。

荣长海：《二十年关于首要的基本理论问题的认识历程及其启示》，《天津社会科学》1999年第2期。

荣长海：《构建和谐社会是社会主义的本质要求》，《天津社会科学》2005年第4期。

荣长海：《关于社会主义和谐社会的若干重要理论问题》，《天津社会科学》2007年第2期。

荣长海：《科学发展观的三个层次》，《思想理论教育导报》2006年第3期。

荣长海：《论科学发展观的历史地位》，《天津行政学院学报》2008年第1期。

荣长海：《论社会分工的经济和社会意义》，《天津师大学报》1998年第4期。

荣长海：《中国特色社会主义理论的发展问题研究》，《理论月刊》2006年第6期。

时新华、许庆朴：《"重建个人所有制"才能实现人的全面发展》，《山东师范大学学报》2005年第5期。

史晓燕：《简析马克思主义"人的全面发展"概念之内涵》，《河北大学学报》2000年第1期。

苏肖均：《解析"全面发展"的二重性》，《理论月刊》2002年第7期。

苏永利：《论孔子和谐思想的有限性》，《江汉论坛》2008年第2期。

孙君恒：《儒家君子"五常"的当今价值审视》，《衡水学院学报》2018年第6期。

孙正聿：《人的全面发展与当代中国人的解放的旨趣、历程和尺度——关于马克思人的全面发展学说的思考》，《学术月刊》2002年第1期。

谭容培、匡代军：《〈论语·学而第一〉首章的美学解读》，《中国文学研究》2005 年第 4 期。

汤文曙：《全球化与人的全面发展》，《当代世界与社会主义》2002 年第 5 期。

唐艳：《董仲舒的君子养生观与饮食思想》，《衡水学院学报》2019 年第 6 期。

汪寿祥：《"三个代表"的逻辑引申：人的全面发展》，《求实》2003 年第 8 期。

王大庆：《"君子不器"辨析》，《北京师范大学学报》（社会科学版）2007 年第 2 期。

王桂海、黄伟良：《试析孔子和谐思想》，《淮北煤炭师范学院学报》（哲学社会科学版）2006 年第 3 期。

王伦光：《价值追求与人的全面发展》，《浙江社会科学》2004 年第 2 期。

王南湜：《马克思的自由观及其当代意义》，《现代哲学》2004 年第 2 期。

王顺达：《人的全面发展之路的探索》，《探索》2003 年第 1 期。

王友洛：《不能以"人的全面发展"替代"个人全面而自由的发展"》，《哲学研究》2003 年第 8 期。

王宇：《发掘传统和谐智慧　建设当代和谐文化——"中国传统哲学与和谐社会"研讨会综述》，《浙江社会科学》2007 年第 3 期。

吴德勤：《如何理解人的全面发展》，《解放日报》2003 年 1 月 21 日。

吴焕新：《劳动创造与实现人的全面发展——对马克思思想史的一个考察》，《探索》2003 年第 6 期。

吴向东：《促进人的全面发展》，《求是杂志》2001 年第 22 期。

吴向东：《对人的全面发展内涵的解释》，《浙江社会科学》1996 年第 3 期。

吴向东：《论马克思的人的全面发展理论》，《马克思主义研究》2005年第1期。

吴向东：《论人的全面发展何以可能》，《学术月刊》2003年第8期。

吴向东：《制度与人的全面发展》，《哲学研究》2004年第8期。

吴新文：《对社会全面发展的哲学探寻——"哲学与社会发展"对谈会综述》，《复旦学报》（社会科学版）1996年第6期。

夏莲：《孔子和谐思想对构建和谐社会的启迪》，《广东行政学院学报》2007年第2期。

肖新发：《科学发展观视阈中的人的全面发展》，《广西社会科学》2007年第6期。

肖振远：《促进人的全面发展必须着力解决的问题》，《中国党政干部论坛》2003年第7期。

徐春：《人的发展逻辑——从自由发展到全面发展》，《晋阳学刊》2007年第2期。

徐海波、杨显平：《人的全面发展的价值理想及其实现的可能性》，《理论探讨》2007年第1期。

徐辉：《方法·本质·现实性——马克思"人的全面发展"思想新析》，《南京师大学报》（社会科学版）1997年第3期。

徐建立：《经济全球化与人的全面发展》，《河南师范大学学报》2003年第5期。

许崇正：《论人的全面发展与马克思的"重建个人所有制"》，《社会科学战线》1996年第5期。

许全兴：《"人的自由而全面发展"与现代化》，《江苏社会科学》2005年第1期。

薛德合、杨文圣：《论社会主义市场经济对人的全面发展的积极作用》，《理论探讨》2006年第1期。

薛克诚：《对社会主义社会人的全面发展的几点思考》，《浙江社会科学》2003年第4期。

杨立新：《精神文明建设与人的全面发展》，《理论前沿》2002 年第 11 期。

杨泽波：《儒家生生伦理学对仁性的诠释》，《孔子研究》2019 年第 3 期。

杨兆山：《关于人的全面发展的几点认识——兼论马克思人的全面发展思想的时代价值》，《东北师大学报》2003 年第 3 期。

易小明：《从人的三重属性看当前我国所有制变革的合理性》，《北京大学学报》（哲学社会科学版）2002 年第 3 期。

易小明：《论人的全面发展的限度》，《天津社会科学》2005 年第 4 期。

于桂芝：《劳动和休闲的哲学基础——马克思关于人的自由全面发展的再认识》，《社会科学战线》2004 年第 4 期。

于丽：《略论社会主义社会人的全面发展与人的现代化》，《学术交流》2002 年第 3 期。

余金成：《从宏观上认识对马克思主义理论的整体研究》，《理论学刊》2008 年第 7 期。

余金成：《从宏观上认识公有制市场经济的建立》，《天津师大学报》1996 年第 4 期。

余金成：《和谐社会与中国社会主义改革》，《理论探讨》2007 年第 1 期。

余金成：《和谐社会与中国特色社会主义》，《理论探讨》2005 年第 2 期。

余金成：《简论两种市场经济的同异》，《天津师大学报》1993 年第 5 期。

余金成、薛新国：《马克思恩格斯世界历史理论及其现代诠释》，《当代世界与社会主义》2007 年第 1 期。

余金成：《马克思主义立场与社会主义事业的政治承诺》，《郑州大学学报》（哲学社会科学版）2008 年第 2 期。

余金成：《人性界定与人类发展规律》（上、下），《河北师范大学学报》（哲学社会科学版）2005年第3、4期。

余金成：《唯物辩证法与社会主义逻辑理论的发展》，《当代世界社会主义问题》2005年第2期。

余治平：《儒家圣王治理传统：政教合一、官师一体——董仲舒对古代中国"弥漫性宗教"建构之贡献》，《江海学刊》2019年第5期。

俞可平：《人的全面发展：马克思主义的最高命题和根本价值》，《马克思主义与现实》2001年第5期。

俞吾金：《"人的全面发展"问题之我见》，《探索与争鸣》2002年第8期。

俞吾金：《也谈"人的全面发展"问题》，《毛泽东邓小平理论研究》2004年第1期。

张劲松：《多维解读人的全面发展理论》，《贵州社会科学》2003年第1期。

张培英、钟扬、苗德才：《马克思关于人的全面发展思想的当代启示——一个主客体关系的视角》，《河北大学学报》（哲学社会科学版）2006年第2期。

张平：《政统与道统之间：董仲舒思想探要》，《社会科学论坛》2013年第7期。

张维祥、段勇：《"自由"与"人的全面发展"》，《晋阳学刊》2007年第2期。

张文喜：《人的全面发展问题的逻辑基础探讨》，《理论探讨》1999年第1期。

张文喜：《人的全面发展：在主客体关系视野内》，《浙江大学学报》1997年第2期。

张学书：《马克思主义"自由个性"理论与社会主义人的全面发展》，《甘肃社会科学》2007年第2期。

张耀灿：《中国传统和谐文化的当代价值》，《光明日报》2005年12月20日第3版。

赵万江、雷勇：《构建社会主义和谐社会与实现人的全面发展》，《马克思主义研究》2007年第2期。

郑忆石：《"生产力的发展＝人的全面发展"辨析》，《新疆社会经济》2000年第4期。

周桂钿：《董仲舒是儒家大圣人》，《衡水学院学报》2015年第5期。

祝黄河：《论人的全面发展在马克思主义理论体系中的地位》，《科学社会主义》2002年第4期。

邹广文：《论文化自觉与人的全面发展》，《哲学研究》1995年第1期。

后　记

　　余金成先生在其专著《社会主义的东方实践：解读马克思主义基础理论的现代形态》（上海三联书店 2005 年版）之"结语"中提到，一个人一辈子其实做不了几件"值得一提的事"。作为后学，于此我深有体会。从当年中师毕业，为了谋食之需，十多年间是在求学过程中度过的。难怪弘一大师晚年自谦取"二一老人"之号。而对于我一个凡夫俗子来说，遑论做事了。

　　唯一感到无愧的是，在个人的职分之内，于人的全面发展这个论域的思考上尽了一份心力。

　　内容上，本书以人的全面发展为题、为主线，纳往来古今于其中，但从各个部分组成看，依然存在条块型分割倾向。这同时意味着，中华优秀传统文化关于人的全面发展的精髓如何化为当下人之生命的自然底色，并成为不可移易的内在基因，还需要进一步探究。

　　形式上，从书写博士学位论文到今天成书，斗转星移，伴随着角色与环境的变换，其中的语言表达风格肯定不一；同时，传统文化的智识理路与时下普遍流行的致思方式又存在差异，这进一步加剧了言语表述与当下现实之间的"悬隔"与"间距"。

　　诸多缺点有待再版时完善。

　　学位论文写作当中，荣长海教授、余金成教授给予许多点拨、指导；成书出版之际，荣长海教授又欣然提笔作序；入职衡水学院以来，特别是现所在部门董仲舒研究院的领导与同事给予我诸多提携与帮助。

在此向他们表示诚挚的谢意。

本书的出版，得到衡水学院、河北省高等学校人文社会科学重点研究基地董仲舒与传统文化研究中心的大力支持。

对于单位、部门以及各位的支持致以衷心的感谢！

2023 年 11 月 27 日